21世纪教师教育系列教材

# 教师专业发展导论

## （第二版）

主　编　于胜刚

北京大学出版社
PEKING UNIVERSITY PRESS

**图书在版编目（CIP）数据**

教师专业发展导论/于胜刚主编. --2 版. --北京：
北京大学出版社，2025.5. --（21 世纪教师教育系列教
材）. -- ISBN 978-7-301-35945-7

Ⅰ. G4512

中国国家版本馆 CIP 数据核字第 2025R61J79 号

| | | |
|---|---|---|
| 书　　　名 | 教师专业发展导论（第二版） | |
| | JIAOSHI ZHUANYE FAZHAN DAOLUN (DI-ER BAN) | |
| 著作责任者 | 于胜刚　主编 | |
| 丛 书 主 持 | 李淑方 | |
| 责 任 编 辑 | 李淑方 | |
| 特 约 编 辑 | 刘晨昕 | |
| 标 准 书 号 | ISBN 978-7-301-35945-7 | |
| 出 版 发 行 | 北京大学出版社 | |
| 地　　　址 | 北京市海淀区成府路 205 号　　100871 | |
| 网　　　址 | http://www.pup.cn　　新浪微博：@北京大学出版社 | |
| 电 子 邮 箱 | zyl@pup.cn | |
| 电　　　话 | 邮购部 010-62752015　　发行部 010-62750672　　编辑部 010-62767857 | |
| 印 刷 者 | 北京飞达印刷有限责任公司 | |
| 经 销 者 | 新华书店 | |
| | 787 毫米×1092 毫米　16 开本　18.75 印张　395 千字 | |
| | 2015 年 6 月第 1 版　2025 年 5 月第 2 版　2025 年 5 月第 1 次印刷 | |
| 定　　　价 | 59.00 元 | |

# 第二版前言

党的十八大以来，党和政府高度重视教师教育工作。习近平总书记指出，"百年大计，教育为本；教育大计，教师为本。教师是教育发展的第一资源，是立教之本、兴教之源，也是国家富强、民族振兴、人民幸福的重要基石"。教师教育的核心任务是促进教师专业发展，"提升教师教书育人能力素质"是我国"十四五"规划和2035年远景目标纲要的重要内容。教师教育工作需要遵循教育规律和教师成长发展规律，持续重视教师专业发展，提升教师队伍的整体质量，塑造让党和人民满意的高素质专业化的"四有"好老师，成为"四个引路人"，做到"四个相统一"，逐步形成优秀人才争相从教、教师人人尽展其才、好教师不断涌现的良好生态。教师的专业发展是持续不断的成长过程。职前教师教育作为教师专业发展的准备阶段，其基本任务是使未来的教师具备从事教学工作所需要的基本的理论知识和实践技能知识。本书尝试从理论视角厘清教师专业发展的脉络，明晰教师专业发展的路径；从实践视角阐述如何备课、讲课、反思及开展教学研究，为职前准教师的培养及职后教师专业个性化发展奠定基础。目的是使学生职前教育阶段所习得的理论知识和实践技能在职后工作阶段得以"学以致用、知行合一"。

本书第一版于2015年出版后，编者一直关注教师专业发展领域的理论研究和实践样态。第二版的章节设置和内容编排延续了第一版的体系，最大的变化体现在两个方面：一是将我国关于教师队伍建设的文件内容及新的理论研究充实到理论篇；二是在实践部分结合相关学科义务教育课程标准（2022年版）和基础教育教材内容，对一些案例进行了更新和修订。

本书由明暗两条主线构成，明线为教师专业发展的理论与实践，暗线即教师群体专业化与个体专业发展。从学理层面（第一章至第四章）介绍了自教师职业出现到教师专业发展兴起的历史发展过程，旨在将教师专业发展置于历史与现实的情境之中进行理解；以《中学教师专业标准（试行）》为例，解读其颁布背景和基本内容；介绍教师职业生涯周期的相关理论、各阶段的特点及影响教师职业生涯周期的各种因素；讨论教师个体与群体专业发展的要素。实践方面（第五章至第八章），主要介绍职前教师必备的专业技能知识，即教学设计与实施的具体方法及基本原则；如何进行教学反思、课例研究和微课题研究；学生学业成就测评的技术与方法，以及对教师教学质量的评估。

关于教师群体专业化与个体专业发展,各章节从教师群体和教师个体两个维度讨论专业发展的理论内涵、具体特征、专业化原则、实践内容以及发展路径。在追求高质量教育的进程中,教师群体的专业化建设与个体专业发展呈现出一种相互依赖、相得益彰的关系。为教师提供多样化的学习资源、创新的教学平台和个人成长指导,可以激发全体教师的潜力,既提升整个教育系统的效能,又促进每位教师在职业生涯中不断完善专业知识和能力,实现全面发展。

第二版修订工作具体分工为:总体框架的设计和统稿工作由于胜刚负责;第一章撰写者为金兰;第二章和第三章撰写者为何丹、于胜刚;第四章撰写者为于胜刚;第五章和第六章撰写者为冯茹;第七章和第八章撰写者为喻冰洁。在本书的修订过程中,我们参阅了国内外的相关研究成果,直接引用或转引的,在页下进行了标识,但尚有不少文献未及一一标注。在此我们编写组全体成员对相关文献的作者表示诚挚的谢意!同时,本书的修订工作得到了北京大学出版社的鼎力支持,对此深表谢意!

于胜刚

2024 年 8 月 15 日

# 第一版前言

进入 21 世纪以来,世界各国对教师发展的研究愈加深入,教师的从业标准也越来越高。教师的工作内容已经由"职业"转型为"专业","教师专业发展"逐渐成为当代教师教育研究领域最流行的话语,"教师专业化"成为基础教育教师队伍建设的逻辑起点。众所周知,教师的专业发展是一个持续不断的成长过程。职前教师教育作为教师专业发展的准备阶段,其基本任务是使未来的教师具备从事教学工作所需要的基本的理论知识和实践技能知识。

作为高校一线教师,我们在教育教学中经常思考一个问题:在职前教育阶段,如何帮助我们的学生在进入教师队伍时,将所习得的理论知识和实践技能"一线实用、落地生根"?我们认为,在知识传授过程中,教师必须结合案例提炼问题,缩短教育理论与实践之间的距离;在技能训练过程中,学生必须掌握基本常识,经常进入基础教育实践现场,了解从教的基本要求。我们应当让学生知晓,教师是谋生的职业,更是需要不断发展的专业。 名教师,想要获取合法的存在空间,成为专业人士,必须达到教师的专业标准,实现教师专业化;必须具备正确的专业理念、牢固的专业知识和坚实的专业能力。这是撰写本书的主旨,贯穿于整部书稿之中。

本书分为理论篇和实践篇两部分。

第一章到第四章为理论篇,主要内容是介绍教师专业发展的基本理论知识。第一章"教师专业发展的历程及内涵"介绍了从教师职业出现到教师专业发展兴起的历史过程,旨在将教师专业发展置于历史与现实的情境中进行解读。第二章"'教师专业标准'解读"是以《中学教师专业标准(试行)》为例,介绍了"教师专业标准"的颁布背景和基本内容。第三章"教师职业生涯周期"介绍了教师职业生涯周期的相关理论、各阶段的特点及影响教师职业生涯周期的各种因素。第四章"教师专业发展的路径"主要讨论教师个体与群体的专业发展要素。

第五章到第八章为实践篇,主要内容是介绍职前教师必备的专业技能知识。第五章"教学设计基本技能"介绍了教学设计过程,例如,研析课程标准与教材、研究教学对象、设定教学目标、选择教学方法、编写教学方案。第六章"课堂教学基本技能"从课堂教学的导课、提问、结课、板书等入手,探讨课堂教学的基本技能。第七章"教学研修基本技能"主要介绍如何进行教学反思、课例研究和微课题研究。第八章"教学评价内容及方法"主要介绍如何对学生学习效果进行评价,也包括对教师教学过程及效果的评价。

本书的具体分工为:总体框架的设计和统稿工作由于胜刚负责;第一章撰写者为金兰;第二章和第三章撰写者为何丹、于胜刚;第四章撰写者为于胜刚;第五章和第六章撰写者为冯茹;第七章和第八章撰写者为喻冰洁。北京师范大学教育学部研究生唐文雯,吉林大学高等教育所研究生潘婉茹,北华大学教育科学学院研究生乔欢、范美荣、王晓飞、王璐和贾明明等为书稿的资料搜集、校对等工作做出了很大贡献,在此表示感谢!

在本书的写作过程中,我们参阅了国内外的相关研究成果,直接引用或转引的,在页下做了标注,主要文献也在文后列出,但尚有不少文献未及一一标注,在此我们编写组全体成员对相关文献的作者表示诚挚的谢意!同时,本书的出版得到了北京大学出版社的鼎力支持,对此深表谢意!

尽管我们做出了很大努力,但由于水平有限,书中纰漏、偏误在所难免,敬请师长、同仁批评指正。

于胜刚

2014 年 12 月 20 日

# 本 书 资 源

扫描右侧二维码标签,关注"博雅学与练"微信公众号,获得本书专属的在线学习资源。

一书一码,相关资源仅供一人使用。

读者在使用过程中如遇到技术问题,可发邮件至 shfli2004@126.com。

任课教师可根据书后的"教辅申请说明"反馈信息,获取教辅资源。

教师专业发展导论
(第二版)
请刮开后扫描获取本书资源
本码2030年12月31日前有效

# 目　录

# 第一章  教师专业发展的历程及内涵

## 学习目标

1. 了解教师专业发展各个历史阶段的主要特征。

2. 掌握"教师专业发展"的概念,明确"专业"与"职业"、"教师专业化"与"教师专业发展"等概念之间的异同。

3. 明确教师专业发展的特点。

4. 理解教师专业发展对于教师成长的意义。

## 学习要求

| 知识要点 | 能力要求 | 相关知识 |
| --- | --- | --- |
| 教师专业发展的历史进程 | (1)了解教师专业发展的历史脉络<br>(2)掌握教师职业的产生过程 | (1)教师专门职业的产生<br>(2)教师专业地位的确立<br>(3)教师专业发展的兴起 |
| 教师专业发展的概念与特点 | (1)理解教师专业发展的内涵<br>(2)掌握教师专业发展的特点 | (1)"专业"与"职业"的异同<br>(2)"教师专业化"与"教师专业发展"的异同<br>(3)教师专业发展的概念<br>(4)教师专业发展的特点 |
| 教师专业发展的现实意义 | (1)理解教师专业发展与教师个体之间的关系<br>(2)掌握教师专业发展的现实意义 | (1)教师专业发展对教师个人的意义<br>(2)教师专业发展对教师职业的意义<br>(3)教师专业发展对社会的意义 |

教师专业发展是指教师以专业成长为目标,以提高专业理念与师德、专业知识、专业能力为内容的动态持续的发展过程。本章阐述了从教师职业出现到教师专业发展兴起的历史过程,旨在将教师专业发展置于历史与现实的情境中进行理解,重点把握教师专业发展的相关概念、特点及其意义。

# 第一节　教师专业发展的历史进程

**导入案例**

### 因人而异

子路和冉求向孔子请教问题:听到一个很好的主张,要立即就去做吗? 孔子对子路说:"家里父兄在,你应该先向他们请教再说,怎能自作主张就去做呢?"对冉求却加以肯定:"当然应该立即去做。"站在一旁的公西华不理解为何答案不同,孔子解释说:"冉求遇事畏缩,所以要鼓励他;子路遇事轻率,所以加以抑制。"

**点评**

### 因材施教

孔子针对学生的不同特点,有意识、有目的地因材施教,这是教师专业性的体现。了解教师专业发展的历史进程是学习和研究教师专业发展理论的基础。

在历史的长河中,教师职业是人类社会最古老的职业之一,对人类社会的发展作出了不可磨灭的贡献。真正意义上的具有专业性特征的教师职业,是现代师范教育产生以后才诞生的,迄今只有三百多年的历史。教师职业的专业性是伴随着社会历史和经济文化发展而逐渐增强的。

## 一、教师专门职业的产生阶段

教育是人类特有的社会现象,早在原始社会就已存在教与学的活动,即教育者与受教育者间的授受关系。在部落、氏族成员共同进行劳动的过程中,一些经验丰富的首领、老人、能人等,有意识、有步骤地把劳动技能、生产知识、生活经验、风俗习惯、行为准则等传授给年轻一代。这些首领、老人、能人等所进行的教育活动可看作教师职业的萌芽。教师真正成为一种职业，是从学校产生后开始的。原始社会末期已经出现学校的雏形，但作为真正意义上的社会实践部门的学校，则产生于奴隶社会。学校是奴隶社会生产力发展、脑力劳动与体力劳动相分离、学科体系形成的共同产物。古代学校主要为统治阶级所垄断，是统治阶级培养官吏和僧侣等统治人才的场所。古代学校的这种性质和职能形成了"官师一体""僧师合一"的教师制度，也就是说，教师只是官吏或宗教人员的一种职能或兼职。在中国古代奴隶社会，奴隶主贵族垄断教育权和受教育权，"学在官府""礼不下四夷"。到春秋战国时期，奴隶制崩溃，官学衰废，"学在官府"的局面被打破。伴随着文化下移以及众多思想流派的产生，教师发展为专门职业成为可能。一方面，孔子为了推行他的政治主张，创办"私学"，使私学成为与官学并存的办学形式。孔子提出"有教无类"的办学方针，反对仅从统治阶级上层子弟中招收学生。不论出身贵贱、家境贫富和种族差异，只要本人想向他学习，并愿意缴纳一定的费用，都可以被收为弟子。私学教师开始以教为业并以此谋生。这样，在中国乃至世界上首次正式出现了以教学为主要谋生手段的教师和教师职业。① 另一方面，文化教育的发展又进一步促进了脑力劳动与体力劳动的分离，产生了居于两者之间的"士"阶层。"士"阶层的一部分人摆脱了体力劳动，逐步从官僚集团中分化出来，失去了官吏的身份，成为靠出卖自己的知识和脑力来谋生的职业教师。②

同样，古代西方的学校也是统治阶级进行文化统治和培养接班人的场所。古希腊斯巴达的"教练所"和"青年军事训练所"等学校专门为贵族阶级而设，由奴隶主阶级的成员负责教育工作，同时又由执政官予以训诫，这一时期教师尚未成为一种社会职业。古希腊智者派教师的出现，标志着职业教师真正登上西方教育的历史舞台。智者是公元前5世纪—前4世纪希腊一批收徒取酬的职业教师的统称。智者派教师周游希腊各城邦，向青年人传授修辞学、政治学、哲学等，为他们参加公共生活作准备。智者派教师收取一定的学费，并以此为生，普罗塔哥拉、高尔吉亚、伊索克拉底等

---

① 臧乐源. 教师学[M]. 天津：天津人民出版社，1987：22.
② 阮成武. 主体性教师学[M]. 合肥：安徽大学出版社，2005：56.

学者都是智者派教师中非常著名的代表。而在中世纪的欧洲,"学在教会""僧师合一",学校被教会所掌控,由神父、牧师、僧侣担任教师。

　　总之,在此阶段,东西方各国主要处在农业社会,学校教育主要是为了培养统治人才,官学教师享有优厚的待遇和神圣的地位,而未能进入官僚集团的职业教师,只能以教职为谋生之道,经济、政治地位低下。教师的教育工作还没有形成系统化的专门学问,培养教师的专门机构尚未建立,把教师作为自己专门职业和终身职业的人也比较少。

 **知识小卡片 1-1**

### 万世师表——孔子

　　孔子,名丘,字仲尼,是中国古代伟大的思想家、教育家,儒家学派的创始人,儒家教育理论的奠基人。孔子实行"有教无类"的办学方针,广泛地吸收学生。他说:"自行束脩以上,吾未尝无诲焉。"只要本人有学习的愿望,主动奉送十条干肉作为师生见面礼,就可以成为弟子。"有教无类"作为私学的办学方针,与贵族官学的办学方针相对立。官学以贵族身份为入学受教的重要条件,以此保证奴隶主贵族对学校教育的垄断。"有教无类"打破了贵

**图 1-1　孔子**

(公元前 551 年—公元前 479 年)

贱、贫富和种族的界限,把受教育的范围扩大到平民,这是历史性的进步。事实表明,孔子的弟子来自各个诸侯国,出身于不同的阶级和阶层,成分复杂,孔子皆能一视同仁,教之成才,这说明教育家胸怀的宽大能容、教育艺术的高明善化。①

---

　　① 孙培青.中国教育史[M].上海:华东师范大学出版社,2009:32.

## 二、教师专业地位的确立阶段

西方文艺复兴之后，自然科学迅速发展，随着第一次工业革命的爆发，工业化生产要求普及义务教育以提高劳动者及人才的素质。伴随着班级授课制的实施和义务教育的普及，人们对教育状况表现出越来越强烈的不满和深切的担忧。正如1763 年普鲁士政府颁布的《全国学校规程》中提到："鉴于我国学校工作和青少年教育受到严重的忽视，青少年一代在许多不称职的教堂司事和学校教师的指导下，生长在愚昧无知之中这一令人不快的现状，经过充分酝酿和认真考虑，我们以为我国各行省应将教育置于更为重要的地位，并加以更为妥善的组织。"[①]人们非常清楚地意识到，知识丰富是成为教师的基本条件，但教师缺乏专门的职业培训，很难取得理想的教育效果，教育质量就会受到影响。由此，师范院校培养教师的模式正式走上历史的舞台。许多国家纷纷开始尝试建立专门的师范教育机构来培养和培训专职的教师。

世界最早的师范教育出现在法国。1681 年，世界上第一所师资培训学校在法国兰斯（Rheims）由"基督教兄弟会"神甫拉萨尔（La Salle）创建，开创了师范教育的先河。奥地利、德国紧随其后，开始建立师资培训机构。这些早期的师资培训机构所进行的教师培训只是一种职业训练而不是专业训练，培训方法主要是"学徒制"，培训时间比较短暂，培训内容也不包括教育理论知识，学生通过培训只能获得一些初步的感性认识和粗浅的教学经验。18 世纪中下叶开始的工业革命为初等教育的发展创造了条件，资本主义国家开始通过教育立法、教育拨款和师资培训等措施普及初等义务教育。初等义务教育的普及推动了现代教学方法、教育理论以及师范教育理论的发展，为教师培训提供了理论指导与实践支持。由此，欧美各国开始陆续成立师范学校并制定师范教育的相关法规，内容涉及中等师范学校的设置、师资的培训、教师的选定、教师资格证书的规定以及教师的工资福利待遇、地位等。这些师范学校重视对教师进行教育内容和教学方法的培训，开设文化知识教育的课程以及教育学、心理学课程，设置实习环节，对

---

① 克伯雷.外国教育史料［M］.华中师范大学，等，译.武汉:华中师范大学出版社，1991:513.

教师进行专门的教育训练。师范教育的不断完善和相关法规的颁布标志着欧美各国的师范教育逐步趋于制度化、系统化而进入了新的发展阶段。

在我国，盛宣怀于1897年在上海创立南洋公学师范院，标志着我国师范教育的诞生。1902年，清政府在京师大学堂设立师范馆，为我国高等师范教育之始。为了应对教师数量极为短缺的状况，我国最初主要以速成的方式来培养中小学教师。到20世纪上半叶，我国已陆续成立多所师范学校并颁布了师范教育的法规，师范教育也开始进入制度化的发展阶段。

总之，处于工业化社会的各国政府为加强对义务教育质量的管理，开始注重教师的培养和从业资格的控制。师范教育的兴起和变革，标志着教师职业告别经验化的阶段，逐步转向教师的专业化和制度化阶段。

### 三、教师专业发展的兴起阶段

进入20世纪，各国义务教育年限普遍延长，中等教育迅速发展，教学改革不断深入，职业教育蓬勃兴起，客观上要求师范教育逐步增加师资培养数量。[①] 20世纪60年代，世界各国皆面临师资极度匮乏的状况，纷纷采取各种解决措施。在英国，发表于1963年的《纽瑟姆报告》(*Newsom Report*)提出：以教育专业课与普通课同时进行的培养方式替代大学毕业后进行师范教育的形式，目的就是更快地培养教师。师范教育对"能力本位"[②]的追求确实有助于满足师范教育数量扩展的需求，但由于急于应付教师"量"的需求，而忽视了对教师"质"的要求。20世纪60年代中期以后，形势的改变促使师范教育不得不关注教师培养的质量。一方面，出生率下降导致对教师量的需求减弱。另一方面，经济困难导致政府把教师培养机构作为削减公共开支的主要对象。再加上此时公众已表示出对教育质量的强烈不满，并随之产生社会对教师

---

① 赵昌木.教师专业发展[M].济南：山东人民出版社，2011：3.

② 能力本位师范教育(Competence-Based Teacher Education, CBTE)，是培养师范生具有"表现教师应备能力"的一种师范教育，20世纪60年代兴起于美国。它要求先分析出作为一位成功教师应具备的能力，然后再根据这种分析所得的"应备能力"来设计师范教育课程及教学，师范生接受这种课程和教学并且必须真正获得并能表现这种"应备能力"后才能毕业。这种模式重视学习效果的明确化，重视教学技能，重视学生的个别差异，确实解决了师范教育扩展数量的问题，但在实施过程中也暴露出其本身的缺陷，如忽略教育目的与理想、教育内容缺乏统整并易遗漏重要部分、忽视人师角色的培养等。

教育的批评,这就使如何提高教师的质量成为广受关注的焦点问题。

1966 年,联合国教科文组织(United Education Scientific and Cultural Organization,UNESCO)和国际劳工组织(International Labour Organization,ILO)在《关于教师地位的建议》(*Recommendations on the Status of Teachers*)中指出,应把教育工作看作专门的职业,这种职业需要教师严格地、不断地学习,以获得并保持专门的知识和技能。1989—1992 年,经济合作与发展组织(Organization for Economic Cooperation and Development,OECD)就教师及教师专业化改革问题相继发表了一系列研究报告,涉及的领域包括教师教育的质量与水准、效率与效果,以及招生与教师录用等。1996 年,联合国教科文组织召开的第 45 届国际教育大会以"加强在变化着的世界中的教师的作用之教育"为主题,指出专业化是提高教师地位最有前途的中长期策略,强调教师在社会变革中的作用,并建议从四个方面予以实施:给予教师更多的自主权和责任以提高教师的专业地位;促使教师在专业实践中运用新的信息和通信技术;鉴定个人素质和开展在职培训以提高教师的专业性;保证教师参与教育变革以及与社会各界保持合作关系。①

自 20 世纪 80 年代以来,教师专业发展日渐成为教师专业化的方向,各国皆积极采取措施推动教师专业发展。

美国《时代周刊》(*TIME*)在 1980 年 6 月 16 日发表的篇名为《危机! 教师不会教!》(*Help! Teacher Can't Teach!*)的文章激起美国公众对教师质量的不满和担忧,引发美国开展以促进教师专业发展为核心的教育改革。1986 年,霍姆斯小组(Holmes Group)在《明日之教师》(*Tomorrow's Teachers*)报告中将教师从行业转化为专业作为自己的目标;同年,卡内基教育和经济论坛(Carnegie Forum on Education and the Economy)发表了《国家为 21 世纪准备教师》(*A Nation Prepared: Teachers for the 21st Century*)的报告。这两份重要的报告都提出确立教师的专业地位,培养教师达到专业标准,进而提高教师教育质量,以教师的专业性作为教师教育改革和教师职业发展的目标。这两个报告对美国教师教育的发展产生了深远的影响。②

---

① 教育部师范教育司.教师专业化的理论与实践[M].北京:人民教育出版社,2001:23.
② 陈永明,等.教师教育研究[M].上海:华东师范大学出版社,2003:108.

2002年1月,美国在《不让一个孩子掉队》(*No Child Left Behind*)法案中,责成各州地方教育当局在2005—2006学年结束之前,要保证教授核心科目的教师皆具备高素质,并要求地方、州及联邦教育当局提出进度报告。美国教师教育改革将教师专业发展作为取向,在各个不同层面上深入开展,效果显著。美国教师专业发展运动对国际社会特别是西方社会的教育产生较大影响,许多国家通过制定政策来推动教师专业发展。

英国于1998年发布《教师:迎接变革世界之挑战》(*Teachers:Meeting the Challenge of Change*)绿皮书,确立了教师专业发展这一核心主题。同年颁布的《教学与高等教育法案》(*Teaching and Higher Education Act*)提出成立总教学委员会(General Teaching Council),其核心任务在于提升教与学的品质,强化教师的专业素质。2002年,教育与技能部和教师培训司共同签署了《英国合格教师资格标准与职前教师教育要求》(*Professional Standards for Qualified Teacher Status and Requirements for Initial Teacher Training*),它既是英国教师资格证书标准,也是教师教育机构的课程标准。该文件对职前教师教育的定位是:职前教师教育是教师长期专业发展进程的第一阶段,教师的专业发展还贯穿在整个职业生涯中。①

日本临时教育审议会自1984年到1987年相继发表了四次咨询报告。在第四次报告中提出,培养新任教师的实际教学能力和责任感,延长试用期,实行任用后为期一年的新任教师进修制度。1987年,颁布《关于提高教员资质能力的方策》,1988年12月,为了进一步提高教师素质,又通过了新修订的《教师资格法》,修改的要点是提高大学的教师培训课程的专业性。20世纪80年代,日本教师教育已经由教师的培养、任用、研修三个阶段构成了一个连续的、完整的过程。进入20世纪90年代,日本的教师教育又形成了以"全面素质提高"为中心的"反思型"教师培养模式,并为适应和满足教师专业发展的需要,不断进行教师教育中心的转型。如今,日本教师教育不仅重视职后培训,真正将教师视为在教育实践中持续不断发展的专业人员,还特别强调未来教师和在职教师专业能力的自我提升。②

---

① 王艳玲. 教师专业发展:教师教育的核心理念[J]. 全球教育展望,2008(10):30.
② 郑开玲,汤智. 教师专业发展:历程、内涵与趋向[J]. 教育探索,2005(10):122-123.

虽然与美、英、日等发达国家相比较,我国教师专业发展起步稍晚,但发展速度较快。1986 年,国家教委发布《中小学教师考核合格证书试行办法》,提出中小学教师必须获得"教材教法考试合格证书"和"专业合格证书"。进入 21 世纪,中国掀起了教师专业发展的高潮。2002 年,教育部发布《教育部关于"十五"期间教师教育改革与发展的意见》,明确提出要按照教师专业发展的不同阶段,建立教师职前培养和在职培训一体化的课程体系。2004 年,"教师教育论坛"和教育部师范司召开全国教师教育大会,明确提出把教师专业发展确定为中国未来 15 年教师队伍建设和教师教育改革的指导思想。2011 年,教育部发布《教师教育课程标准(试行)》,规定了国家对教师教育机构设置教师教育课程的基本要求。2012 年,教育部发布"中小学、幼儿园教师专业标准",明确提出了国家对教师专业素质的基本要求。《教师教育课程标准(试行)》和"中小学、幼儿园教师专业标准"的制定为教师专业发展指明了方向。世纪之交,我国政府先后四次修订《中小学教师职业道德规范》,要求教师发展内外皆修,真正做到教书育人。①2018 年,为进一步加强师德师风建设,教育部颁布"新时代高校、中小学、幼儿园教师职业行为十项准则"。2022 年,党的二十大报告提出全面推进新时代高质量教师队伍建设。一要坚持党对教师工作的全面领导,加强教师思想政治与师德师风建设。二要营造尊师重教的浓厚氛围,不断提升教师职业吸引力。三要推进实施新时代基础教育强师计划,为基础教育培养立德树人之师。四要推进"双师型"教师队伍建设,为职业教育培养"大国工匠"之师。五要推进高校教师队伍建设改革,为高等教育打造高素质专业化创新型教师。六要应对教育发展新形势,优化调整教师队伍建设布局。②

总之,在此阶段,世界各国均处于信息化社会,政治、经济、科技和文化的一系列重大变化、教育在国民经济中的战略地位和基础作用,都对教师提出了空前的高要求和高期待。为了提高教师的质量,推动教师获得最大限度的专业发展已经成为当代教师教育改革的中心主题。

---

① 杨天平,申屠江平.教师专业发展概论:做人民满意的教师[M].重庆:重庆大学出版社,2012:14-15.
② 任友群.学习贯彻党的二十大精神 打造新时代高质量教师队伍[N].中国教育报,2022-11-19(1).

# 第二节　教师专业发展的概念与特点

### 放眼远大目标①

窦桂梅老师15岁考入吉林师范学校（从小就想当一名人民教师），师范毕业后留校。因一心想到小学当教师，经争取改派到吉林第一实验小学当教师（想当一名带班任课教师）。又经五年的努力和争取带班正式任教语文课。后来一心想上公开课，经努力获得成功，《王二小》一课一鸣惊人（争取做一名响当当的优秀教师）。经十几年的钻研拼搏，提出语文的"三个超越"，即学好教材、超越教材；立足课堂、超越课堂；尊重老师、超越老师。尔后她又提出了语文教学的主题教育思想，并在课堂上得以实践。她还提出了语文教学要有"三度"，即温度、宽度、厚度。如今在清华大学附属小学担任校长（想当一名研究型、科研型教师）。窦桂梅的成长与她有明确的奋斗目标是分不开的。

■ 点评

### 目标激励

在人生的征程中，明确的目标就像灯塔一样指引我们前行，让我们在生活的无数岔路口不迷失方向。当我们确立清晰的目标时，就可以集中精力，专注于行动，不断超越自我。对于每个个体来说，对发展的不同理解可能导致个体设定不同目标，选择不同发展路径。正确理解教师专业发展的概念与特点是学习和研究教师专业发展理论与实践的前提。

教师专业发展自20世纪80年代提出以来，已经成为当今教师教育改革的主流话

---

① 欧阳明.教师教育智慧的修炼［M］.北京：北京师范大学出版社,2011:154.

语。把握教师专业发展的概念与特点,将有利于深入理解教师专业发展的相关理论。

## 一、教师专业发展的概念

### (一)相关概念的辨析

#### 1. 专业与职业

凯尔-桑德斯(A. M. Carr-Saunders)认为,专业(profession)是指一群人在从事一种需要专门技术的职业,是一种需要特殊智力来培养和完成的职业,其目的在于提供专门性的服务。德语 euf 本来是一个宗教的概念,意指“上帝安排的任务”,但在宗教改革时期马丁·路德对《圣经》的翻译中,却首次将这个词与世俗意义的“职业(career)”一词的用法联系起来。对路德而言,一个人的职业不仅是一种工作,还是一种神圣使命。[①] 从职业发展的历史来看,自从人类社会出现了各种职业后,各种职业之间的高低贵贱之别就成为人类社会中的普遍现象。到了 17 世纪的欧洲,部分职业群体从众多职业中分化出来,被社会认可为“专业”。[②] 专业与职业之间具有密切的联系,专业是从普通职业中分化出来的,它是一种正式的专门职业。但专业又不同于职业,两者的区别概括起来主要表现在以下 7 个方面:① 从事专门职业需要以掌握系统的专业知识和技能为前提,按照科学的理论和技术行事,而从事普通职业无须专门的知识和技能,只需按例规行事。② 专门职业的从业人员需要接受长期的专业训练,而普通职业的从业人员无须接受长期的专业训练,主要通过个人体验和个人工作经历而积累工作经验。③ 专业与职业相比,更多地提供一种特有的、范围明确的、社会不可或缺的服务,在自主的范围内对于自己的专业行为与专业判断负有责任,以高质量的专业服务获得报酬,并且把服务置于个人利益之上。④ 专门职业把服务和研究融为一体,即专业人员不仅要提供优质的专业服务,同时为了保证服务品质和服务水平的不断提高,还要在服务中不断进行研究,通过研究提高专业水平,并且对专业人员而言,这种研究是一种自觉的行为,而普通职业仅提供一种服

---

① 刘卜瑛. 从马丁·路德到马克斯·韦伯——天职观解读差异之初探[J]. 现代企业教育,2013(8):320.
② 曾荣光. 教学专业与教师专业化:一个社会学的阐释[J]. 香港中文大学教育学报,1984(1):24.

务,没有研究的意识。⑤ 在专业问题范围内,有明显的内行和外行的差异,非专业人员对专业内的事物了解极为浅薄,正如隔行如隔山,而普通职业无内行和外行之别。⑥ 专门职业的从业人员把工作看作一种事业,是一种生活方式,不同专业的从业人员有不同的生活方式,而普通职业的从业人员仅仅把工作当作一种谋生的手段。⑦ 专业人员一般具有较高的职业声望,在社会职业声望的排位中处在最高层。①

 **知识小卡片 1-2**

### 专业的特征

1956 年利伯曼(M. Lieberman)提出专业的八条特征②:

① 范围明确,垄断地从事社会不可缺少的工作;

② 运用高度的理智型技术;

③ 需要长期的专业训练;

④ 从业者无论个人、集体均具有广泛的自治性;

⑤ 在专业的自治性范围内,直接负有作出判断、采取行为的责任;

⑥ 非营利,以服务为动机;

⑦ 形成了综合性的自治组织;

⑧ 拥有应用方式具体化了的伦理纲领。

2. 教师专业化与教师专业发展

教师专业化(Teacher Professionalization)是职业专业化的一种类型。《培格曼最新国际教师百科全书》指出:"教师专业化是指教师个人成为教学专业的成员并且在教学中具有越来越成熟的作用这样一个转变过程。"③教师专业化与教师专业发展既有联系又有区别。从广义的角度说,"教师专业化"与"教师专业发展"这两个概念是

---

① 教育部师范教育司. 教师专业化的理论与实践[M]. 北京:人民教育出版社,2001:38.

② LIEBERMAN M. Education as a Profession[M]. Prentice-Hall,1956.

③ 邓金. 培格曼最新国际教师百科全书[M]. 北京:学苑出版社,2001:46.

相通的,都是指教师专业性不断加强的过程。但从狭义的角度说,它们之间还有一定的区别:"教师专业化"更多是从社会学角度加以考虑的,主要强调教师群体的、外在的专业性提升;"教师专业发展"更多是从教育学维度加以界定的,主要指教师个体的、内在的专业化提高。① 这两个思维角度的不同是随着教师专业化进程而不断明晰的。在教师专业化的发展过程中,人们起初采用的是群体专业化策略,其间呈现两条不同的教师群体专业化路径。一种是工会主义的教师群体专业化,主张通过罢工等形式来谋求社会对教学专业的认可和其成员政治与经济地位、工作条件的改善;另一种是专业主义的教师群体自动化,主张通过专业组织的内部专业自治,订立严格规范的入职资格许可、资格认定标准,来促进教师整体素质的提高。当群体专业化策略在促进教师专业化的道路上举步维艰的时候,人们逐渐将研究的视角转向教师个体专业化,教师专业化策略由群体转向个体。教师个体专业化经历了关注个人职业阶梯的上升和各种专业荣誉的获得的过程,最终转向关注每一位教师内在专业素质的提高和专业实践的改进,这种以丰富和完善教师的内在专业结构为目标的发展就是"教师专业发展"。

 **知识小卡片 1-3**

## 教师职业是一种专业吗?②

埃齐奥尼(Etzoni)等人将教师、护士、社会工作者三类人员归为"半专业"人员,认为教师培训时间较短,社会地位较低,团体专有权难以建立,特有的专业知识较少,专业自主权缺乏。也就是说教师的专业化程度不及典型的专业人员,如医生等,还没有达到完全专业的水准。其实,现代教师职业是一种要求从业者具有较高的专业知识、技能和修养的专业。从专业职业的特征来看,教师职业离成熟专业的标准还有一定差距,教师职业是一个"形成中的专业",教师专业发展是一个不断深化的历程。

---

① 教育部师范教育司.教师专业化的理论与实践[M].北京:人民教育出版社,1989:553.
② 教育部师范教育司.教师专业化的理论与实践[M].北京:人民教育出版社,2001:38-44.

### （二）教师专业发展的概念

《现代汉语词典》中对"发展"的解释为"事物由小到大、由简单到复杂、由低级到高级的变化"。[①] 词典中定义的发展是由小、简单、低级向大、复杂、高级方向的变化。一个人从稚嫩走向成熟，并且不断趋向完善的过程，就是自身的发展过程。教师作为社会职业人群中的一员，其发展过程亦遵循这一模式，即需要经历不断发展教育教学的知识和技能、提高教育教学水平的过程，此过程本身就是教师专业发展的过程。

关于教师专业发展概念的内涵，国内外学者主要有三种基本的认识。[②]

1. 教师专业发展是教师专业成长的过程

以霍伊尔（Hoyle）等为代表的学者认为教师专业发展是教师专业成长的过程，强调一种状态。美国教育专家霍伊尔明确提出，教师专业发展是指在教学职业生涯的每一阶段，教师掌握良好专业实践所必备的知识和技能的过程。[③] 富尔兰（Fullan）和哈格里夫斯（Hargreaves）也指出，他们在使用"教师专业发展"时，既包含通过在职教师教育或教师培训而获得的特定方面的发展，又包含教师在目标意识、教学技能和与同事合作能力等方面的全面的进步。[④] 佩里（Perry）从中性意义和积极意义两方面提出教师专业发展的内涵：中性意义的教师专业发展意味着教师个人在专业生涯中的成长，包括信心的增强、技能的提高、对所任教学科知识的不断更新、拓宽和深化，学会对自己的课堂教学行为进行反思。积极意义的教师专业发展包含着更多的内容，它意味着教师已经成长为一个超出技能的范围而有艺术化表现的人，成为一个把工作提升为专业的人，把专业知能转化为权威的人。[⑤] 显然，这种"过程说"虽然关注到教师专业发展过程中知识结构等能力方面的动态变化，但是忽略了教师专业发展的途径和原因，无法全面地反映教师发展的全过程。

---

① 中国社会科学院语言研究所词典编辑室.现代汉语词典［M］.7 版.北京:商务印书馆,2021:352.

② 芮燕萍.大学英语教师专业发展状况实证研究［D］.上海:上海外国语大学,2011:13-14.

③ HOYLE E. Professionalization and Deprofessionalization in Education［M］//HOYLE E, MEGARRY J. World Yearbook of Education 1980: Professional Development of Teachers. London: Kogan Page Limited, 1980: 42-54.

④ FULLAN M, HARGREAVES A. Understanding Teacher Development［M］. New York: Teachers College Press, 1992.

⑤ PERRY P. Professional Development: the Inspectorate in England and Wales［M］//HOYLE E, MEGARRY J. World Yearbook of Education 1980: Professional Development of Teachers. London: Kogan Page Limited, 1980: 143-148.

## 2. 教师专业发展是促进教师专业成长的过程

以利特尔(Little)为代表的学者认为教师专业发展是促进教师专业成长的过程，强调一种动作。利特尔明确指出，对教师专业发展的研究有两种截然不同的路径：一种是教师掌握教学复杂性的过程，这些研究主要关注特定的教学法或所实施的课程革新，同时也探究教师如何学会教学，如何获得知识和实现专业成熟，以及如何长期保持对工作的投入等；另一种是侧重研究影响教师动机和学习机会的组织和职业条件。[①] 我国学者认为教师个人在经历职前师资培育阶段、任教阶段和在职进修的整个过程中都必须持续地学习与研究，不断发展其专业内涵，逐渐达到专业圆熟的境界。[②] 这种"动作说"虽然关注到教师实施教学改革的动机和具体过程研究，但是缺乏对教师专业发展中自身知识和能力提升的关注，因此也无法全面地反映教师专业发展的过程。

## 3. 教师专业发展是教师专业成长和促进专业成长过程的结合

以怀德恩(Wideen)为代表的学者认为教师专业发展是教师专业成长和促进专业成长过程的结合，强调状态和动作的结合。教师专业发展有五层含义：一是协助教师改进教学技巧的训练；二是学校改革整体活动，以促进个人最大成长，营造良好的气氛，提高学习效果；三是一种成人教育，增进教师对其工作和活动的了解，而不仅仅停留在提高教学成果上；四是利用最新的教学成效的研究改进学校教育的一种手段；五是专业发展本身作为一种目的，协助教师在受尊敬的、受支持的、积极的气氛中，促进个人的专业成长。[③] 这种观点将教师专业发展的状态和动作结合起来，较全面地反映了教师专业成长的过程。

综合国内外研究，教师专业发展是指以教师专业成长为目标，以提高教师的专业理念与师德、专业知识、专业能力为内容的动态持续的发展过程。在此过程中，教师不仅需要通过不断的学习与探究来拓展专业内涵，提高专业水平，达到专业成熟的境界，同时还要使教师个人的主体性得以发挥，生命价值得以提升。事实上，教师专业发展的内涵并非固定不变，在不同历史时期、不同国家或地区，由于社会发展需要的

---

① 叶澜,白益民,等.教师角色与教师发展新探[M].北京:教育科学出版社,2001:224.
② 朱宁波.中小学教师与专业发展的理论与实践[M].长春:吉林人民出版社,2002:98.
③ 叶澜,白益民,等.教师角色与教师发展新探[M].北京:教育科学出版社,2001:225.

不同,其内涵有所不同。总体而言,这一概念的内涵在不断地扩大和延伸,逐渐向着个人终身成长的方向发展。

 **知识小卡片 1-4**

### 何谓大先生①

习近平总书记在 2021 年 4 月 19 日考察清华大学时发表重要讲话,提出教师要成为大先生,做学生为学、为事、为人的示范,促进学生成长为全面发展的人。这一讲话不仅充分表达了对教师的尊重,也对教师提出了更高的要求,意味着教师肩负着重大责任。

在中国,先生二字是一种尊称,是对父兄长者和教师的称呼。大先生更是对有德业者的尊称。《礼记·曲礼》中就有一句"从于先生,不越路而与人言。遭先生于道,趋而进,正立拱手"。这里的先生指的就是老师,对老师要恭敬。只有人格、品德、学业上能为人表率者方能称为大先生。习近平总书记的讲话,对高校教师在政治上、专业上、教育上提出了更高的要求。

## 二、教师专业发展的特点

教师专业发展体现了"以人为本"的思想,其特点可以概括为自主性、阶段性、终身性、情境性和丰富性五个方面。②

1. 自主性

教师专业发展需要教师个体通过自觉、自愿、主动地接受专业训练和学习,不断提升专业水平,促进教师由非专业人员成长为专业人员。教师自主专业发展有别于"他主发展",它是基于教师主观能动性的自我超越活动,而不是在外界的各种压力和要求下的被动发展。一方面,这意味着教师专业发展动力来自于教师自身。如果教师缺乏内在的需要、情感和意识,就难以产生动力去经历个体内在专业结构不断更新、演进和丰富的持久过程。另一方面,这意味着教师凭借自主发展的追求和动力能够自觉地实现

---

① 顾明远.何谓大先生[J].理论导报,2021(9):53.
② 杨天平,申屠江平.教师专业发展概论[M].重庆:重庆大学出版社,2012:26.

教育观念的更新和教育信念的深化,进行创造性的教育教学活动。以自主为动力,以自主为凭借,教师的专业发展就不会仅仅停留在一般意义的思想武装上,而是会落实到具体的教育教学实践中。案例链接1-1中的李吉林老师,在个人的专业发展历程中便始终处于主动、自愿、积极的发展状态,而不是被动、强制、消极的发展状态。

---

**案例链接1-1**①

　　一个好老师除了要有较好的思想素质,还要有较高的业务能力。我在接受师范教育时,不仅认真学好各门功课,还积极学画画、学指挥、练美术字、参加诗歌朗诵会、创作舞蹈、练习弹琴。夏天在小小的琴房里练琴时,即使被蚊虫叮咬,热得浑身是汗,我也感到乐趣无穷,全身心地沉醉在琴声中。我在后来的工作中所探索的"情境教学",运用音乐、图画、表演等手段把学生带入情境,从某种意义上讲,也得益于当年在师范学校学习时打下的坚实基础。

　　在当教师之后,我一直注意提高自身的文化素养。可以说,我是在"小学里读大学"。我坚持每天黎明即起,坐在校园的荷花池畔背唐诗、宋词,背郭沫若、艾青、普希金、海涅、泰戈尔等中外名家的诗篇,用优美的诗篇来陶冶自己的情操。晚上则有计划地阅读鲁迅、茅盾等名家的著作,莎士比亚、契诃夫、列夫·托尔斯泰、果戈理、车尔尼雪夫斯基等世界文学巨匠的一批名著,就是那时利用业余时间阅读的。近二十年来,为了搞教育科研,我又如饥似渴地学习教育学、心理学和美学,还阅读了许多中外教育家的论著及国外教学实验的资料,做了不少记录。学习对一个教师来说是永无止境的追求。我常常用屈原的"路漫漫其修远兮,吾将上下而求索"来勉励自己,抓紧一切时间学习,还经常练笔。这些年来,我常常谢绝许多邀请,专心在家伏案写作。我将情境教学、情境教育的实验成果加以概括,并上升为理论总结,获得了许多专家领导的高度评价。这些教学和研究成就的取得都源于我锲而不舍的自主探索和积极主动的自我提升。

---

① 李吉林.不断塑造自我,提高自身素质[N].中国教育报,1997-01-27(4).

### 2. 阶段性

教师的专业发展是一种动态的发展过程,在不同的发展阶段教师都会呈现出不同的发展动机、需求、水平和结果。作为专门职业人员的教师,要经历逐步成熟的发展历程。这个发展过程的各个阶段不是彼此孤立的,而是相互衔接且螺旋上升的,前一阶段是后一阶段的准备或发展的先决条件,在后一阶段的发展中则需要回顾、检视前一阶段的成果和作用。各个阶段呈现出明显的特征。处在不同阶段的教师,在专业理念、专业知识、专业技能等方面会产生不同的需求,当阶段性需求得到满足时,他们会顺利进入下一个阶段。反之,他们会停滞在某一阶段,甚至出现倒退的现象。明确教师专业发展的阶段性,针对不同阶段教师的发展特征,采取差异性发展路线和对策,能够切实提升教师的专业素养,同时使教师具有整体发展的意识,确保前后专业发展阶段对策的连贯性。教师专业发展阶段的研究有助于揭示教师成长的轨迹,使教师自身与外界发展路径及策略的选择有据可依。

 **知识小卡片 1-5**

教师专业发展是一个持续社会化和个性化的过程,具有多阶段性的特征。有关教师专业发展过程的研究表明,虽然师范教育对专业发展起着不可忽视的作用,但许多中学优秀教师的优秀品质主要是在实践中逐步积累和发展起来的,其成长是多阶段的连续过程。

表 1-1　中学优秀教师各种优秀能力形成时间的分布表①

| 各种特殊能力 | 大学前（%） | 大学期间（%） | 职后（%） |
|---|---|---|---|
| 处理教学内容的能力 | 18.85 | 12.63 | 68.42 |
| 运用教学方法和手段的能力 | 21.65 | 12.37 | 65.98 |
| 教学组织和管理能力 | 19.59 | 11.34 | 69.08 |
| 语言文字表达能力 | 34.69 | 20.41 | 44.90 |
| 教学科研能力 | 18.18 | 11.11 | 70.71 |
| 教育机智 | 19.19 | 11.11 | 69.70 |
| 与学生交往能力 | 21.43 | 10.21 | 68.37 |
| 平　均 | 21.95 | 12.74 | 65.31 |

① 王邦德.中学优秀教师的成长与高师教改之探索［M］.北京:人民教育出版社,1994:46.

由表1-1可知,中学优秀教师的特殊能力,除了语言文字表达能力与职前教育关系较大,其他能力更多的是通过职后教育和自我学习形成的。

### 3. 终身性

教师的专业发展是贯穿教师终身的持续的学习过程。教师的工作是教书育人。在教育教学活动中,教师要为学生提供学习指导,以自己的知识为基础进行创造性的知识传授工作。要使学生学习的知识不断丰富、不断更新,教师仅依靠职前培养所获取的知识和技能是无法实现的。解决这一问题的最好方法,就是教师在自身职业生涯中成为终身学习者,把专业发展看作是一个在教育现场持续学习的过程。联合国教科文组织在1998年发布的《教师和变革世界中的教学工作》报告中指出:"教师同其他职业一样,是一种'学习'的职业,从业者在职业生涯中自始至终都要有机会定期更新和补充他们的知识、技巧和能力。"终身性能够保证教师专业发展成为可持续的过程,在这个过程中,教师不断更新观念,拓展知识面,完善知识结构,磨砺思想品格,沉淀人文底蕴,提升整体素质,实现自我超越。

### 4. 情境性

教师专业发展必须与教育实践、教育情境相联系,脱离个体的真实情境来探讨教师的专业发展是无意义的。情境是教师认知建构的土壤,教师个体的专业活动是教师主动参与实践活动、与情境保持动态适应的过程,难以逾越情境。教师对教育教学问题的识别、能够做什么及需要怎么做等问题的判断,皆受制于特定的情境。教师专业发展是教师与工作情境互动的过程,教育情境具有不确定性,也富有挑战性,教师需要通过不断地观察和反思复杂教育情境中各要素及其动态的关系,不断学习、迁移、重组、传承和转化知识以获得发展。不同教师甚至同一教师在面对不同的工作情境时,遇到的问题是不同的。不同的问题情境对教师的专业知能结构提出了不同的挑战,教师在应对不同问题情境时所采取的行为方式也会存在很大差异。教师专业发展的情境性要求教师要深入实践,关注教师专业发展的实践逻辑,关注影响教师专业发展的价值观念、习惯与场域的特征,更好地实现"理论逻辑"与"实践逻辑"的对接,切实解决教师专业发展中遇到的问题,优化教师的专业素质结构。

5. 丰富性

教师专业发展以丰富和提升教师专业素质结构为宗旨,这不仅指明了教师专业发展的目的,也指出了教师专业发展的内容。教师既要向学生传授文化科学知识和基本技能,又要通过言传身教使他们形成高尚的道德品质、养成良好的行为习惯;既要提升学生的智力,又要提升他们的体力,等等。教学工作本身的复杂性直接决定了教师专业素质结构与发展内涵的丰富性。教师需要具备先进的教育理念、合理的专业知识、复合型的专业能力、崇高的专业道德、强健的身体素质和健康的心理素质。教师专业发展就是要通过持续的专业教育使教师具备合理的专业素质结构。教师专业发展既应注重教师教育知识、技能层面的发展,也应兼顾情意、知识、能力各方面的成长。丰富性表明教师专业发展的整体性,只有专业结构各方面素质获得整体提升,个人发展才具有无限的空间。否则,单方面素质的提升必将阻碍教师专业发展前进的步伐。

 **知识小卡片 1-6**

### 以教育家精神为引领　深化课堂改革[①]

2023 年 9 月,习近平总书记致信全国优秀教师代表,强调要大力弘扬教育家精神,为强国建设、民族复兴伟业作出新的更大贡献。教师群体中涌现出一批教育家和优秀教师,具有心有大我、至诚报国的理想信念,言为士则、行为世范的道德情操,启智润心、因材施教的育人智慧,勤学笃行、求是创新的躬耕态度,乐教爱生、甘于奉献的仁爱之心,胸怀天下、以文化人的弘道追求,展现了中国特有的教育家精神。

2024 年 9 月,习近平总书记在全国教育大会上指出,要实施教育家精神铸魂强师行动。教育家精神是人民教师精神风貌的生动写照,从精神层面凝聚了教师队伍的价值共识,也是我国从"教育大国"迈向"教育强国"不可

---

① 钟启泉. 以教育家精神为引领深化课堂改革[N]. 中国教育报,2024-11-4(04).

或缺的群体精神特质与价值取向。就宏观层面而言,弘扬教育家精神意味着最大限度地消弭地区、学校间的"学力落差",谋求基础教育的均衡发展;就微观层面而言,弘扬教育家精神不能脱离教育教学实践,更不能满足于说文解字式的解读,而是需要在教育家精神的感召下,以"高素质、专业化"的教师团队来支撑与保障学生的全面发展。对教师而言,弘扬教育家精神与每位教师是息息相关的。体现在行动上,就是要在教育家精神的引领下,向"兼具专家与工匠特质"的优秀教师进发,向儿童、同行及自己的课堂实践学习,从改革自己的课堂做起,不断求得教学实践的精进。这应成为教育工作者弘扬教育家精神的信条。

## 第三节　教师专业发展的现实意义

### 导入案例

#### 搭建教师成长的平台

　　某学校为促进青年教师的成长搭建"青蓝工程",为骨干教师的培养搭建"名师工程"。"青蓝工程"和"名师工程"的实施,营造了年轻教师与骨干教师专业成长的有利环境。这所学校的一位教师讲述道:如果说"青蓝工程"为我搭建了一个展翅的舞台,那么"名师工程"的实施就让我在纷繁的世界里学会了找寻平衡的支点,让自己静下来倾听自己内心的声音。可以毫不夸张地说,"名师工程"的实施过程让我对人生、工作以及日后的发展的认识产生了深刻的变化,是它让我能够在缤纷复杂的现实生活中暂且放慢奔跑的脚步,让我有机会、有时间去反省自身,反思自己工作中的点点滴滴。重新审视自己的教育教学的时候,我才发现学习是永无止境的,这样的学习会带给我们更多的思考,会让我们静下心来倾听不同的声音。

> ▨ **点评**
>
> ### 教师专业发展是社会进步的动力
>
> 教师专业发展可以直接促进教师个体专业水平的提高，教师个体专业化是教师职业专业化的基础，教师职业专业化又会推动社会发展。本节重点阐述教师专业发展的现实意义。

进入 20 世纪 80 年代，教师专业发展逐渐成为人们关注的焦点和当代教育改革的中心主题之一。在教师专业发展的进程中，教育界人士进行了坚持不懈的探索，不仅向世人展示了教师专业发展的内在魅力，也体现了教师专业发展对教师个人、教师职业和社会的深刻意义。

## 一、教师专业发展有助于优化教师素质

在学校教育过程中，教师的作用主要表现为三个方面：一是传授知识，开发学生的智力；二是培养品德，启迪学生的心灵；三是锻炼身体，增强学生的体质。教师承载着千万青少年儿童的未来和希望，是未来国家建设者和接班人的培育者，肩负着开启民智、传承文明的使命。社会上的每种职业都有各自的素质规定，具有较强专业性的教师职业对于专业素质的要求也很高。教师仅具备一个现代人的基本素质是远远不够的，还必须具备教师职业所需要的特殊的专业素质。教师的素质直接关系到教育质量，关系到人才培养的质量。教师承担的使命要求教师必须具备合格的思想政治素质、科学文化素质、教育理论素质、教育能力素质、身体和心理素质等。此外，社会的进步、科技的发展以及知识经济时代的到来，对教师素质也提出了越来越高的要求。教师专业素质的提高不再是依靠职前系统定向培养一次性完成，而是需要延伸和覆盖教师的整个职业生涯。教师专业发展给教师个体和群体都提供了优化素质的途径。如案例链接 1-2 中的这位新手教师正是通过教师专业发展使自身的教学水平得以提升，专业素质得以优化。

案例链接1-2

一位新手教师讲述了自己在"磨课"过程中的成长心得：

在几轮教研活动中，我虽然耗费了很多精力，牺牲了很多休息时间，但不时涌现的新理念与新想法，以及不断的练习与改进使我收获良多。几轮活动之后，开学初接受检验时还忐忑不安的我逐渐变得游刃有余，最终凭借集体的教研力量，代表年级组参加了学校第三轮教研活动的展示。

以讲授《狼和小羊》一课为例，相较于最初的设计，这节课的教案最后的呈现可以说是发生了质的变化。其间，教学样案写了一遍又一遍，试讲过的班级换了一个又一个，请来帮助听课指导的教师由本年级组增加到其他年级组……通过接受、体味、演练，再推倒、重修改、又演练的不断反复，我在课堂教学方面取得了飞速进步。

## 二、教师专业发展有助于提升教师地位

一般来说，一种职业的经济地位高，相对地这种职业的政治地位、社会地位也会很高。职业的经济地位多是与这一职业的职业声望联系在一起的。美国全国民意研究中心（The National Opinion Research Center）根据"哈特-诺斯职业声望量表"（Hart-North Scale of Occupational Prestige），于1947年、1963年分两次研究了美国的职业等级，结果发现：在1947年，公立学校教师居第36位（平均为73分）；1963年，公立学校教师上升到第29位（平均为81分），与大企业的会计师相当，高于雇用百人以上的工厂主。而在我国，由于尊师重教的历史文化传统，教师的职业声望一直较高。但是我国教师的职业声望与其所享有的经济地位仍然是不相称的。[①] 近年来，这一状况有了很大改变，教师的经济地位有所提高，案例链接1-3中，有的民办学校不惜重金聘请高水平教师充分地证明了这一点。自20世纪80年代至今，教师专业发展日益成为人们关注的焦点。只有不断提高教师的专业水平，才能使教学工作成为受人尊重的

---

① 陈永明，等.教师教育研究[M].上海:华东师范大学出版社,2003:99-100.

一种专业,而教师专业发展是提高教师专业水平的有效路径。换言之,教师专业发展有利于社会越来越尊重教师职业,使教师的职业声望不断提高,从而有助于提高教师的经济地位、政治地位和社会地位。

### 三、教师专业发展有助于促进教师职业成熟

教师专业发展对教师职业的促进作用体现在以下几个方面:第一,教师培养课程使教师的素养更能适应社会教育对培养人才的需要。教师不仅要掌握专业学科知识、教育学学科知识,还要具有社会所需要的人格魅力,使教师在承担教育任务的同时,完成教化学生、培养学生健全人格的任务。第二,教师职前培养更加系统化和专门化,以适应社会对不同层次教师的需要,提供社会需要的合格的教师来源,并根据国家的规定进行调整。第三,教师培训专业化。大量的教育机构将根据一定的条件进入教师培训这一领域,形成一个规模巨大的市场,这就需要对教师培养和培训机构进行认可和评估。可以说,教师培训、继续教育是教师专业化的产物,也是保证教师教育质量的有力手段。第四,教师群体和教师职业的道德规范的形成和稳定发展。专业化的另一个含义就是群体价值观的形成。教师的道德规范、价值观是随教师职业的专业化形成的。它包括对教师职业的热爱、敬业精神,对学生的热爱,对自身的高要求,等等。第五,教师任用制度化。通过专门的机构根据一定的规范和程序进行教师任用,使教师职业的准入适应社会的需要。① 教师的专业发展与教师教育的高质量需求是联系在一起的,并因此促进教师职业趋向成熟。

> **案例链接1-3②**
>
> 我认真聆听了习近平总书记在二十大开幕会上所作的报告,倍感振奋、备受鼓舞。报告明确指出,教育、科技、人才是全面建设社会主义现代化国家的基础性、战略性支撑,作出了建设教育强国、科技强国、人才强国、文化

① 陈永明,等.教师教育研究[M].上海:华东师范大学出版社,2003:99-100.
② 坚守育人初心!党的二十大激励广大优秀教师接续奋斗[EB/OL].(2022-10-20)[2024-07-25].http://news.sohu.com/a/594124256_121106908

强国、体育强国、健康强国的战略部署。作为一名老教师,更感到了自己的
责任和使命,在今后的教学和科研工作中,我将带领团队,不忘立德树人之
根本任务,言传身教,教书育人,为全面建成社会主义现代化强国伟大目标,
培养出更多基础深厚、能力过硬、德才兼备的高素质人才;牢记科技报国之
使命,瞄准国家重大装备发展的战略需求和先进材料与制造技术前沿发展
方向,脚踏实地,发扬"十年磨一剑"的奋斗精神,潜心研究,开拓创新,不断
突破关键核心技术,为国家重大装备技术发展和高水平科技自立自强作出
自己应有贡献。

> ——北京航空航天大学前沿科学技术创新研究院教授  王华明

## 四、教师专业发展有助于推动社会进步

如顾明远先生所言:"社会职业有一条铁的规律,即只有专业化才有社会地位,
才能受到社会的尊重。如果一个职业是人人可以担任的,则在社会上是没有地位
的。教师如果没有社会地位,教师的职业不被社会尊重,那么这个社会的教育大厦
就会倒塌,这个社会也不会进步。"[1]可见,教师专业化与社会进步息息相关。根据
社会学理论,个体和群体的社会化是社会进步的一个重要标志。无论是个体的人
还是群体的人,在被社会化的同时,也在参与创造社会,从而形成了这一群体的独
特的文化、个性发展和社会结构。社会化在形成和维持人与社会的这种相互依存
的关系中,起着重要的作用。社会进步总是以高度的分工和专业化为重要的标志。
一个具备全面适应能力的社会是一个高级社会,这种社会应该具有这样三个特征:有
较多的子系统;各部门较专业化;具有较为有效的总体整合办法。不难理解,教师在
被社会影响的同时,也在影响着社会,与社会形成共生共存的关系,这一群体自身也
具备了高级社会的特征,并且还会随着社会的进一步发展而发展。教师专业发展通
过促进教师职业的专业化来推动教师个体和群体的社会化,最终推动社会进步。

---

① 转引自刘微.教师专业化:世界教师教育发展的潮流[N].中国教育报,2002-01-03(4).

### 本章小结

在教师专门职业的产生阶段东西方各国主要处在农业社会,学校教育主要是为了培养统治人才,官学教师享有优厚的待遇和神圣的地位,而未能进入官僚集团的职业教师,只能以教职为谋生之道,经济、政治地位低下。教师的教育工作还没有形成系统化的专门学问,没有培养教师的专门机构,不存在对教师的专门培养,把教师作为自己专门职业和终身职业的人也较少。在教师专业地位的确立阶段各国主要处在工业化社会,国家为了加强对义务教育的控制和质量的管理,对教师的培养和从业资格进行一定的管理和控制。师范教育的诞生和变革,标志着教师职业告别经验化、随意化的阶段而向教师专业化的方向发展。在教师专业发展的兴起阶段各国主要处在信息化社会,政治、经济、科技和文化的一系列重大变化,使教育成为国民经济中具有战略地位和作用的基础产业,对教师也提出了空前的高要求和高期待。为了提高教师的质量,如何促使教师获得最大程度的专业发展已经成为当代教育改革的中心主题。

教师专业发展是指以教师专业成长为目标,以提高教师的专业理念与师德、专业知识、专业能力为内容,动态持续的发展过程。在此过程中,教师不仅需要通过不断的学习与探究的历程来拓展专业内涵,提高专业水平,达到专业成熟的境界,同时还要使教师个人的主体性得以发挥,生命价值得以提升。事实上,教师专业发展的内涵并非固定不变的。在不同历史时期、不同国家或地区,由于社会发展需要的不同而有所变化。总体而言,这一概念的内涵在不断地扩大和延伸,逐渐向着个人终身成长的方向发展。教师专业发展的特点可以概括为自主性、阶段性、终身性、情境性和丰富性五个方面。进入20世纪80年代,教师专业发展日益成为人们关注的焦点和当代教育改革的中心主题之一,教师专业发展有助于优化教师素质、提升教师的地位、促进教师职业成熟和推动社会进步。

### 思考与练习

1. 为什么说教师职业是一个"形成中的专业"?
2. 辨析"教师专业化"与"教师专业发展"概念的异同。

3. 采访一位优秀教师,并写出一份成长分析报告。

## 参考文献

[1] 陈永明,等.教师教育研究[M].上海:华东师范大学出版社,2003.

[2] 教育部师范教育司.教师专业化的理论与实践[M].北京:人民教育出版社,2001.

[3] 李吉林.不断塑造自我,提高自身素质[N].中国教育报,1997-01-27(4).

[4] 刘卜瑛.从马丁·路德到马克斯·韦伯——天职观解读差异之初探[J].现代企业教育,2013(8).

[5] 刘微.教师专业化:世界教师教育发展的潮流[N].中国教育报,2002-01-03(4).

[6] 芮燕萍.大学英语教师专业发展状况实证研究[D].上海:上海外国语大学,2011.

[7] 全国十二所重点师范大学.教育学基础[M].北京:教育科学出版社,2008.

[8] 孙培青.中国教育史[M].上海:华东师范大学出版社,2008.

[9] 王邦德,等.中学优秀教师的成长与高师教改之探索[M].北京:人民教育出版社,1994.

[10] 王艳玲.教师专业发展:教师教育的核心理念[J].全球教育展望,2008(10).

[11] 杨天平,申屠江平.教师专业发展概论:做人民满意的教师[M].重庆:重庆大学出版社,2012.

[12] 叶澜,等.教师角色与教师发展新探[M].北京:教育科学出版社,2001.

[13] 叶澜,白益民,等.教师角色与教师发展新探[M].北京:教育科学出版社,2001.

[14] 余文森,等.教师专业发展[M].福州:福建教育出版社,2007.

[15] 中国社会科学院语言研究所词典编辑室.现代汉语词典[M].7版.北京:商务印书馆,2021.

[16] 臧乐源.教师学[M].天津:天津人民出版社,1987.

[17] 朱宁波.中小学教师与专业发展的理论与实践[M].长春:吉林人民出版社,2002.

# 第二章 "教师专业标准"解读

## 学习目标

1. 了解我国教师专业标准的颁布背景。

2. 明确教师专业标准的基本架构、制定依据及特点。

3. 掌握我国教师专业标准的主要内容。

## 学习要求

| 知识要点 | 能力要求 | 相关知识 |
| --- | --- | --- |
| 《中学教师专业标准（试行）》的框架 | (1) 掌握《中学教师专业标准（试行）》的框架结构<br>(2) 了解《中学教师专业标准（试行）》的制定依据 | (1)《中学教师专业标准（试行）》的四个构成部分<br>(2)《中学教师专业标准（试行）》的基本理念及内容要素<br>(3)《中学教师专业标准（试行）》制定的法律依据和政策依据 |
| 《中学教师专业标准（试行）》的颁布背景及意义 | (1) 了解《中学教师专业标准（试行）》对基础教育改革及发展的意义<br>(2) 掌握《中学教师专业标准（试行）》对教师教育改革与发展的价值<br>(3) 明确《中学教师专业标准（试行）》对教师队伍建设的意义 | (1) 为教师教育改革与发展指明了方向<br>(2) 是实现教师教育模式创新，改革教师教育课程的现实需要<br>(3) 为实现教师队伍建设的良性运转，建立严格的准入制度、考核与评价制度、职务晋升与激励制度以及退出制度提供了依据和标准 |
| 《中学教师专业标准（试行）》的主要内容 | (1) 了解《中学教师专业标准（试行）》的基本理念<br>(2) 掌握《中学教师专业标准（试行）》的基本内容 | (1) 师德为先、学生为本、能力为重和终身学习的具体内涵<br>(2) 教师应具备的专业理念与师德<br>(3) 教师应具有的专业知识<br>(4) 教师应具备的专业能力 |

20 世纪 90 年代以来，全面推进素质教育和实施新课程的基础教育改革对教师素质和水平提出了更新、更高的要求。从事教育教学工作的教师，其工作内容已经由"职业"转型为"专业"，"教师专业发展"逐渐成为当代教师教育研究领域最流行的话

语,"教师专业化"成为中小学教师队伍建设的逻辑起点。但是,教师职业的专业性如何体现?合格的教师应该达到什么样的专业标准?如何评价教师的专业发展?如何有效地促进教师专业的实质性发展?2012年,教育部颁布了《幼儿园教师专业标准(试行)》《小学教师专业标准(试行)》和《中学教师专业标准(试行)》,一定程度上回应了这些问题,为教师专业发展提供了更为准确的方向引导,明确了一名合格教师的道德坐标、知识坐标和能力坐标,这是我国教师专业化进程中的重要里程碑。[①] 本章以《中学教师专业标准(试行)》为例,对《中学教师专业标准(试行)》的颁布背景和基本内容予以详细解读。

## 第一节 《中学教师专业标准(试行)》概述

### ■ 导入案例

#### "四块糖果"的故事

教育家陶行知先生担任育才小学校长时,曾发生过一个小故事。一天,他发现学生王友用泥块砸同学,当即制止了王友,并令王友放学时到校长办公室。放学后陶先生来到校长室,见王友已等在门口。陶先生掏出一块糖果送给他:"这是奖给你的,因为你按时来到这里,我却迟到了。"王友怀疑地接过糖果后,陶先生又掏出一颗糖果放到他手里:"这也是奖给你的,因为当我不让你再打人时,你立即就住手了,这说明你很尊重我。"说完,陶先生又掏出第三块糖果塞进王友手里:"我调查过了,你砸他们,是因为他们欺负女学生。这说明你很正直,有跟坏人作斗争的勇气!"王友哭了:"你打我两下吧,我错了,我砸的不是坏人,是我的同学呀……"陶先生满意地笑了,随即掏出第四块糖果递过去:"因为你正确地认识错误,我再奖给你一块糖果……我的糖给完了,我看我们的谈话也该结束了。"

---

① 顾明远.《小学教师专业标准》说明[N].中国教育报,2011-12-14(3).

---

**■ 点评**

尊重是前提

"教师专业标准"要求教师应做到尊重学生人格,富有爱心、责任心、耐心和细心,以一颗宽容之心面对学生的言行举止;信任学生,积极创造条件,运用科学合理的方法教育学生,引导并促进学生的自主发展。四块糖果不仅让学生认识到了错误,更发掘了学生的四个优点:守时、尊重人、正义感和勇于认错,这个故事充分体现了教育家的教育艺术和智慧。本节主要介绍《中学教师专业标准(试行)》的基本框架和制定依据。

---

## 一、《中学教师专业标准(试行)》的框架结构

"教师专业标准"是指国家教育机构依据一定的教育目的和教师培养目标制定的有关教师培养和教育工作的指导性文件。它具体规定了教师专业机构要素中的各项实施准则和方法。[①] 我国的《中学教师专业标准(试行)》(以下简称《专业标准》)由前言、基本理念、基本内容和实施建议四部分构成。

### (一)前言

《专业标准》的前言部分以精练的语言表述了制定依据、目的、适用对象和功能。《专业标准》的第一句话明确其制定目的是"促进中学教师专业发展,建设高素质中学教师队伍",后点明其法律依据是《中华人民共和国教师法》和《中华人民共和国义务教育法》(以下分别简称《教师法》和《义务教育法》)。前言的第二段阐述了《专业标准》的性质定位。《专业标准》是"国家对合格中学教师的基本专业要求,是中学教师实施教育教学行为的基本规范,是引领中学教师专业发展的基本准则,是中学教师培养、准入、培训、考核等工作的重要依据"。

---

[①] 熊建辉.教师专业标准研究——基于国际案例的视角[D].上海:华东师范大学,2008:18.

## （二）基本理念

### 1. 师德为先

热爱中学教育事业,具有职业理想,践行社会主义核心价值体系,履行教师职业道德规范,依法执教。关爱中学生,尊重中学生人格,富有爱心、责任心、耐心;为人师表,教书育人,自尊自律,以人格魅力和学识魅力教育感染中学生,做中学生健康成长的指导者和引路人。

### 2. 学生为本

尊重中学生权益,以中学生为主体,充分调动和发挥中学生的主动性;遵循中学生身心发展特点和教育教学规律,提供适合的教育,促进中学生积极主动学习、健康快乐成长,全面而有个性地发展。

### 3. 能力为重

把学科知识、教育理论与教育实践相结合,突出教书育人实践能力;研究中学生,遵循中学生成长规律,提升教育教学专业化水平;坚持实践、反思、再实践、再反思,不断提高专业能力。

### 4. 终身学习

学习先进中学教育理论,了解国内外中学教育改革与发展的经验和做法;优化知识结构,提高文化素养;具有终身学习与持续发展的意识和能力,做终身学习的典范。

**知识小卡片 2-1**

**做党和人民满意的好老师**
——同北京师范大学师生代表座谈时的讲话(节选一)
(2014 年 9 月 9 日)
习近平

陶行知先生说,教师是"千教万教,教人求真",学生是"千学万学,学做真人"。老师肩负着培养下一代的重要责任。正确理想信念是教书育人、播种未来的指路明灯。不能想象一个没有正确理想信念的人能够成为好老师。唐代韩愈说:"师者,所以传道受业解惑也。""传道"是第一位的。一个老师,如果只知道"授业""解惑"而不"传道",充其量只能是"经师""句读之师",而非"人师"。古人云:"经师易求,人师难得。"一个优秀的老师,应该是"经师"和"人师"的统一,既要精于"授业""解惑",更要以"传道"为责任和使命。好老师心中要有国家和民族,要明确意识到肩负的国家使命和社会责任。

我们的教育是为人民服务、为中国特色社会主义服务、为改革开放和社会主义现代化建设服务的,党和人民需要培养的是社会主义事业建设者和接班人。好老师的理想信念应该以这一要求为基准。广大教师要始终同党和人民站在一起,自觉做中国特色社会主义的坚定信仰者和忠实实践者,忠诚于党和人民的教育事业,自觉把党的教育方针贯彻到教学管理工作全过程,严肃认真对待自己的职责。要注重加强中国特色社会主义理论体系的学习,加深对中国特色社会主义的思想认同、理论认同、情感认同,不断增强道路自信、理论自信、制度自信、文化自信,积极引导学生热爱祖国、热爱人民、热爱中国共产党。好老师应该做中国特色社会主义共同理想和中华民族伟大复兴中国梦的积极传播者,帮助学生筑梦、追梦、圆梦,让一代又一代年轻人都成为实现我们民族梦想的正能量。

广大教师要用好课堂讲坛,用好校园阵地,用自己的行动倡导社会主义核心价值观,用自己的学识、阅历、经验点燃学生对真善美的向往,使社会主义核心价值观润物无声地浸润学生们的心田、转化为日常行为,增强学生的价值判断能力、价值选择能力、价值塑造能力,引领学生健康成长。

## (三) 基本内容

《专业标准》的基本内容包含"维度""领域"和"基本要求"三个层次。第一个层次分为三个维度:专业理念与师德、专业知识和专业能力。第二个层次为领域,共计十四个,按其类别分列在各个"维度"之中。第三个层次是基本要求,共计六十三个,按其内容分列在每个"领域"中。

### 1. 专业理念与师德维度

《专业标准》在这个维度分为四个领域:职业理解与认识、对学生的态度与行为、教育教学的态度与行为、个人修养与行为。

职业理解与认识领域重点强调教师职业的专业性和独特性,要求教师注重自身的专业发展。对学生的态度与行为领域明确提出将保护学生生命安全放到首位,强调尊重学生独立人格、尊重学生个体差异,为学生的发展积极创造条件。教育教学的态度与行为领域,将"育人为本、德育为先"的理念作为首要要求,同时强调要尊重教育规律,为每一位学生提供合适的教育。个人修养与行为领域提出了关于教师个人修养和行为方面的诸多要求,如教师个体的心性、品质、行为举止等方面的要求。

2. 专业知识维度

《专业标准》的专业知识维度包括四个领域:教育知识、学科知识、学科教学知识和通识性知识,提出了十八项基本要求。其中,教育知识领域有六项基本要求,在四个领域中所占比重最大。要求教师了解教育的基本原理和主要方法,掌握学生身心发展规律的知识及其教育方法。

3. 专业能力维度

《专业标准》的专业能力维度包括了六个领域:教学设计、教学实施、班级管理与教育活动、教育教学评价、沟通与合作及反思与发展。

(四)实施建议

《专业标准》的最后一部分,针对教育行政部门、教师教育院校、中学和中学教师等不同主体,分别提出了有针对性的要求和实施建议。

二、《专业标准》的制定依据

(一)法律依据

《专业标准》制定的主要依据是《中华人民共和国教师法》和《中华人民共和国义务教育法》。我国虽然是首次制定《专业标准》,但在两部法律以及其他一些法律法规中,都有相关或相近的内容。例如,《中华人民共和国教师法》第三条规定"教师是履行教育教学职责的专业人员,承担教书育人,培养社会主义事业建设者和接班人,提高民族素质的使命。教师应当忠诚于人民的教育事业"。第二章规定了教师权利和义务。《中华人民共和国义务教育法》第二十九条规定:"教师在教育教学中应当平等对待学生,关注学生的个体差异,因材施教,促进学生的充分发展。教师应当尊重学生的人格,不得歧视学生,不得对学生实施体罚、变相体罚或者其他侮辱人格尊严的行为,不得侵犯学生合法权益。"第三十条规定:"教师应当取得国家规定的教师资格。"第三十四条规定:"教育教学工作应当符合教育规律和学生身心发展特点,面向全体学生,教书育人,将德育、智育、体育、美育等有机统一在教育教学活动中,注重培养学生独立思考能力、创新能力和实践能力,促进学生全面发展。"这些都是制定《专业标准》的重要依据,也为《专业标准》的制定提供了框架和元素方面的参考。

### (二) 政策依据

2010 年,教育部颁布的《国家中长期教育改革和发展规划纲要(2010—2020年)》(以下简称《规划纲要》)是《专业标准》制定的重要政策依据。《规划纲要》描绘了中国十年间教育改革和发展的蓝图,提出了"优先发展,育人为本,改革创新,促进公平,提高质量"的二十字方针,明确指出,"坚持以人为本、全面实施素质教育是教育改革发展的战略主题,是贯彻党的教育方针的时代要求,其核心是解决好培养什么人,怎样培养人的重大问题"。"把育人为本作为教育工作的根本要求。要以学生为主体,以教师为主导,充分发挥学生的主动性,把促进学生健康成长作为学校一切工作的出发点和落脚点。关心每个学生,促进每个学生主动地、生动活泼地发展,尊重教育规律和学生身心发展规律,为每个学生提供适合的教育。"

在素质教育战略主题中,明确提出三个坚持:第一,坚持德育为先。立德树人,把社会主义核心价值体系融入国民教育全过程。把德育渗透于教育教学的各个环节,贯穿于学校教育、家庭教育和社会教育的各个方面。第二,坚持能力为重。优化知识结构,丰富社会实践,强化能力培养。第三,坚持全面发展。全面加强和改进德育、智育、体育、美育。坚持文化知识学习与思想品德修养的统一;理论学习与社会实践的统一;全面发展与个性发展的统一。重视安全教育、生命教育、国防教育、可持续发展教育等,这些内容为制定《专业标准》提供了参考依据。

### (三) 国际教师专业标准的借鉴

《专业标准》的制定借鉴了许多国家和地区的教师专业标准或相关内容。20 世纪80年代以来,美国、英国、澳大利亚等国颁布实施了一系列中小学教师标准,经过二十多年的开发与修改,形成了相对成熟的教师专业标准体系。例如,教师素质构成要素主要包括专业知识、专业能力、专业理念三个方面,已经成为对教师职业应具备的专业素质结构的共识。

## 第二节　《中学教师专业标准(试行)》的颁布背景

> **导入案例**
>
> ### 北京语文课堂:亟须去假归真①
>
> 　　一位年轻老师讲《伯牙绝弦》一课。整堂课不但学生前面、黑板旁的PPT不断更换内容,而且学生侧面墙壁上始终交织更替着各种古人画面,不时还有乐声响起,整堂课都充斥着音乐和画面,而不是在对文字的感悟与提升中度过的。我始终困惑,哪位家长同意、谁家孩子愿意一边读书一边听音乐呢?伴乐读书、看画读书的低幼做法何时休?对于一篇并不难懂的课文,这位老师却将其分解成了几十个零碎的提问和生硬的拔高内容。中间还不断进行所谓的引经据典,而这些经和典与文本并无太多关系。比如,这位老师说:"我们的古人常常借山水抒发自己的志向。杜甫曾写过'会当凌绝顶,一览众山小',借山抒发自己的志向;李白也曾写过'登高壮观天地间,大江茫茫去不还',借水来抒发自己的胸怀。"且不说用这样的诗句比喻伯牙抚琴志在高山是否合适,即使从学生理解这个文本的角度来说,也实在有些牵强。更糟糕的是,老师从课文引申出2000年前、1700年前、1300年前、800年前、400年前、100多年前的例子,乃至引用毛泽东为悼念自己好友而写下的诗句来向学生生硬灌输这样一个观点:知音之情已经成为知音文化,却没有给学生留下自主思考与探索的空间。

---

　　① 王旭明.北京语文课堂:亟须去假归真[EB/OL].(2014-12-23)[2024-07-25].http://edu.sina.com.cn/zl/edu/blog/2014-12-23/09562238/1396715380/53402f740102vlgc.shtml.

> **点评**
>
> ### 教师不是"填鸭者"，应是引路人
>
> 有论者认为，课堂不是论文答辩会，应该是在教师的引导下帮助学生自然生成各种观点。教师不是饲养员，更不是填鸭者，而是引导者、引路人。正如习近平总书记在2016年考察北京市八一学校时所指出：广大教师要做学生锤炼品格的引路人，做学生学习知识的引路人，做学生创新思维的引路人，做学生奉献祖国的引路人。作为教师，应该具备"教师专业标准"所规定的各项要求。本节以《中学教师专业标准（试行）》为例，介绍其颁布的背景和意义所在。

新时期基础教育改革与发展的主要目的是"办好人民满意的教育"，主要特征和路径是实施优质化、均衡化发展，推进素质教育和课程改革，加强对基础教育的监测和督导。《专业标准》为教师教育改革与发展指明了方向，是建立教师教育质量保障体系、实现教师教育模式创新以及教师教育课程改革的现实需要。同时，为实现教师队伍建设的良性运转，建立严格的准入制度、考核与评价制度、职务晋升与激励制度以及退出制度提供了依据和标准。

## 一、基础教育改革与发展的需要

### （一）基础教育优质化发展的需要

近年来，我国基础教育发展取得了巨大成就，"双基"攻坚目标已经基本实现，高中教育迅速发展，课程改革深入推进，教育均衡化发展水平和教育质量有了较大提高。《规划纲要》要求，"把提高质量作为教育发展的核心任务""树立以提高质量为核心的教育发展观，注重教育内涵发展""树立以提高教育质量为导向的管理制度和工作机制，把教育资源配置和学校工作重点集中到强化教育环节、提高教育质量上来"。由此可以看出，我国基础教育面临的主要问题是如何提高教育质量，实现内涵式发展，从满足"有学上"的基本阶段转向"上好学"的质量提升阶段。

教师是教育的基本条件和重要资源,发展优质教育,首先要有优秀教师。教师质量的提升需要有可以参照的评价标准。制定和实施中小学教师专业标准,就是从教师队伍建设和教师教育教学行为两方面为基础教育发展的转型与攻坚助力。

提高教育质量,发展优质教育,不应仅仅停留在提升学生学习成绩上,更要注重提升学生在学习过程中的主动性和创造性,提升学生的独立思考能力、分析判断能力、搜集处理运用信息的能力、发展新知识的能力和解决问题的实践能力;加强学生思想、态度和价值观的培养;推动学生人格的发展和完善。《规划纲要》还提出,应"把促进人的全面发展、适应社会需要作为衡量教育质量的根本标准"。实现基础教育优质化,实现教育的创新和变革,依靠传统的理念、行为和措施是难以达成的,它要求观念的转变、思维的转型,要求人才培养模式的创新,要求教育教学内容、方法和手段的变革,更要求广大教师在教育理念、知识结构、教育教学技能和行为等方面发生实质性转变。如何确定教师应具有哪些方面的素质,应有怎样的教育教学行为以及根据什么来判断一名教师是否具有这些素质和行为,如何改变与提高等,是实现基础教育优质化发展目标所必须明确的问题。《专业标准》正是针对基础教育发展的现实需要,依据教育教学和学生发展的规律而制定的,其框架体系、基本理念和基本内容,可以为解答这些问题提供参考。

### (二)基础教育均衡发展的需要

教育公平是社会公平的重要基础。《规划纲要》把教育均衡作为最重要的任务之一,明确指出要"形成惠及全民的公平教育。坚持教育的公益性和普惠性,保障公民依法享有接受良好教育的机会。建成覆盖城乡的基本公共教育服务体系,逐步实现基本公共教育服务均等化,缩小区域差距。努力办好每一所学校,教好每一个学生,不让一个学生因家庭经济困难而失学"。推进义务教育均衡发展是促进公平教育的基本体现。这里的教育公平,不仅包括"有学上"的教育机会的公平,也包括"上好学"的教育过程和结果的公平;不仅要为每个学生提供适合的教育,更要使每个学生得到最佳发展。

促进基础教育均衡发展,根本措施是合理配置教育资源,向农村地区、边远贫困地区和民族地区倾斜,加快缩小教育差距。教育资源中的办学经费和硬件设施配置都有可量化的指标,容易进行比较;但对于师资力量,缺乏可量化的指标及明确的、统一的规定。在一所学校内部，都很难对教师的业绩水平予以考评；校与校之间、地区与地区之间更难以进行详细的比较。在推进教育均衡发展的过程中，只有在明晰合格教师和优秀教师应具有哪些素质和行为表现的基础上，才能知晓配置师资时应考虑哪些要素；才能知晓薄弱学校在师资方面存在哪些问题与不足；也才能对经过重新配置后的师资是否达到了预期设想、是否促进了均衡发展做出判断。由此可见，教师专业标准是配置教育资源，促进教育均衡发展的重要参照体系之一。

**（三）素质教育与课程改革的需要**

20世纪80年代后期以来，为纠正中小学教育中以升学率为价值取向，片面强调知识习得，忽视智力开发与能力培养，弱化德、体、美、劳教育等问题，我国先后颁发了若干文件，实施基础教育改革。1999年，《中共中央 国务院关于深化教育改革 全面推进素质教育的决定》明确规定了全面推进素质教育的指导思想和基本策略。提出素质教育改革要面向全体学生，培养学生的创造性，尊重学生的主体性，实现每一名儿童全面、和谐、均衡的发展。2001年，《国务院关于基础教育改革与发展的决定》提出"加快构建符合素质教育要求的基础教育课程体系"，并颁布了《基础教育课程改革纲要（试行）》。义务教育阶段的新课程改革开始试点推广，普通高中新课程改革于2004年逐步推进。基础教育新课程改革是当代我国实施素质教育的重大举措，它确立了以学生发展为本的课程目标，设置具有均衡性、综合性与选择性的课程结构，精选学生终身学习和终身发展所必备的基础知识、基本技能，倡导自主、合作与探究的教学方式，积极鼓励教师与学生发挥创造性，探索有利于学生、教师和学校发展的课程评价制度。经过十年的运行与探索，2011年又进行了修订工作。修订后的义务教育课程坚持德育为先，充分体现社会主义核心价值体系；坚持以人为本，遵循学生认知规律和教育教学规律，全面体现素质教育精神；坚持能力为重，注重培养学生创新精神和实践能力，并进一步丰富和明确了能力培养的基本内涵，将"双基"目标发展为"四基"，增加"基本思想"和"基本活动经验"；坚持全面发展，进一步精选对学生全面发展、终身发展具有重要价值的课程内容；坚持与时俱进，体现时代发展的新要素和科技进步的新内容。

2022年4月，教育部颁布了《义务教育课程方案和课程标准（2022年版）》。此次修订坚持目标导向,以习近平新时代中国特色社会主义思想为指导,全面贯彻党的教育方针,落实立德树人根本任务;坚持问题导向,全面梳理分析课程改革的困难和问题,明确修订重点和任务,对义务教育课程进行了整体设计和系统完善;坚持创新导向,注重继承我国课程建设的成功经验,充分借鉴国际课程改革新成果,更新教育理念,体现中国特色,增强课程综合性、实践性,引导育人方式变革,着力发展学生核心素养。修订后的义务教育课程方案和课程标准深化了课程改革,强化了课程育人功能;遵循学生身心发展规律,强化一体化设置,促进学段间的衔接,提升课程科学性、系统性;优化课程设置,细化学科育人目标,明确实施要求,增强课程指导性、可操作性。具体体现在四个方面:

1. 育人目标更加系统明确,彰显国家意志。深刻领会习近平总书记关于教育的重要论述精神,围绕落实立德树人根本任务,继承课程改革优秀传统,在育人目标设计上充分体现了中国特色。例如,课程方案着眼于人的全面发展,描绘时代新人画像,从有理想、有本领、有担当三个方面系统构建了"五育"并举的目标体系。

2. 课程一体化设计理念进一步加强。以核心素养为统领,促进课程内容结构化,全面提升课程系统性。

3. 创新性和实践性进一步凸显。汲取历次课程修订经验,各课程标准以核心素养为纲呈现课程目标,以主题、项目或活动组织课程内容,强化学科实践和跨学科实践,驱动教学内容与方式的深层变革。

4. 课程实施指导进一步强化。为增强可操作性,课程方案和课程标准在课程内容设计、学业质量标准研制、丰富案例、条件保障等方面进行细化、强化,努力做到好用、管用。

实施素质教育和课程改革是一项艰巨而复杂的教育改革,是传统教育的一次涅槃重生。课程改革对教师提出了全新的挑战:教师要具有现代教育理念和教育思想,树立对教育充满爱的职业理想,形成新的学生观、课程观、知识观和质量观;教师要具有课程建构能力,能够改变学科本位,体现课程的综合性、选择性和均衡性;教师要具有引导学生主动学习的能力,不再是知识的灌输者,而要成为学生发展的引导者和促进者;教师要能够根据学生的个体差异,使每个学生的知识水平都得到提高;教师要具有运用现代教育技术的能力,改革传统教学方式,提高教学效率。总之,教师要做学生人生的引路人,成为教学的研究者和反思者;成为课程的建设者和开发者;成为社区教育、文化、科学事业的共建者。教师是否具有实施素质教育和课程改革的意愿、能力和水平,是否能够认真扎实并富有创造性地实现改革的规划与设想,直接决定着改革能否进一步推行。因此,教师专业标准不仅是教师实施素质教育和课程改革的必备素质和行为标准,也是素质教育和课程改革取得成功的有力保障。

### (四) 基础教育质量监测与督导的需要

基础教育质量监测与督导是促进教育公平和全面实施素质教育,提高教育质量的一项基础工程,也是落实教育绩效考核与开展教育问责的重要程序和步骤。基础教育的质量监测与督导不仅要对学生学业成绩进行监测与督导,也要对其他教育要素及结构进行监测与督导,并需要对师资队伍建设状况和教师的教育教学状况进行监测和督导。2008年,教育部发布国家教育督导报告,其主题就是关注义务教育教师。评价教师不能仅仅停留在学历、职称、教龄、性别、年龄等方面的简单数据统计上,更需要建立一个能适应新时期基础教育转型发展和教师队伍建设的监测体系。监测体系需要对教师的专业素质、专业发展、管理、教育教学行为等各方面的实际情况进行全方位和全过程的监测和分析。教师专业标准是监测体系建立和实施的重要依据和参照,具有重要的应用价值。

## 二、教师教育改革与发展的需要

### (一) 建立教师教育质量保障体系的需要

20世纪90年代中期,为提高教师教育专业化水平,我国开始构建以独立设置的师范院校为主体、综合性高等院校共同参与的开放的教师教育体系。经过十余年发展,参与教师教育的非师范院校的数量已经超过师范院校,所招收和培养的师范生数量逐步增多,教师的供给量不断增加,教师教育的办学层次稳步提升,基本形成了以大学为主的教师培养格局,教育硕士培养和教育博士专业学位试点在一批高校展开。开放的教师教育体系是教师专业化的根本要求,但其有效运行必须以完善的制度体系为保障,例如,教师资格制度、教师教育机构准入制度、教师教育机构认证制度、教师教育评价制度等。制度的建立和实施需要有相应的标准,例如,教师资格标准、教师教育机构标准、教师教育课程标准、教师教育质量标准等。教师专业标准规定了教师的专业质量要求,是教师资格标准的核心,是教师教育要实现的目标,也是制定教师教育机构标准、教师教育课程标准和教师教育质量标准的重要参考和依据。

### (二)教师教育模式创新的需要

教师教育改革是一项复杂而艰巨的任务,需要系统规划、扎实推进,而创新教师教育模式和改革教师教育课程体系则是重中之重。新的教师教育发展模式着力于探索学科专业教育与教师专业教育的有机结合,理论知识的学习与教育实践能力培养的有机结合及职前培养与职后培训的有机结合。实现教师教育的发展目标需要发挥各院校的自主性和创造性,结合本院校和本地区的实际情况,开展多样化教师培养模式和路径的探索。如何规划与设计新的教师培养模式,如何检验新的教师教育模式的成效,教师专业标准是重要的参考和基本准则。

### (三)教师教育课程改革的需要

在教师教育课程设置上,要强调课程的综合性、整体性建设,增加教育类课程、教育实践课程的数量,强化课程的示范性和实践性;在课程内容上,加强课程内容和学生实际生活之间的联系,实现理论与实践的统一;实行以实践为取向的课程实施模式,充分发挥教师和学生的主动性,强调在真实环境中开设部分教师教育课程;建立多元化的教师教育课程评价体系,倡导发展性评价,突出评价改进教学实践的功能。总而言之,教师教育院校要以培养符合教师专业标准要求的毕业生为目标,教师教育者要从教师专业标准所规定的素质和能力要求出发,选择教学内容、设计教学过程和开展教学活动。

## 三、教师队伍建设的需要

教师队伍建设是一个系统工程,不仅需要教师教育建立完善的质量保障体系,培养出优质的毕业生;更需要有严格的准入制度、考核与评价制度、职务晋升与激励制度以及退出制度等,这些制度和环节应该相互衔接、密切配合,形成有效的管理与运行机制。

《专业标准》对于教师的品德、知识、能力等方面的具体规定,使得教师清楚地知道了专业发展包括哪些内容,具体要求是什么,可以对照标准了解哪些方面达到了要求,哪些方面还需要加强,为教师的专业发展提供了明确的努力方向和发展目标。

1993 年颁布的《中华人民共和国教师法》,对教师资格标准、条件、申请认定程序、教师资格考试、法律责任等作出了原则性规定。1995 年颁布的《中华人民共和国教育法》规定,"国家实行教师资格、职务、聘任制度,通过考核、奖励、培养和培训,提高教师素质,加强教师队伍建设"。随后相继出台的《教师资格条例》(1995 年)、《〈教师资格条例〉实施办法》(2000 年)、《关于深化中小学人事制度改革的实施意见》(2003 年)等诸多法律、法规和政策文件,推动了我国教师队伍管理的政策法规体系的形成,为我国教师队伍的稳定和建设提供了基本保障。

在新的历史时期,建设"师德高尚、业务精湛、结构合理、充满活力的高素质专业化教师队伍",不仅是教师队伍整体的要求,更是对个体的要求,只有绝大多数教师个体达到"高素质、专业化"的要求,教师队伍整体才有望实现"高素质、专业化"的目标。教师专业标准是"高素质、专业化"的要求分解到教师个体身上的具体体现,是考核教师是否达到专业水准的基本参照,是建立和完善教师资格标准的核心内容,也是细化教师聘任标准、考核管理标准、职务晋升标准、奖励及工资待遇标准的重要参考。

我国历来高度重视教师工作。习近平总书记强调,要从战略高度来认识教师工作的极端重要性,把加强教师队伍建设作为基础工作来抓。广大教师是打造中华民族"梦之队"的筑梦人,要努力成为"有理想信念、有道德情操、有扎实学识、有仁爱之心"的好老师。要在全社会营造尊师重教的良好氛围,让教师成为令人羡慕的职业。

## 第三节 《中学教师专业标准(试行)》的主要内容

> **导入案例**
>
> ### 飞行员的起点[①]
>
> 董老师从事初中教师工作二十多年,至今记忆犹新的是第一次当班主任时发生的一件事。学校春游活动组织学生到当地某军队院校参观并联

---

① 陈永明.基础教育改革案例(下)[M].天津:天津教育出版社,2006:248-249.

欢。出发前,校领导千叮咛万嘱咐学生,一定要遵守纪律,安全第一,服从管理,维护学校的荣誉,等等。到达目的地参观完几个展览室,董老师发现少了两名学生,于是就返回去一个个展室找,终于发现了目标。董老师心想可能是学生违反纪律被扣下了。走近才发现,一名战士正在给这两名学生津津有味地讲飞机的型号、性能,还展示了很多飞机小模型。战士看董老师过来找学生归队,连忙说发现学生对飞机感兴趣,就搬了两箱子飞机模型给他们看,学生没有违反纪律。董老师对学生交代了下一步要去的地方就离开了。

回到学校后,董老师找学生谈话,"你们今天犯了点小错误,在集体活动时有什么事得先向老师报告一声,免得老师为你们担心着急,你们要是真的喜欢飞机,考大学时就报能开飞机的专业,但现在要好好学习和锻炼身体。"当时这两名学生的学习成绩还处于后面。谈完话后,其中一名学生非常着急,几次请求老师帮助,就是要提高成绩。经过努力,学生的学习成绩有了明显进步,并且一直在上升,最终以优异成绩考入重点高中。让人吃惊的是,高中毕业时,他真的选择了报考与航空相关的专业,填报志愿时咨询董老师,这样选择好不好。董老师说:"只要你喜欢就报,老师支持你当飞行员。"大学毕业后,学生顺利地成为了一名东方航空公司的"空中客车"飞行员,实现了自己的梦想。

**■ 点评**

### 把握教育的契机

处于不同阶段的学生身心发展特点不同,教师需要发现每位学生的禀赋、兴趣、爱好和特长,为他们的表现和发展提供充分的条件和正确引导,这是教师从教的专业标准之一。"好雨知时节,当春乃发生;随风潜入夜,润物细无声。"教师应把握好合适的教育契机,充分发挥学生的主动性,为学生提供适宜的教育,帮助学生明确学习动机,激发学生潜在的学习意识,为实现自己的人生目标而努力。本节主要对《中学教师专业标准(试行)》的基本理念和基本内容予以详细解读。

## 一、《中学教师专业标准(试行)》的基本理念

"师德为先""学生为本""能力为重"和"终身学习",既是贯穿《专业标准》的基本理念,也是教师作为专业人员在专业实践和发展过程中应秉持的价值导向和行为引领,是对教师专业发展的深度和广度提出的"规定性"和"标准性"的要求。"师德为先"和"能力为重"更多地体现了对中国教师群体长期坚持的基本追求的继承;"学生为本"和"终身学习"则更多地包含了信息社会背景下中国教育改革与发展对教师素质的新要求。

### (一)师德为先

教师在社会的发展中承担着培养一代新人的历史重任,其工作是以自己的学识、情感、世界观和灵魂去塑造人。这种工作不仅是知识技能的传授,更是以灵魂塑造灵魂的事业,教师的职业道德与其他行业相比较,具有更高的境界和要求。正如教育家夸美纽斯所言:"教师应该是道德卓异的优秀人物。"[①]

1. 热爱教育事业,具有职业理想,履行教师职业道德规范

教育活动首先就是道德活动,中国自古以来就重视师德,将"师德为先"作为基本理念,体现了对优秀传统文化的传承。"师德为先"也是教师应具备的专业精神,把服务对象——学生和社会——的发展放在首位。教师职业要成为专业,必须有一套严格的职业道德守则,一方面可以规范教师的行为,保证受教育者的权益;另一方面又能以此赢得社会对教师职业的信任与尊重,使教师作为专业人员自身的权益也得到保障。当教师把教育事业作为自己毕生的追求,把教师职业看作是自己最崇高的选择时,才愿意为教育事业奉献自己的一切,才会对工作尽职尽责。

---

① 朱法贞.教师伦理学[M].杭州:浙江大学出版社,2001:52.

2. 关爱学生,富有爱心、耐心和责任心

首先,教师要富有爱心。热爱学生是教师特有的职业情感,是良好师生关系得以存在和延续的基础。教师对学生的爱源于教师对教育事业的深刻理解和高度责任感。这种爱是学生成长的催化剂,是激发学生进行自我教育的动力。"爱是不可能像安定这种药品那样可以成瓶地买到手的,而是必须在充满爱的环境中通过模仿我们所爱的人才能习得的。如果爱不是在童年就播撒在我们的心田中,在日后的岁月里就难以指望获得丰厚的收成。"①

其次,教师要有耐心。现实中,教师对学生的言语行为要有一定的理解力。柏格森的生命哲学中曾提出"创造性等待"一词,意指给个体生命的成长"留有时间",并在这一时间中,不断地给生命提供有效能量。也就是说,教育不能无条件地追求立竿见影,不能以确定性的态度对待生命的成长。教育需要"等待",而且是"创造性等待"。

最后,教师要有责任心。海伦·卡迪克特指出:"教师是人类社会最具责任心和重要性的成员。"传道授业解惑是教师的本职,面对讲台下几十双渴望知识的眼睛,教师应当有将他们教育成才的责任感。教师的工作也许是由点点滴滴的看似平凡的事情组成的,然而"百年大计,教育为本",教师若缺乏基本的责任心,不仅会误人子弟,更将直接损害党和国家发展的重大事业。只有教师具备强烈的责任心,爱业敬业,才能更好地呵护学生的成长。

3. 为人师表

"为人师表"是师德的重要内容。以智启智、以德育德是教师实施教育教学的主要手段,教师的人格品行在教育过程中发挥着重要的示范作用。卢梭在《爱弥儿》中对教师说:"你要记住,在敢于担当培养一个人的任务之前,自己就必须造就成一个人,自己就必须是一个值得推崇的模范。"教师的一举一动,一言一行,即使是关注的一瞥,信任的点头,都会对学生产生特殊的教育意义。正在成长着的青少年学生,在社会化的过程中会对"重要他人"产生模仿心理。除了家长之外,教师是儿童模仿的"重要他人",这种"向师性"如同植物的"向阳性"。具有良好师德的教师表现出来的敬业精神和生活热情会感染学生,有利于形成他们对学习和生活的积极态度。

---

 **知识小卡片 2-2**

### 做党和人民满意的好老师
——同北京师范大学师生代表座谈时的讲话(节选二)
(2014年9月9日)
习近平

老师的人格力量和人格魅力是成功教育的重要条件。"师也者,教之以事而喻诸德者也。"老师对学生的影响,离不开老师的学识和能力,更离不开老师为人处世、于国于民、于公于私所持的价值观。一个老师如果在是非、曲直、善恶、义利、得失等方面老出问题,怎么能担起立德树人的责任?广大教师必须率先垂范、以身作则,引导和帮助学生把握好人生方向,特别是引导和帮助青少年学生扣好人生的第一粒扣子。"师者,人之模范也。"教师的职业特性决定了教师必须是道德高尚的人群。合格的老师首先应该是道德上的合格者,好老师首先应该是以德施教、以德立身的楷模。师者为师亦为范,学高为师,德高为范。老师是学生道德修养的镜子。好老师应该取法乎上、见贤思齐,不断提高道德修养,提升人格品质,并把正确的道德观传授给学生。

师德是深厚的知识修养和文化品位的体现。师德需要教育培养,更需要老师自我修养。做一个高尚的人、纯粹的人、脱离了低级趣味的人,应该是每一个老师的不懈追求和行为常态。好老师要有"捧着一颗心来,不带半根草去"的奉献精神,自觉坚守精神家园、坚守人格底线,带头弘扬社会主义道德和中华传统美德,以自己的模范行为影响和带动学生。

---

## (二)学生为本

《专业标准》高度强调学生的主体地位,要求教师尊重学生,关爱学生,充分发挥学生的主动性,为学生提供适宜的教育,促进每个学生主动、生动活泼地发展。

### 1. 尊重学生的人格

尊重是人的一种需要。是否尊重学生的人格,是衡量教师职业道德的一个重要标准。没有尊重,就没有教育。人与人之间的交往,彼此尊重是基本的道德要求。"己所不欲,勿施于人",同理,彼此尊重首先是把对方作为"人"来看待,自己是人,自己需要什么样的尊重,就要给予别人什么样的尊重。在教师与学生的交往过程中,教师"闻道在先",处于教育者、授业者的地位,学生则处于"被教育者"的地位。事实上,闻道先后、知识多寡、身份差异并不能表明人格上的差异。教师与学生在人格上相互平等,学生首先是人,其次才是学生。因此,教师应将尊重学生人格置于优先地位。

2. 尊重学生的主体地位

《基础教育课程改革纲要(试行)》指出:"教师在教学过程中应与学生积极互动、共同发展,要处理好传授知识与培养能力的关系,注重培养学生的独立性和自主性,引导学生质疑、调查、探究,在实践中学习,促进学生在教师指导下主动地、富有个性地学习。教师应尊重学生的人格,关注个体差异,满足不同学生的学习需要,创设能引导学生主动参与的教育环境,激发学生的学习积极性,培养学生掌握和运用知识的态度和能力,使每个学生都能得到充分的发展。"每个学生都是具有独立性的个体。在教育的过程中,学生并不是无条件地接受,而是根据自己的愿望、态度、能力等来进行选择。

尊重学生的主体性和创造性已经成为越来越多的教育工作者的共识。但在实践中,部分教师却没有重视学生表达的权利,没有做到认真聆听学生的心声,为学生提供发表意见的平台。教师要给予学生充分发展的机会,就如陶行知先生所言,在教育上要实现"六大解放":

解放孩子的头脑,使他能想;解放孩子的眼睛,使他能看;解放孩子的双手,使他能干;解放孩子的嘴巴,使他能谈;解放孩子的空间,使他能接触大社会、大自然;解放孩子的时间,使他能学自己想学的东西。

3. 遵循学生身心发展规律

教育中要体现学生为本的理念,就必须把学生作为发展中的人来对待,遵循其身心发展的特点和教育教学规律。现代生理学和心理学研究都表明,学生的身心发展有其自身的特点,无论是在认知领域还是情感领域,抑或动作技能领域,都表现出与成人不同的特征。认识并尊重这些特点,是开展教育工作的前提。当我们把教育看作学生未来生活的准备,往往会以成人的标准来要求学生,无视学生发展中的规律性。这是违背教育教学规律的典型性表现,是需要所有教育工作者认真思考的大问题。

4. 全面而有个性地发展

全面发展在本质上反映的是人的发展在德、智、体、美等基本面上的相对完整性与和谐性,其对立面是片面发展。而个性发展是个体在需求、生活习惯、性格、能力、爱好、兴趣等方面形成的不同于他人的稳定的特殊性,其对立面是共性。全面发展是个性发展的基础和前提。现代社会要求的人的个性,是在全面发展基础上的各种各样的个性,是在能承担多种社会责任基础上的丰富多彩的个性。教育目的要求学生全面发展,但绝不能理解为每个学生各方面平均发展,从而忽视个性的发展。理想的教育应使受教育者德智体美诸方面都得到生动活泼的发展;使每位受教育者充分发挥其特长和潜能。受教育者在得到全面发展的基础上,进一步实现个性的自由发展、主体意识的增强,从而形成开拓精神、创造才能。

**知识小卡片 2-3**

### 做党和人民满意的好老师
——同北京师范大学师生代表座谈时的讲话(节选三)
(2014 年 9 月 9 日)
习近平

教育是一门"仁而爱人"的事业,爱是教育的灵魂,没有爱就没有教育。好老师应该是仁师,没有爱心的人不可能成为好老师。高尔基说:"谁爱孩子,孩子就爱谁。只有爱孩子的人,他才可以教育孩子。"教育风格可以各显身手,但爱是永恒的主题。爱心是学生打开知识之门、启迪心智的钥匙,爱心能够滋润浇开学生美丽的心灵之花。老师的爱,既包括爱岗位、爱学生,也包括爱一切美好的事物。

有人说,好老师的眼神应该是慈爱、友善、温情的,透着智慧、透着真情。

好老师对学生的教育和引导应该是充满爱心和信任的,在严爱相济的前提下晓之以理、动之以情,让学生"亲其师""信其道"。好老师要用爱培育爱、激发爱、传播爱,通过真情、真心、真诚拉近同学生的距离,滋润学生的心田,使自己成为学生的好朋友和贴心人。好老师应该把自己的温暖和情感倾注到每一个学生身上,用欣赏增强学生的信心,用信任树立学生的自尊,让每一个学生都健康成长,让每一个学生都享受成功的喜悦。

有爱才有责任。好老师应该懂得,选择当老师就选择了责任,就要尽到教书育人、立德树人的责任,并把这种责任体现到平凡、普通、细微的教学管理之中。正是因为爱教育、爱学生,我们很多老师才有了用一辈子备一堂课、用一辈子在三尺讲台默默奉献的力量,才有了在学生遇到危难时挺身而出的勇气,才有了敢于攻克新知新学的锐气。老师的责任心有多大,人生舞台就有多大。

老师还要具有尊重学生、理解学生、宽容学生的品质。离开了尊重、理解、宽容,同样谈不上教育。"学而不厌、诲人不倦",有教无类,因材施教,教也多术,就是要求老师具有尊重、理解、宽容的品质。这本身就是一种伟大的教育力量。受到尊重、得到理解、得到宽容,是每一个人在人生各阶段都不可缺少的心理需求,儿童和青少年更是如此。一些调查材料反映,尊重学生越来越成为好老师的重要标准。好老师应该懂得既尊重学生,使学生充满自信、昂首挺胸,又通过尊重学生的言传身教教育学生尊重他人。

世界上没有两片完全相同的树叶,老师面对的是一个个性格爱好、脾气秉性、兴趣特长、家庭情况、学习状况不一的学生,必须精心加以引导和培育,不能因为有的学生不讨自己喜欢、不对自己胃口就冷淡、排斥,更不能把学生分为三六九等。对所谓的"差生"甚至问题学生,老师更应该多一些理解和帮助。老师在学生心目中具有重要位置,老师无意间的一句话,可能造就一个天才,也可能毁灭一个天才。好老师一定要平等对待每一个学生,尊重学生的个性,理解学生的情感,包容学生的缺点和不足,善于发现每一个学生的长处和闪光点,让所有学生都成长为有用之才。

## （三）能力为重

随着时代的变革，对教师的要求逐步由知识范式转向能力范式。《教师专业标准》强调教师要坚持实践、反思、再实践、再反思，不断提高专业能力。教师的专业能力是指从事教书育人活动的人所必须具备的能力。教师的专业能力是教师综合素质最突出的外在表现，也是评价教师专业性的核心因素。教师教育教学职责的履行不能只靠一颗"红心"，更要以教育实践能力为根本保障。教师要具有扎实的学科专业知识，更要有将学科专业知识传授给学生的能力；要有教育理论知识，更要将理论知识运用于实践之中并形成个人实践理论的能力。

## （四）终身学习

《专业标准》对教师"终身学习"理念的要求有三点：一是学习国内外先进教育理论、经验和做法；二是学习新鲜知识及注重文化含量；三是秉持持续发展意识和能力，成为终身学习典范。

在学习对于教师的重要性方面，陶行知先生曾论述道：

做先生的，应该一面教一面学，并不是贩卖些知识来，就可以终身卖不尽的。现在教育界的通病，就是各人拿从前所学的抄袭过来，传给学生。看他书房里书架上所摆设的，无非是从前读过的几本旧教科书；就是这几本书，也还未必去温习的，何况乎研究新的学问，求新的进步呢？先生既没有进步，学生也就难有进步了……时常研究学问，就能时常找到新理。这不但是教诲丰富，学生能多得些益处，而且时常有新的材料发表，也是做先生的一件畅快的事体。因为教育界无限枯寂的生活，都是因为当事的人故步自封，不能自新所致。[①]

联合国教科文组织在《学会生存》报告中提出："未来的文盲不再是不识字的人，而是没有学会怎样学习的人。"担负培养具有终身学习意识和能力的现代人之职责的教师，首先必须具备终身学习的意识和能力。教师要主动适应经济社会和教育发展的要求，不断优化知识结构，不断提高文化修养，做终身学习的典范。现代教师不再

---

① 陶行知.创造的儿童教育［M］//陶行知选集（第2卷）.北京：教育科学出版社,2011:305.

是纯粹意义上的"教书匠",还要成为"教育专家"。教师要树立现代教师观,培养自己全新的思考问题的方法和角度,以及探索、研究、创新的能力,形成开放、发展的知识观,保持对新事物、新信息的敏锐感和好奇心;创造性地应用新知识、新技术探索解决问题的新途径;自觉地运用教育教学规律,探讨和发现新的教育方式和教育方法,保证教育的顺利进行。①

## 二、《中学教师专业标准(试行)》的基本内容

### (一)教师的专业理念与师德

理想的教师应具有与时代精神相适应的教育理念,并以此作为自己专业行为的支点。"专业理念"是关于教育教学的观念和信念,即高度的职业自觉性、先进的教育观念和持久的专业信念。"专业理念"形成与否是专业人员和非专业人员的重要差别,"专业理念"是教师职业素养的必然要求。

"师德"是指教师在职业生活中处理各种关系所遵循的基本行为规范以及遵循这些规范时所表现出来的观念意识和行为品质。

"专业理念与师德"既超越了"专业理念"所属的"认识论"范畴,延伸至情感、意志和行为的层次;也超出了一般意义上的"师德"范畴,要求教师形成坚定的专业认同和信念。"专业理念与师德"维度,从教师对待职业、对待学生、对待教育教学和对待自身发展四个方面,确定了"职业理解与认识""对学生的态度与行为""教育教学的态度与行为""个人修养与行为"等四个领域,提出了十八项基本要求。这些基本要求指向造就具有良好职业道德和专业精神的合格教师,体现了对"学生为本"理念的细化,比如尊重学生、关爱学生、依法从教、爱岗敬业、为人师表、教书育人等。

### 1. 职业理解与认识

职业理解与认识领域要求:爱岗敬业,为人师表,团结协作。其中最为核心的是"爱岗敬业"和"为人师表",这是教师作为专业人员应有的基本素质要求和追求。教师职业是一个专业性职业,需要教师具备一定的职业理解与认识,这是教师"爱岗敬

---

① 肖婕.21世纪教师形象设计[D].武汉:华中师范大学,2000:14.

业"和"为人师表"的前提和基础。

爱岗敬业是教师专业精神发展的重要方面。教师的知识和技能固然重要，但教师的事业心、责任感和可持续的学习能力更为重要。当下，世界各国越来越重视教师的专业精神培养，这是教师担当教育教学职能的重要保证和内在动力。具备了高度的专业精神，才能在各种环境和条件下把自己所从事的工作与社会发展的未来联系在一起，把教师工作看成实现个体存在价值的载体，对工作充满事业心和责任感。

为人师表，顾名思义，是指教师在人品学问方面应成为学生学习效仿的榜样。为人师表是一种重要的教育力量，对学生成长有着重要意义。一方面，教师对学生品德培养具有定向作用。教师的一言一行、举手投足之间都会影响学生的成长。教师的道德素养、作风仪表、治学精神等都会对学生的道德产生潜移默化的影响。教师的行为表达着情感，学生从教师行为中接受着情感的熏陶和启迪。另一方面，教师对学生智能具有促进作用。教师承担着开发学生智力的重任，在与学生交流的过程中，不仅向学生传递着他的知识量，展示着获取信息的快捷方法，同时也在培养学生的兴趣、爱好、探索问题的精神，指导学生观察问题的角度、对待事物的态度；而学生在教学过程中，也不仅仅是学习文化知识，更重要的是学习思维的方法、思考问题的角度等。

团结协作是对教师的一项重要的素质要求。俗话说"一双筷子轻轻被折断，十双筷子牢牢抱成团"，在教育实践中，只有通过合作，整合共同的资源，把能力凝聚在一起，才能又快又好地解决问题。团结协作有利于创造良好的教育环境，增强教育影响的一致性和有效性。从教育目标的确定到教育活动的实施，从班级环境的建设到规章制度的确立，都离不开教师之间、学生之间、教师和学生之间的合作。

 **知识小卡片 2-4**

### 何为学习共同体①

20世纪80年代以来，"共同体"成为欧美教师专业发展研究中出现频率极高的概念，学者们通常用"某某共同体"来描述教师专业发展的组织实体

---

① 圣吉.学习型学校（下）[M].台北：天下文化图书出版公司，2002：882-883.

或组织特征,如"实践共同体""专业共同体""学习共同体"等。正如托马斯
(Thomas)所指出的:"教师专业发展思想的一个重要转向就是将关注的重心
从'个人化的努力'转向'学习者的共同体',在共同体中,教师通过参与合
作性的实践来滋养自己的教学知识和实践智慧。"共同体是一个社会学概
念,"共同体"一词源于 community,也可译为"社区"。从词源来分析,共同
体是两个印欧语系的字根,kom 的意思是"每一个人",而 moin 的意思则是
"交换",有"共同分享"的意义。换句话说,"共同体"这个字的原始意义,就
是一种分享式的生活。

### 2. 对学生的态度与行为

对学生的态度与行为领域的主要要求包括:平等对待学生;尊重学生的个体差
异;信任学生,促进学生的自主发展。

在平等对待学生方面,要求教师在教育活动中对学生持公正、民主与尊重的态
度;对不同学生能够做到一视同仁、同等相待,不以自己的私利和好恶为标准来对待
学生。人与人之间是存在差异性的,不同个体之间在身心特征上具有相对稳定的不
相似性。教师应该对不同层次、不同性别、不同性格特点的学生关心爱护;不因学生
的学习成绩、家庭背景、经济状况以及与教师个人之间的关系而影响对待学生的态
度。不仅要认识学生发展的共同特征,还要充分重视学生的个别差异,做到因材施
教,有的放矢,发挥每个学生的内在潜力,弥补短处和不足。选择有效的教育途径,使
学生都能各得其所,最大限度地获得发展。

### 3. 教育教学的态度与行为

教育教学的态度与行为领域的要求是:育人为本,德育为先;尊重规律,因材施
教;引导和促进学生的自主发展。

一是育人为本,德育为先。教学不仅仅是一种技术性的工作,而且是一种关乎道
德的工作。我们常说教学是一种"良心活",就是在强调教学的伦理层面的重要价值。
教师对待教学的态度反映了教师对教学价值和规范的认同程度。无论是显性教育还

是隐性教育,教师应依据学生的心理规律和认知特点,融德育和智育为一体,真正做到教书和育人。"在全部教育工作中,最复杂、最困难、最精致的工作就是与学生的心灵打交道,让学生的精神生命得到充分的激发和培育。一个只会教知识、教技能、让学生考个好分数,却不能对学生的精神世界、性格和人生态度施加积极影响的教师,不是一个真正的好教师。"①

二是尊重规律,因材施教。陶行知先生曾言:

松树和牡丹花所需要的肥料不同,你用松树的肥料培养牡丹,牡丹会瘦死;反之,你用牡丹的肥料培养松树,松树受不了,会被烧死。培养儿童的创造力要同园丁一样,首先要认识他们,发现他们的特点,而予以适宜之肥料、水分、太阳光,并根除害虫,这样他们才能欣欣向荣,否则不能免于枯萎。②

作为教师,必须学习和掌握教育学、心理学基础知识,遵循儿童成长的规律,知晓学生学习的特点,使每一位学生都科学、合理地享受到有益于个体发展的教育。在教育教学活动中,教师应避免用统一的标准要求每位学生,真正做到以学生为中心。

三是引导和促进学生自主发展。人的生命在于其精神文化追求的应然性。人不是动物般的被动性存在,而是在内在的主观能动性的驱动下,不断超越自己。人的主体性决定人是认识的主体、发展的主体、学习的主体。同理,学生是活生生的具有主观能动性的人,是学习的主人,不是被动接受教育影响的客体。教育不能压制学生的主体性,而要为学生发挥主体性创造条件。学生在教师的引导和促动下学会读书,学会感受事物,学会观察、分析和思考。

4. 个人修养与行为

从内在修为方面看,教师要富有爱心、耐心和责任心,要保持积极乐观的心态。从外在形象上看,教师要注重自己的外表、语言和举止。外表大方得体,讲究个人卫生,穿着得体;语言要规范健康,举止文明礼貌。这是教师内在师德的外在表现。

---

① 夏正江.中学教师职前培养的课程逻辑[J].教育研究,2014(6):94.
② 陶行知.创造的儿童教育[M]//陶行知选集(第2卷).北京:教育科学出版社,2011:305.

**知识小卡片 2-5**

### 美国好教师的 12 种素质 ①

美国一位教育家在对 9 万多名学生进行调查后,归纳出好教师的 12 种素质:

1. 友善的态度——"他的课堂犹如一个大家庭,我再也不怕上学了。"

2. 尊重课堂上的每一个人——"他不会在他人面前把你像猴子般戏弄。"

3. 耐性——"他绝对不会放弃要求,直到你能做到为止。"

4. 兴趣广泛——"他带我们到课堂外去,并帮助我们把学到的知识用于生活。"

5. 良好的仪表——"他的语调和笑容使我很舒畅。"

6. 公正——"他会给予你应得的,没有丝毫偏差。"

7. 幽默感——"他每天会带来欢乐,使课堂不致单调。"

8. 良好的品性——"我相信他与其他人一样会发脾气,不过我从未见过。"

9. 对个人的关注——"他会帮助我去认识自己,我的进步有赖于他使我得到的松弛。"

10. 伸缩性——"当他发现自己有错误,他会说出来,并会尝试其他方法。"

11. 宽容——"他装作不知道我的愚蠢,将来也是这样。"

12. 颇有方法——"忽然,我能顺利念完课本,竟然没有觉察到这是因为他的指导。"

### (二)教师的专业知识

教师专业知识是教师专业素养的重要组成部分,是从事教育教学工作,展现其教育教学能力,发挥其教育机智的重要基础。了解教师专业知识的结构和分类,对于教师开展工作是非常必要的。根据《教育大百科全书》的观点,一名专业教师应该具备六个方面的知识储备:"① 有关教学内容的知识;② 有关学习者和学习过程的知识;③ 普通教育学方面的知识;④ 有关课程的知识;⑤ 有关教学情景的知识;⑥ 有关教

---

① 白秀良.好教师的 12 种素质[J].青年教师,2008(12):21.

师自身的知识。"①本部分着重从教育知识、学科知识、学科教学知识和通识性知识四个维度加以阐述。

1. 教育知识

教育知识主要包括有关教育教学的基本规律与方法的知识,以及有关学生学习、成长和发展的特点与规律的知识。教育知识的作用是帮助教师认识教育对象、教育教学活动和开展教育研究。"一个科学家的学科知识不同于教师对同一学科的理解,教师关注的是他自己拥有的学科知识如何能帮助理解儿童的需要和行为,并决定该以哪种媒介给予学生恰当的指导。"②教师不仅要知道"教什么",而且更应懂得"怎样教",怎样才能"教得好"。对于教师来说,具备丰富的教育知识,有利于认清各种复杂的教育教学现象,增强工作的自觉性;有利于帮助教师对学科知识进行思考和重组,使学科知识顺利地转化为学生易于理解和接受的知识,从而更加自如地进行创造性教育教学活动。

2. 学科知识

学科知识又称本体性知识,包括教师所具有的特定的学科知识,各学科的基本知识、基本原理与技能;知识体系、基本思想与方法;与其他学科和实践活动的联系。扎实的学科知识是教师胜任教学工作的基本保证。学科知识的传授是教学活动的重要内容之一,学生掌握的学科知识的质量也在衡量教学最终绩效的范围之内。

每门学科都是由一系列特殊的概念、原理和知识点构成的知识体系。教师要熟悉每个概念、原理在教材中的地位、作用,章节之间的内在联系;了解本学科知识的发展脉络和趋势,把握该学科对于社会、人类发展的价值,以及在人类生活实践中的多种表现形态;掌握本学科所提供的独特的认识世界的视角、界限、层次及思维的工具与方法;熟悉学科内科学家的创造发现过程和成功原因,以及在他们身上展现的科学精神和人格力量,这对于增强学生的精神力量和创造意识具有重要的价值。③

___

① 胡森,波斯尔斯韦特.教育大百科全书(第八卷)[M].张斌贤,石中英,译.重庆:西南师范大学出版社,2006:199.
② 徐碧美.追求卓越——教师专业发展案例研究[M].北京:人民教育出版社,2003:59.
③ 朱蕾.浅谈我国教师专业化发展[J].科教文汇,2010(24):6.

3. 学科教学知识

这部分的要求是:依据国家课程标准进行课程开发的知识;根据学生学习具体学科内容时的特点开展针对性教学的知识。学科教学知识是指教师在面对特定的主题时,针对学生的不同兴趣与能力,将自己所掌握的学科知识转化成学生易于理解的形式并进行教学的相关知识,是教育知识和学科知识融合的产物。只有掌握丰富的学科教学知识,才能更好地驾驭教材、处理教材,完整准确、生动有效地传授知识。解决学生随时可能提出的疑惑,满足学生的求知欲,启发学生的思维力。

4. 通识性知识

这部分的要求是掌握自然科学和人文社会科学方面的知识;有关艺术方面的知识;信息技术知识以及有关中国国情的知识。通识性知识是教师拥有的有利于开展有效的教育教学工作的普通文化知识,无论对于学生全面成长还是教师专业发展都起着重要的背景性作用。通识性教育要求关注的是教师作为人的整体素质的提升,它是非功利、非职业性的,同时也是教师作为专业人员必须具备的素质。[1] 这方面知识可以满足学生的探究兴趣与多方面发展的需要,帮助学生了解丰富多彩的世界。同时,也能够帮助教师更好地运用教育科学知识,将所教学科的知识融会贯通。

 **知识小卡片 2-6**

### 做党和人民满意的好老师
——同北京师范大学师生代表座谈时的讲话(节选四)
(2014 年 9 月 9 日)
习近平

老师自古就被称为"智者"。俗话说,前人强不如后人强,家庭如此,国家、民族更是如此。只有我们的孩子们学好知识、学好本领、懂得更多了,他们才能更强,我们的国家、民族才能更强。

扎实的知识功底、过硬的教学能力、勤勉的教学态度、科学的教学方法

---

① 顾明远.《小学教师专业标准》说明[N].中国教育报,2011-12-14(3).

是老师的基本素质,其中知识是根本基础。学生往往可以原谅老师严厉刻板,但不能原谅老师学识浅薄。"水之积也不厚,则其负大舟也无力。"知识储备不足、视野不够,教学中必然捉襟见肘,更谈不上游刃有余。

国外有教育家说过:"为了使学生获得一点知识的亮光,教师应吸进整个光的海洋。"在信息时代做好老师,自己所知道的必须大大超过要教给学生的范围,不仅要有胜任教学工作的专业知识,还要有广博的通用知识和宽阔的胸怀视野。好老师还应该是智慧型的老师,具备学习、处世、生活、育人的智慧,既授人以鱼,又授人以渔,能够在各个方面给学生以帮助和指导。

陶行知先生说:"出世便是破蒙,进棺材才算毕业。"这就要求老师始终处于学习状态,站在知识发展前沿,刻苦钻研、严谨笃学,不断充实、拓展、提高自己。过去讲,要给学生一碗水,教师要有一桶水,现在看,这个要求已经不够了,应该是要有一潭水。

### (三) 教师的专业能力

作为教师,其专业能力包括"专业知识的储备、专业技能的娴熟,以及游刃有余地应对模糊、多变、复杂的教育情境中展示出来的专业智慧和主体性力量。不同的教师可能遭遇的教育情境是相似的,拥有的教育知识储备是相近的,占有的教育资源是共有的,但创造的教育业绩和教学效果可能大相径庭"[1]。究其根源,正是教师的专业能力这一根本变量在起作用。教师的专业能力涵盖教学设计能力、教学实施能力、班级管理与教育能力、教育教学评价能力、沟通与合作能力和反思与发展能力。可以归纳为三方面:教育教学能力、沟通交往能力、自我发展能力。其中,沟通交往能力是基础,教育教学能力是核心,自我发展能力是保障。

1. 教学设计与教学实施

教学设计是课堂教学的重要环节。在这方面,要求教师具备准确理解并确立教学目标和教学内容、把握学生现有的知识基础、开发与处理教学材料、设计教学环节的能力。在教学环节的设计方面,设计好教学方法、提问策略和板书书写。在教学实

---

① 杨洁.能力本位:当代教师专业标准建设的基石[J].教育研究,2014(10):80.

施方面,教师要具备一定的表达和沟通能力、熟练操作教学媒介的能力、反馈与调整能力及组织与监控能力。

教师是教学活动的设计者、实施者和管理者。教学活动是一种集体活动,要全面实现教学的整体功能,就必须精心设计、周密组织和科学管理。在教学活动中,教师要全面把握教学的任务、教材的特点、学生的特点等要素。在教学资源分配(包括时间分配、内容安排、学生分组)和教学活动展开等方面,通过科学地分配活动时间,采取合理的活动方式,启发学生的思维,激发集体学习的动力。教学管理是对教学要素及其关系进行系统的调控,教师通过对教学活动的调控来实现其管理功能,例如,对教学环节的调控,对学习态度、学习活动、学习习惯、学习质量的调节,对教学偶发事件的处理,等等。

### 2. 班级管理与教育活动

在班级管理与教育活动领域,要求教师具有班级管理能力,建设班级、开展班级活动能力,结合教学进行育人活动的能力,组织开展德育、健康教育、学生指导等的能力以及应对突发事件的能力。教师面对的是学生群体,如何让这个群体成为有组织的、团结的、积极向上的集体,如何让每位学生充分发挥自我、展示自我,并成为具有自我管理能力的个体,这都有赖于教师的组织和领导能力。教师具有这样的能力,就能采用得当的管理策略把学生组织起来,发挥每个人的聪明才智,使人人都能乐于为集体作出自己的贡献,从集体中感受温暖、汲取力量、学会合作,从而形成一个活泼、积极向上的集体。

### 3. 教育教学评价

教育教学评价方面要求教师具有评价学生的能力,引导学生进行自我评价的能力和自我教学评价(或反思)的能力。教育教学评价能力是教师运用各种手段了解学生学习状况,判断是否完成预定的教育教学目标,学生是否达到预定的学习目标,从而不断改进教育教学工作的能力。

教育评价有着多种形式、多种层次,对教师日常工作的开展而言,"最重要、最基本的评价是对学生的学习结果、发展状况进行评估和诊断,并据此来规划和改进教育教学工作"。[①] 教师应根据一定的标准,运用现代教育评价的一系列方法和技术,对

---

① 夏正江. 中学教师职前培养的课程逻辑[J]. 教育研究,2014(6):94.

学生的思想品德、学业成绩、身心素质、情感态度等的发展过程和状况进行评价。评价学生是教师的一项基本功。通过对学生的全面评价，促使其在德、智、体、美、劳等多方面得到发展，并促进教师教学方式的转变和教学水平的提高。

### 4. 沟通与合作

沟通与合作方面要求教师具备与学生、同事、家庭、社区的沟通合作能力。

教师工作是一项与人打交道的工作，拥有与学生、同事、家长、社区等建立良好沟通与合作的能力是开展教育教学的基本保障。教师的工作对象是学生，教师需要了解学生个人情况、学生的家庭特点及所处的社会环境，以便有针对性地调动一切可行的教育力量和教育手段对学生施教。在学校内部，教师要与学生之间达成良性沟通，建立"教学相长"的平等关系；与其他教师形成相互合作、共同分享、彼此支持的工作关系。在学校外部，教师要多与家长沟通交流，了解学生在家庭的学习和生活情况，将自己的教育理念和教育教学方法告知家长，取得家长的理解和支持，以便形成教育合力。

### 5. 反思与发展

反思与发展方面要求教师具有反思能力、研究能力和生涯发展规划能力。教师的专业能力提升是一个终身不断的持续过程。特别是在终身学习社会中，教师只有具有自我发展能力才能不断提升自己的专业水平，从而适应教育教学工作的需要。反思是一种自我指向的批判性的态度和方法，反思过程不是简单写论文、读书笔记、教学心得，而是教师自我纠错、自我教育的过程。课堂教学历来被称为"遗憾的艺术"，再优秀的教师，再成功的教学，也难掩瑕疵。应然的反思就是教师以自己的教育教学过程为思考对象，对自己的教学行为、教学结果进行审视，找出自己为什么"这样做"的前提性假设，分析出存在的不足，在以后的教学实践中予以调整，使教学实践更具合理性。另外，从发展角度看，教师的发展价值在于教师不断实现自我超越，"教师要从对教育生活的反思、对话、研究方面促进自我成长与丰富，自我更新教育生活，积极担当建设社会生活的责任，用自己的行动和品格影响和示范社会"。①

---

① 叶文梓.觉者为师——教师专业化的超越与回归[J].教育研究,2013(12):101.

## 本章小结

本章以《中学教师专业标准(试行)》为例,主要介绍我国"教师专业标准"的基本框架和制定依据;"教师专业标准"的颁布背景及其基本内容。"教师专业标准"由前言、基本理念、基本内容和实施建议四部分组成;其制定的依据有法律依据、政策依据和国际教师专业标准。"教师专业标准"的颁布,是基础教育改革与发展的需要、教师教育改革与发展的需要、教师队伍建设的需要。"教师专业标准"的基本理念部分,包括师德为先、学生为本、能力为重和终身学习四个维度。在基本内容方面,对教师的专业理念与师德、专业知识和专业能力三个领域分别进行了解读。

## 思考与练习

1. 请谈谈我国教师专业标准的制定背景。
2. 结合实际分析,教师应具有哪些方面的专业能力。
3. 结合实际论述,教师应具有哪些方面的专业知识。

## 参考文献

[1] 教育部教师工作司.中学教师专业标准(试行)解读[M].北京:北京师范大学出版社,2013.

[2] 教育部教师工作司.小学教师专业标准(试行)解读[M].北京:北京师范大学出版社,2013.

[3] 教育部教师工作司.幼儿园教师专业标准(试行)解读[M].北京:北京师范大学出版社,2013.

[4] 杨天平,申屠江平.教师专业发展概论[M].重庆:重庆大学出版社,2012.

[5] 朱小蔓.教育职场:教师的道德成长[M].北京:教育科学出版社,2004.

[6] 崔允漷,柯政.学校本位:教师专业发展[M].上海:华东师范大学出版社,2013.

[7] 陈霞.教师专业发展的实效性研究[M].北京:北京大学出版社,2012.

# 第三章  教师职业生涯周期

## 学习目标

1. 了解教师职业生涯周期的相关理论。

2. 掌握教师职业生涯周期各个阶段的特点及要求。

3. 明确影响教师职业生涯周期的因素。

## 学习要求

| 知识要点 | 能力要求 | 相关知识 |
| --- | --- | --- |
| 教师职业生涯周期理论 | (1)了解教师职业生涯周期的特点<br>(2)掌握教师职业生涯周期的相关理论<br>(3)尝试比较分析各种理论的异同点 | (1)教师职业生涯周期的内涵及特点<br>(2)富勒的关注阶段论<br>(3)"职业生涯"阶段论<br>(4)教师职业生涯周期理论<br>(5)教师职业周期主题理论<br>(6)教师生涯发展模式<br>(7)"教师社会化"阶段论 |
| 教师职业生涯周期的阶段及特点 | (1)理解教师职业生涯的各个发展阶段的基本特点<br>(2)了解不同阶段应具备的知识和技能 | (1)教师在准备期有哪些特点<br>(2)在任教初的适应期,教师角色的变化<br>(3)处于稳定发展期的教师有哪些特点<br>(4)教师职业生涯出现停滞期的原因 |
| 影响教师职业生涯发展的因素 | (1)了解政府和社会方面对教师职业生涯发展的影响<br>(2)了解学校对教师职业生涯发展的影响<br>(3)了解教师自身因素对职业生涯发展的影响 | (1)政府、社会和学校为教师职业生涯发展应提供的保障措施<br>(2)职业发展动机对教师职业生涯周期的影响<br>(3)职业生涯规划能力的内容<br>(4)教师自我评价能力的内容 |

　　教师职业生涯的发展状况决定了教师的生命质量和教育质量。在职业生涯发展的各个阶段,每位教师因个体特征和环境因素的影响,表现可能有所不同。教师职业生涯周期理论阐述了教师发展的阶段和路径,有助于教师明确在发展过程中要经历的阶段;

有助于教师制定自身发展的短期、中期和长期目标。教师的职业生涯过程也是教师专业发展的过程,政府、社会和学校如何为教师的职业生涯发展提供保障措施?教师如何应对可能会出现的问题,顺利度过每一个阶段?如何实现各个阶段的专业发展目标?如何设计自己的职业生涯发展规划?本章将围绕这些问题,展开详细论述。

## 第一节　教师职业生涯周期理论

### 导入案例

#### 做一个有故事的人[①]

做一个有故事的人,增加自己的"磁性",用自己的人格魅力来吸引学生,这正是我的目标之一。当然,作为一个对自己的职业成长有着无限梦想的人,我更要积累自己的教学故事。我期待着能写一本自己的书,那不必是高深的教育理论,可以写教书生活的实录,比如每一节课的教学反思,每一天的心情,我和学生的故事等。当然,也可缀以背包旅行的日记、自己对人生与社会的点滴感悟。也许这不能成为一本"专著",然而,我一定会笔耕不辍,并将之整理成册。我深信,一个生活有积累、心中有梦想的老师,才能让孩子们热爱生活、学会生活,和孩子们一起点燃激情、超越梦想!

### 点评

#### 不同的从教感受

教师职业到底是令人愉快的还是令人痛苦的?不同职业时期不同性格的教师有着不同的感受。创造性会促使教师在生活中充满激情,当教师把

---

① 杨天平,申屠江平.教师专业发展概论[M].重庆:重庆大学出版社,2012:279.

这种生活中的激情代入工作之中，也会使自己的教师职业生涯变得快乐而丰富。教师需要了解职业生涯周期各个阶段的特点和可能会出现的问题。本节重点梳理了国内外关于教师职业周期的理论知识。

## 一、教师职业生涯周期的含义与特点

### （一）教师职业生涯周期的含义

职业生涯周期，是指一个人从开始从事职业活动到完全退出职业活动的全过程。美国生涯发展专家休帕（Super）认为，生涯是个人终其一生扮演其角色的整个过程。它包含三个层面：第一，时间，指一个人的年龄和生命周期，可以分为成长、探索、建立、维持、衰退五个阶段；第二，广度和范围，指一个人一生所扮演的各种角色，比如儿童、学生、公民、职业者、消费者、家长等；第三，深度，指一个人扮演每一个角色的投入程度。① 职业生涯是每个人生命周期中最为重要的组成部分，如同每个人的生命机体那样会经历出生、成长、成熟到衰老乃至离世的过程。教师职业生涯周期是指从个人预备或选择进入教师行业，适应行业对教师的规定和要求，到在行业中扮演和学习各种角色，逐渐由入职、适应到发展乃至最后离开教师职业的整个过程。

每位教师的职业生涯周期是不一样的，受到年龄、性别、学历、适应能力、心态、工作能力等诸多因素的影响。作为专门的职业人员，教师要经历一个由相对不成熟到相对成熟的动态适应与主动发展的过程。教师需要正确规划自己的职业生涯，确定自己的发展目标，不断地修正不同阶段的发展要求，才能演绎出教师职业的精彩之处。

### （二）教师职业生涯的特点

第一，个人生涯的独特性。教师的职业生涯是每位教师为实现自我价值而展开的一种独特生命历程。每位教师的职业生涯在形态上或有类似之处，但其实质可能有诸多的不同。例如，教师可能会经历迅速发展的阶段，但每个人发展的目的、追求

---

① 钟祖荣.现代教师学导论：教师专业发展指导[M].北京：中央广播电视大学出版社,2001:263.

都有所不同,这些追求促使个人不断地变化与成长,使得每个人的职业生涯呈现出独特性。

第二,生涯发展的连续性。教师职业生涯周期是教师在岗位上所度过的整个时期。这个过程中的各个阶段都是衔接的,每一个阶段的发展都是在前一阶段积累的成果基础上进行的,前一阶段是后一阶段的准备或发展的基础。教师职业生涯的全过程,是一种与教师职业相关的连续经历。但教师职业生涯的发展并非线性的,各阶段之间可能会有许多循环、转折,甚至是停滞或倒退。

第三,影响的多方面性。职业生涯不完全是个人所支配的,它还受各方面因素的影响。这些因素除了本人对职业生涯的设想与规划之外,还有家人的理解与支持、组织的需要与人事计划、社会环境的变化等。

第四,职业生涯的综合性。教师职业生涯包括教师在工作时期进行的各种活动和行为,也包括教师个人的价值观、态度、需要、动机、能力和发展趋向等。外在的行为与内在的态度、动机相互融合,构成了教师职业生涯周期的综合性。

## 二、教师职业生涯周期理论概述

教师职业生涯周期理论揭示了各个阶段所呈现的规律和特征。掌握相关理论,有助于教师全面认识职业生涯,反思各个阶段的特点及可能会遇到的问题。

关于教师职业生涯周期的理论,比较有代表性的是富勒(Fuller)、纽曼(Newman)等、费斯勒(Fessler)等、斯特菲(Steffy)、休伯曼(Huberman)等人的理论,接下来我们将列举有代表性的教师职业周期理论。

### (一)关注阶段论

教师发展阶段的研究始于美国学者富勒。20 世纪 60 年代末,富勒在得克萨斯大学从事职前师范课程的研究。经过大量的研究,富勒认为师范生在成为教师的过程中,所关注的事物是依据一定的次序更迭的。以教师关注的内容焦点为主线,根据关注事物的不同,他将教师由师范生到专业教师的成长过程分为以下四个阶段。

1. 任教前关注(Pre-teaching Concerns)阶段。这一阶段是职前教育时期,师范生还没有承担教师角色,所扮演的角色是学生。学生对于教师角色的认识源自自己的想象。他们还没有实际教学经验，也没有从教的经历，因此，他们所关注的多是自己。在学习过程中，这些未来的教师往往以批判的眼光看待自己的任教教师。

2. 早期关注生存（Early Concerns About Survival）阶段。处于这一阶段的是新入职教师，他们所关注的多是自己的生存问题，是别人对自己的评价和态度。例如，他们经常关心的问题是"学生真的喜欢我吗？""同事们认为我是一个合格的教师吗？""领导对我的印象如何？"等。新教师对自身的关注，使得他们可能会把大量的时间投入如何与学生建立起良好的个人关系上，或是如何在学生面前树立自己的威信。部分人会由于过度关注生存问题，而忽视了如何提高自己的教学水平或如何促进学生的成长。

3. 关注教学情境（Teaching Situation Concerns）阶段。当教师适应了新的生活，他们就会逐渐关注教学工作，关注自己的教学质量以及会对教学质量产生影响的各种因素。与学生对自己的评价相比，此阶段的教师更希望了解自己在教学上的表现。这一阶段，多数教师还不能把关注的焦点转移到学生的学习方面。

4. 关注学生（Concerns About Students）阶段。处于此阶段的教师开始步入成熟期，把关注的焦点转向学生，开始自觉关心学生的发展、学习情况以及自身对学生的影响。认识到不同发展水平的学生有着不同的社会和情感需要，某些学习材料不一定适合所有学生，教师需要因材施教。可以认为，能否自觉关注学生是衡量一个教师是否成熟的重要标志之一。

表3-1　教师职业生涯关注阶段论

| 阶段 | 阶段特点 |
| --- | --- |
| 任教前关注阶段 | 学生没有实际教学经验，对于教师角色的认识源自自己的想象，多是关注自己 |
| 早期关注生存阶段 | 新入职教师所关注的多是自己的生存问题，是别人对自己的评价和态度。关注更多的是自身能否胜任新的工作、课堂管理、教学内容以及他人对自身教学的评价 |
| 关注教学情境阶段 | 教师熟悉了工作环境，开始逐渐关注教学工作，关注自己的教学质量以及会对教学质量产生影响的各种因素。自身的教学表现是教师的主要关注点 |
| 关注学生阶段 | 教师开始步入成熟期，把关注的焦点转向学生，开始自觉关心学生的发展、学习情况以及自身对学生的影响。教师能够认识到学生才是教育教学工作的出发点和落脚点 |

富勒的研究以教师关注的内容为切入点,根据不同发展阶段教师关注重点的变化展开对教师的研究,为教师发展阶段的理论研究找到了新的视角,开辟了新的领域。然而,影响教师专业发展的因素很复杂,仅从教师关注的焦点来探讨教师的专业发展阶段特征,具有一定的局限性。

### (二)"职业生涯"阶段理论

"职业生涯"阶段理论主要以生命周期的发展规律研究教师职业的发展过程。美国学者纽曼等人通过生命周期与职业生涯相结合的方式研究教师专业发展的问题。根据人的生理周期发展和成熟的规律,将教师的专业发展过程分为三个阶段:20~40岁阶段是教师步入职业生涯和初步发展阶段,在此期间,教师对自己从事的职业有了初步的认识,从事教学的目标和志向发生转变;40~55岁阶段是教师专业发展的黄金阶段,褪去了入职期的青涩与拘谨,明确了职业的目标和志向;55岁以后面临职业生涯的结束,工作的热情和拼劲不足,依靠从前的工作积累吃"老本"。

表3-2　教师"职业生涯"阶段论

| 阶段 | 阶段特点 |
| --- | --- |
| 20~40岁 | 教师步入职业生涯和初步发展阶段。教师对自己从事的职业有了初步的认识,从事教学的目标和志向发生转变 |
| 40~55岁 | 教师专业发展的黄金阶段。明确了职业的目标和志向 |
| 55岁以后 | 面临职业生涯的结束。工作的热情和拼劲不足 |

纽曼等人的研究虽然能够体现生理年龄对职业生涯所产生的影响,但因影响教师个体发展的因素较多,仅是从年龄划分的视角研究,会得出过于武断的结论。例如,纽曼所论述的教师专业发展的黄金阶段,每位教师所呈现的特点可能相似,但出现的时间则会有非常大的差距。

### (三)教师职业生涯周期理论

20世纪80年代,美国约翰·霍普金斯大学费斯勒等人经过对160位中小学教师长达八年的追踪研究,提出了"教师职业生涯发展周期模型"。费斯勒等人认为,人的发展受环境的影响,如果研究教师的职业生涯周期,必须考虑环境的作用。研究视角定位在个人生活环境和学校组织环境互动的背景之中,研究将教师的职业生涯周期分为八个阶段。

第一阶段,职前准备期(Pre-survive)。职前准备期是教师职业生涯周期的起点。这一阶段通常是在学校接受培育的学习时期,以及在职教师初入新岗位时的再培训时期。

第二阶段,入职初期(Induction)。此阶段是指教师任教的前几年。新任教师努力寻求学生、同事和上级的认可,虽然缺乏足够的经验,但工作态度表现得认真和积极。

第三阶段,构建能力期(Competency Building)。此阶段的教师对教育教学工作的认识达到了一定的高度,容易接受新的事物,也愿意寻找机会提高自己的教育教学能力。因此,他们会积极主动地参加各种培训和交流研讨活动,接受各种新的教育观念。这一阶段的教师能够获得迅速的专业成长。

第四阶段,热心和成长期(Enthusiastic and Growing)。教师的教学能力已经达到较高的水平,教育观念也日趋成熟。处于这一阶段的教师热爱自己的工作,也愿意不断改进、创新自己的教学活动,高度的职业满足感是这一阶段的主要特征。

第五阶段,生涯受挫期(Career Frustration)。此阶段多数发生在职业生涯的中期。部分教师丧失了工作的热情,开始怀疑自己最初的职业选择的正确性。工作满意度开始下降,工作中往往产生挫折感并逐渐出现职业倦怠感。

第六阶段,稳定和停滞期(Stable and Stagnant)。这一阶段的教师在工作上安于本分,不愿意主动追求发展。往往抱着不求有功、但求无过的心态来完成工作,过去的工作热情开始淡化,不再追求高质量的工作效果,步入职业生涯的高原期。

第七阶段,生涯消退期(Career Wind Down)。这一阶段的教师处于一个低潮期,一些教师可能会准备离开教育教学岗位。部分教师低潮期的时间可能会延续几星期或几个月,有的教师会持续若干年。

第八阶段,生涯退出期(Career Exit)。这是部分教师离开工作岗位的阶段,有的是到了退休年龄,有的是由于各种因素被迫或自愿离职。原因不同,处于生涯退出期的教师表现出的态度会完全不同。

表 3-3　教师职业生涯周期理论

| 阶段 | 阶段特点 |
| --- | --- |
| 职前准备期 | 教师职业生涯周期的起点。进入师范院校接受教师教育培训的阶段或是在职教师初入新岗位时的再培训阶段 |
| 入职初期 | 教师任教的前几年。新任教师努力寻求学生、同事和上级的认可,工作态度表现得认真和积极 |
| 构建能力期 | 教师会积极主动地参加各种培训和交流研讨活动,接受各种新的教育观念,获得迅速的专业成长 |
| 热心和成长期 | 教师的教学能力已经达到较高的水平,教育观念也日趋成熟。愿意不断改进、创新自己的教学活动,高度的职业满足感是这一阶段的主要特征 |
| 生涯受挫期 | 多发生在职业生涯的中期。部分教师丧失了工作的热情,工作满意度开始下降,逐渐出现职业倦怠感 |
| 稳定和停滞期 | 工作上安于本分,不愿意主动追求发展。步入职业生涯的高原期 |
| 生涯消退期 | 教师处于一个低潮期,一些教师可能会准备离开教育教学岗位。部分教师低潮期的时间可能会延续几星期或几个月,有的教师会持续若干年 |
| 生涯退出期 | 部分教师离开工作岗位的阶段,到了退休年龄或是因各种因素被迫或自愿离职 |

教师职业生涯周期理论展现了一个比较完整的教师职业生涯周期,因考虑环境因素较多,对相对稳定、具有持久作用的影响因素探讨较少,该理论显得缺乏足够的说服力。

### (四) 教师职业周期主题理论

20 世纪 90 年代初,休伯曼等人将心理学和社会心理学的研究方法相结合,提出了教师职业周期主题理论。此理论对教师职业生涯周期作了阶段性的划分和研究,探索了每一阶段的发展主题。依照教师对发展主题的认识和理解,划分出不同的发展路线。与前面的研究相比,教师职业周期主题理论更加详细和具有针对性,每一时期的发展主题真实地反映了教师的实际发展路线。

该理论认为,教师职业生涯过程可归纳为 5 个时期。

1. 入职期(Career Entry),为入职的第 1 至 3 年。一方面,新入职的教师对教育教学环境持有陌生感,经常会出现工作失误,导致新教师对自身工作能力产生怀疑。

新教师迫切希望获得教学知识和技能,使工作步入正轨。另一方面,新教师有了自己的班级和学生,有着初为人师的积极热情。

2. 稳定期(Stabilization Phase),时间是工作后的第 4 至 6 年。入职期时的压力和不适已经消减,教师逐渐适应了教学工作,形成了个性化的教学风格和较强的课堂教学能力,工作信心有了提高,能够不断地丰富自己的教育教学知识,提高教学技能。

3. 实验和歧变期(Experimentation and Reassessment),步入工作后的第 7 至 25 年。教师逐步进入职业生涯的转变期:一方面,教师能够熟练地驾驭课堂教学,教育教学知识日益丰富,开始对自己的教学进行创新和改革;关注学校的发展,积极地参与到学校的各项工作中。另一方面,重复性的工作会让教师对职业选择产生怀疑,尤其是开始质疑自己的工作是否有意义,是否需要重新选择职业。

4. 平静和保守期(Serenity and Conservatism),时间在从教的第 26 至 33 年左右。经历过实验和歧变期,此阶段的教师在工作心态方面趋于平静,教育教学知识和教学经验日益丰富,多数教师能够游刃有余地进行教学工作。但同时,教师对待工作也变得越来越保守,对教学改革和职业的反思相对减少。随着职业预期目标的实现,教师的志向开始下降。工作带来的满足感减低,教师逐渐丧失工作热情和发展动力。

5. 退出教职期(Retire Phase),工作第 34 年以后,教师进入退出职业生涯的阶段。

表 3-4 教师职业周期主题理论

| 阶段 | 阶段特点 |
| --- | --- |
| 入职期 | 入职的第 1 至 3 年。新入职的教师对教育教学环境持有陌生感,希望较快地获得教学知识和技能,使工作步入正轨。新教师有着初为人师的积极热情 |
| 稳定期 | 第 4 至 6 年。教师逐渐适应了教学工作,形成了个性化的教学风格和较强的课堂教学能力 |
| 实验和歧变期 | 第 7 至 25 年。教师能够熟练地驾驭课堂教学,教育教学知识日益丰富,开始对自己的教学进行创新和改革;关注学校的发展,积极地参与到学校的各项工作中。重复性的工作会让教师对职业选择产生怀疑 |
| 平静和保守期 | 第 26 至 33 年左右。教师在工作心态方面趋于平静。教师对待工作也变得相对保守,志向开始下降。工作带来的满足感减低,教师逐渐开始丧失工作热情和发展动力 |
| 退出教职期 | 第 34 年以后,教师进入退出职业生涯的阶段 |

教师职业生涯周期主题理论结合了个体生命周期与教师职业生涯的不同阶段特点,将教师的专业发展置于个人生活和工作的场景之中进行分析。但没有把教师的日常生活及工作作为发展背景进行深入研究,使理论本身缺乏足够的可信性。

### (五)教师生涯发展模式

20世纪80年代,美国学者斯特菲依据自我实现理论建立了教师生涯发展模式,将教师职业生涯周期划分为五个阶段。

1. 预备生涯期(Anticipatory Career Stage)。处于这一阶段的教师为新任教师或重新任职的教师。初任教师通常需要三年的时间才会发展到下一个阶段,而重新任职的教师则很快超越此阶段。处于此阶段的教师富有理想主义,在工作上积极进取,努力向上。他们往往有活力,创造力较强,容易接受新观念。

2. 专家生涯期(Expert Master Career Stage)。教师已经具备较高水平的教学能力与技能,能够在工作中充分发挥潜能,达到自我实现的目的。对学生都抱有高度的期望,能做到随时掌握学生的一举一动,进行有效的教学和班级管理。

3. 退缩生涯期(Withdrawal Career Stage)。退缩生涯期分为初期退缩期、持续退缩期和深度退缩期三个层次。处于初期退缩期的教师是工作中的边缘群体,他们往往不愿意从事教学革新,所讲授的教学内容多是重复性的。多数教师表现为随波逐流,消极行事。如果行政人员给予适时且适当的支持与鼓励,部分教师会恢复到专家生涯期。

有些教师没有恢复到专家生涯期,进入持续退缩期。工作倦怠感较强,面对变革时表现出极大的抗拒情绪,甚至漠视教育行政部门的指令。处于这一时期的教师,或是独来独往,或是行为极端,或是喋喋不休。部分教师人际关系、家庭生活问题较多。

还有一些教师甚至陷入深度退缩期,在教学方面表现出无力感,对工作产生厌烦心理;与人交往中呈现焦虑性情绪,经常回避自己的问题。

4. 更新生涯期(Renewal Career Stage)。处于初期退缩期的部分教师很快意识到了自己的问题,开始采取积极的对策。他们选择了各种改变自己的措施,如参加研讨会、进修课程等。与处于预备生涯阶段的教师不同,更新生涯期的教师多致力于追求专业成长,吸收新的教学知识。

5. 退出生涯期(Exit Career Stage)。一些教师到了退休年龄或由于其他原因离开教育岗位,退出了教师的职业生涯。

表3-5  教师生涯发展模式

| 阶段 | 阶段特点 |
|---|---|
| 预备生涯期 | 教师富有理想主义,在工作上积极进取,创造力较强,容易接受新观念 |
| 专家生涯期 | 教师具备较高水平的教学能力与技能,能够在工作中充分发挥潜能,达到自我实现的目的。对学生都抱有高度的期望,进行有效的教学和班级管理 |
| 退缩生涯期 | 处于初期退缩的教师开始消极行事,有较强的工作倦怠感和对变革的抗拒情绪。而深度退缩期的教师则表现出教学的无力感和对工作的厌烦心理 |
| 更新生涯期 | 处于初期退缩期的部分教师意识到了自己的问题,开始采取积极的对策。他们选择了各种改变自己的措施,致力于追求专业成长,吸收新的教学知识 |
| 退出生涯期 | 到了退休年龄或由于其他原因离开教育岗位,退出职业生涯 |

## (六)"教师社会化"阶段理论

"教师社会化"阶段理论是以社会人的视角来考察教师的变化过程。教师专业社会化的过程,也是教师职业融入社会、被社会认可的过程。教师专业的社会化与教师个体社会化的过程相互融合且相互影响。学者王秋绒将教师的专业化发展过程分为师范生、实习教师和合格教师三个阶段,根据个体社会化过程的发展特点将每一阶段分为三个时期。①

师范生阶段的第一个时期是探索适应期,社会化的主要任务是专业社会化,即增进人际关系,适应师范环境。第二个时期是稳定发展期,社会化的主要内容是学习专业的知识和技能,进一步发展人际关系。第三个时期为成熟发展期,是师范生专业的社会化时期,重点在于如何将学习到的教育教学技能应用于教育实践。

实习教师阶段的专业社会化同样分为三个时期。第一个时期为蜜月期,实习教师进入学校,开始享受工作作为其带来的快乐。第二个时期为危机期,面对工作环境中各种各样的现实问题和教学问题,教师产生危机感和压迫感。第三个时期为动荡期,教师通过实习工作对教师工作有了更理性的认识。有的教师通过自我调整重新制定了发展目标,有的教师则在失落中选择了放弃教师工作。

---

① 王秋绒.教育专业社会化理论在教育实习设计上的蕴义[M].台北:师大书苑有限公司,1991.转引自季诚钧,陈于清.我国教师专业发展研究综述[J].课程·教材·教法,2004(12):60.

合格教师阶段的专业社会化的第一个时期为新生期,通过实习训练,教师已能够适应工作需要。第二个时期为平淡期,工作两三年后,教师步入稳定发展阶段。工作的挑战性逐渐减弱,教师的工作感觉趋于平淡。第三个时期为厌倦期,也是分化时期,有的教师寓教于乐,积极感受着工作的乐趣,有的教师则对教学工作产生倦怠,失去发展的动力。

表3-6 "教师社会化"阶段论

| 阶段 | 阶段特点 |
|------|----------|
| 师范生 | 第一个时期是探索适应期,增进人际关系,适应师范环境。<br>第二个时期是稳定发展期,学习专业的知识和技能,进一步发展人际关系。<br>第三个时期为成熟发展期,重点在于如何将学习到的教育教学技能应用于教育实践 |
| 实习教师 | 第一个时期为蜜月期,实习教师进入学校,开始享受工作为其带来的快乐。<br>第二个时期为危机期,面对工作环境中各种各样的现实问题和教学问题,教师产生危机感和压迫感。<br>第三个时期为动荡期,对教师工作有了更理性的认识。有的教师通过自我调整重新制定了发展目标,有的教师在失落中选择了放弃教师工作 |
| 合格教师 | 第一个时期为新生期,教师能够适应工作需要。<br>第二个时期为平淡期,工作两三年后,教师步入稳定发展阶段。<br>第三个时期为厌倦期,也是分化时期,有的教师寓教于乐,积极感受着工作的乐趣,有的教师则对教学工作产生倦怠,失去发展的动力 |

# 第二节 教师职业生涯周期的阶段及特点

**■ 导入案例**

## 慢慢喜欢上了这个职业

从业两年多的李老师坦言道:"辛苦且收入少。"入职第一年连续几个月每天只能睡三四个小时,有的年轻老师甚至经常通宵工作。不过,李老师还是留了下来。"我是慢慢地喜欢上了这个职业。工作中最快乐的时候就是在课堂上,学生的一些创造力和进步会让人感到非常惊喜。学生也很单纯,喜欢你的课就会说喜欢,不喜欢就会说不好。"

> **◢ 点评**
>
> ### 辛苦的职业,快乐的工作
>
> 不是每位教师都是因为喜欢教育而选择教师职业,部分教师因各种原因离开了教师队伍,但绝大多数教师是为了"教育之爱"而坚守。虽然清贫且辛苦,但既然选择了为人师表的工作,就要努力成为一名优秀的教师。本节主要介绍中国语境下教师职业生涯周期各阶段的特点,让处于职前阶段的教师对职后可能会遇到的各种问题有所了解。

每位教师的职业生涯都存在着个性的差异,但就整个教师群体而言,仍存在着相似的发展阶段和一些共性特征。教师成长过程是不断习得教师角色期望与规范的社会化过程,探讨教师职业生涯周期的阶段及特点,有助于了解教师的专业发展过程,寻求教师专业发展的规律和基本特征。

## 一、入职前的准备期

任教前的准备期是准教师在师范院校或大学的初始培养阶段。本阶段是教师专业发展的基础,对教师未来的职业生涯有着重要的意义。

### (一)形成最初的教育理想

处于学生阶段的准教师虽没有教学经历,但会对将来从事的教师角色充满憧憬之情,这与个体的家庭环境及教育经历密不可分。多数学生对教师职业的最初认识,对教学的初步理解,往往源自中小学时期任课教师的影响和自身的学习经历。例如,很多学生在回忆中小学学习经历时,都能够清晰地描述出一些教师对自己正面或负面的影响;谈及选择教师职业的原因和希望成为什么样的教师时,都会以优秀的教师作为榜样来构建自己未来的教师角色。

在职前学习阶段,对准教师职业理想影响较大的是教育实习经历。入学时从教愿望强烈的学生在选择职业时仍会选择从事教师工作;部分最初从教愿望并不很高的学生经历过教育实习后可能会转变原初的想法,开始喜欢上教师的工作。教育实习会给多数学生带来比较愉快的体验,使他们认识和了解到教师职业的价值。

### (二)掌握基础的教育教学知识和教学技能

职前阶段的教育教学知识主要包括教育知识、学科知识和学科教学知识,例如:教育教学的基本规律与方法的知识;学生学习、成长和发展的特点与规律的知识;各学科的基本知识、基本原理与技能;各学科的知识体系、基本思想与方法等。教育教学知识习得的形式主要是理论学习。

教学技能是指教师运用已有的教学理论知识,通过练习而形成的稳固、复杂的教学行为系统。例如,教学说课技能、教学语言和教态技能、教学调控技能、教学导入技能、教学情境创设技能、教学板书技能、教学讲授技能、教学提问技能、教学指导技能和教学结课技能等。教学技能分为初级和高级两个层次,初级教学技能是指在教学理论基础上,按照一定方式进行反复练习或经多次模仿而形成的基本能力;高级教学技能是历经多次练习而形成的,达到自动化水平的教学技巧。教学技能一方面是由专门的教师负责训练,另一方面也可通过教育见习和实习来获得。

## 二、任教初的适应期

教师任教后的最初几年,都将处于适应期。教师个体存在差异,适应期的长短也有一定的差异。初任教师步入社会,成为正式的社会成员,他们的角色也由学生转变成了教师。过去所学的理论要与现实实践不断进行磨合,教师要减少甚至消除对新的教学生活的不适应,必须不断调整自己的知识、信念和行为。如果说教师职业生涯是一个痛并快乐着的过程,这一时期可能是痛苦多于快乐。

### (一)面对现实问题的冲击

初入教职是教师人生的转折点,也是职业生涯的开端。独立面对真实而复杂的教学情境及层出不穷的教育教学问题时,仅仅依靠预备阶段习得的理论知识和初级教学技能无法满足教育教学的需要。例如,不熟悉教材,把握不准教学重点、难点;教学方法不灵活,难以调动学生的学习兴趣;教学能力差,难以维持课堂纪律;不能与学生进行有效的交流、沟通;不了解学生的学习状况和学习需求;对学生提出的疑难问题无法解答;不能妥善处理课堂偶发事件;教学材料匮乏;难以处理好与同事之间的关系;教学语言不流利;板书不规范等。① 这些问题冲击着初任教师曾经的理想,部分教师也许会产生一定的挫折感,开始质疑自己的教学胜任能力;部分人从事教师职业的信心也许会产生动摇。

在此期间,多数教师会不断反思和修正自己原有的理想和教育观念,积极寻找各种解决的方案。随着时间的推移,教育经验会逐步累积,实践智慧也会不断增长。教师在实践教学中不断整合学科内容和教育教学知识,熟悉各种教学情境,灵活地展开教学活动。

### (二)承担多重社会角色

对初任教师来说,获得了教师身份就意味着由学生角色转换为教师角色,开始承担更多的社会角色。教师的社会角色是教学的组织者、学生的引导者、班级的管理者和学校组织的成员。每一位教师都渴望得到学生的认同和喜爱,给学生家长留下好印象,得到同事的接纳和领导的认可。由此,教师必须养成角色转换的能力,学会在不同的情境中扮演不同的角色。

**知识小卡片3-1**
**初任教师课堂教学自我反思表**②

一、列举出这节课的三个优点

二、列举出要改变的三件事情

　　想如何改变? 做法及其结果将会有何不同?

三、关于教学内容的反思问题

　　1. 课程的主要目标是什么? 我是否达到了教学目标?

　　2. 学生对什么内容学得比较好? 为什么?

　　3. 学生对什么内容学得不太好? 为什么?

① 赵昌木.教师专业发展[M].济南:山东人民出版社,2011:64.
② 教育部教师工作司.中学教师专业标准(试行)解读[M].北京:北京师范大学出版社,2013:146.

4. 学生对教学难点的掌握程度如何？

5. 课的内容有趣吗？我在将来如何完善此课？

四、关于授课过程的反思问题

1. 互动的效果如何？是否促进了学生对所学内容的掌握？

2. 我讲了多长时间？学生互动了多长时间？这样的时间安排是否合理？

3. 还有没有帮助学生学到更多知识的活动或方法？

4. 我的提问是否有效？反馈是否恰当？

5. 我在课堂中是如何激发学生的？激发的策略有效吗？

五、一般性反思问题

1. 如何使一名学习优秀的学生做到专心听讲？

2. 如何使一名后进生做到专心听讲？

3. 大多数学生对本节课的反应如何？为什么？

## 三、稳定发展期

度过适应期之后,教师逐渐进入稳定发展期。在专业能力方面,教师将处于迅速发展阶段,而后逐渐趋于稳定。因个体能力、专业背景及学校环境等因素不同,教师在这一时期的发展时间会存在一定的差异。有研究表明,36～45 岁年龄和 9～24 年教龄段的教师对自己的教学技能评价最高。[①] 随着教育教学实践知识的不断积累,教师的专业信念开始确立,积极的专业角色得以形成。

### (一)教育教学实践知识日渐丰富

此阶段的教师积累了丰富的教育教学经验,摆脱了最初以应对教学为主的焦灼状态,关注内容也在悄然发生变化,由关注教学内容转变为关注教学过程。多数教师

---

① "全国中小学教师专业发展状况调查"项目组.中国中小学教师专业发展状况调查与政策分析报告[J].教育研究,2011(3):7.

能够根据课程要求和学生特点，灵活地运用教学方法和技能，课堂认知和调控能力增强，并能从容应对教育过程中出现的各种问题和偶发现象。

### （二）专业信念逐步确立

稳定发展期的教师开始理解教育教学工作的价值，体验到教学工作的乐趣。专业信念也随着教学知识和经验的积累而逐步确立。一般说来，此阶段的绝大多数教师社会责任感增强，思想观念、价值取向和社会行为逐步稳定，角色特征和教学风格日趋成熟。

### （三）专业角色逐渐形成

多数教师能够独立、自主地开展教育教学工作，创新意识和自主精神不断生成。部分学习能力强的教师，不再满足于完成常规教学任务，而是基于学生发展需求和个性特点，把各种教学方法有机地结合起来，激发学生的求知欲，达成教学目标；开始关心学生的情感发展和价值观形成，引导学生的健康成长。此时期，教师个体的教学风格逐渐形成。

## 四、停滞期

教师的专业发展并不是一直呈上升状态，经过稳定发展后，教师群体开始出现分化，呈现出多样化的趋势。部分教师开始进入职业停滞期。据调查，小学和初中教师中，26～35 岁的教师承担的教学任务最重，平均周教学工作量分别为 13.3 节和 12.2 节。高中阶段的中年教师承担的教学任务更重，36～45 岁的高中教师平均周教学工作量为 14.2 节，明显高于其他年龄阶段的教师。[①] 这意味着，随着工作压力的增加，部分教师工作满意度将会降低，职业倦怠随之产生。步入停滞期的教师面临的最大问题是个体的教学能力和教学水平很难得到提升，面对课程和教学改革的时代要求，往往感到力不从心。少数教师陷在停滞期中无法自拔，但多数教师保持着强烈的发展动机，反思自己的教育信念，积极调整自己的情绪，通过学习新的知识，提高自己

---

① "全国中小学教师专业发展状况调查"项目组. 中国中小学教师专业发展状况调查与政策分析报告[J]. 教育研究,2011(3):6.

的教学能力,保持着持续发展的状态。

**拓展阅读**

### 骨干教师如何走出停滞"高原期"①

熊建峰

骨干教师是学校的顶梁柱,一般都获得过较多的教学荣誉,但也容易故步自封,止步不前。骨干教师只有积极反思,不断寻找各种超越自我的策略,才能走出教学工作的"高原期"。教育心理学中,将学习者开始阶段进步较快、中间有一个明显的或长或短的进步停顿阶段的现象,称为"高原期"或"高原现象",其实这种现象在骨干教师的专业成长过程中也普遍存在。

**关注本土教育经验**

全国十佳教师、作家张丽钧说:"读书,让人活 $N$ 辈子。"骨干教师要潜心读书,把读书当作第一精神需要,从而提升自己的人生境界,提升自己的教育教学智慧。以往谈到读书,国外教育著作最受推崇,在我看来,骨干教师有必要扩大一下自己的读书视野与范围。

阅读中国教育经典。李镇西的《爱心与教育》、黄蓉生的《教师职业道德新论》、窦桂梅的《我的教育视界》、李跃的《教育第三眼》等国内教育经典,教师都应当入眼入心认真读,从而学会用宽广的视野看待当下的教育现实,思索中国教育的本质。

阅读专业著作。郭元祥的《教师的20项修炼》、李镇西的《给教师的36条建议》、周一贯的《语文教学优课论》、孙双金的《美丽课堂》、窦桂梅的《做有专业尊严的教师》等教师专业成长与学科教学专著,有助于教师跳出自己的小天地,了解同行的新动向,提升专业素养,成为学科教学的行家里手。

---

① 熊建峰.骨干教师如何走出停滞"高原期"[N].中国教育报,2014-09-17(7).

广泛涉猎杂书。李奋飞的《正义的底线》、莫言的《蓝色城堡》、曹文轩的《经典作家十五讲》等各类书籍，都有助于教师提升文化素养。

教师不妨"功利"地读书。比如，结合师德建设读书，以提升师德修养；结合教书育人读书，以提升教育水平；结合课程改革读书，以更新教育观念；结合教育科研读书，以搞好科研课题等。教师只有广泛涉猎新知识、新信息，掌握新方法、新技术，不断提高业务能力和教育教学质量，才能成为业务精湛、学生喜爱的高素质教师。

**在教学中求实求真**

课堂教学是骨干教师的首要任务。骨干教师的课堂教学不仅要彰显自己的特长，形成自己的风格，更要有直抵心灵的力量，从而唤醒学生沉睡的潜能。

以生为本。学生是课堂学习的主人，课堂教学要以生为本。首先，教师应根据学情，确定目标，实现"以学定教，顺学而导"，既要完成教学任务，又要激起学生的求知欲。其次，给学生探究的时空。课堂上留足时间，引领学生自己通过实践去内化、升华所学的知识，发展思维，提升素养。最后，给学生展示的机会。让学生借助书面展示、口头展示、行为展示等方式，把学习成果展示出来，让大家分享成功的喜悦。

回归常态。骨干教师不应以教学竞赛获奖为目标，而是应当回归常态，立足课堂实际，真正地以生为本，因学设法，因学而教，而不是自以为是地一意孤行。虚假的课堂表演从长远而言是误人子弟，回归常态就要杜绝包装，远离花哨的教学排练和作秀。回归常态，就该让学生呈现自己自然的生长状态，教师要遵循前辈教师"学做真人"的教诲，在日常教学中不怕不完美、有瑕疵、有遗憾，而是努力寻求切实可行的改进方法。

大道至简。要"清洗"冗繁的课堂，彰显简约之美。其一，目标要简明——简明而不失品位。简明的目标，是实现简朴课堂的保证。用简明的目标作向导，能激发学习动机，引领学生逐步前行。其二，内容要简约——简约而不失精彩，精选"核心知识"。简约的内容，是实现简朴课堂的关键。

其三,指导要简要——简要而不失到位,聚焦重点和难点。简要的指导,是实现简朴课堂的核心。指导要简明扼要,具有示范性、启发性和解惑性。当学生理解出现偏差时,教师要"引导";当学生思路不清、认识肤浅时,教师要"开导";当学生遇到困难、思路卡壳时,教师要"辅导"。其四,方法要简便——简便而不失高效。简便的教法,是实现简朴课堂的"润滑剂"。

**在研究与写作中提升自我**

教育写作,是教师不断反思、审视、提炼、升华自己教育实践的过程,更是总结教育规律、沉淀教育智慧的过程。骨干教师要勤于教育写作,以拓展自己的精神疆域,从而改变自己专业发展停滞不前的状态,积淀生命的厚度,提升生命的高度,促使自己早日成为学者型教师。

教学反思。著名教育家叶澜说:"一个教师写一辈子教案不一定成为名师,如果一个教师写三年反思却可能成为名师。"教学反思是理论与实践的融合,骨干教师要在实践中反思,在反思中实践。思深则透,思透则新,思新则进。勤写教学反思,能促进教师自我反省、自我矫正和自我超越。

案例分析。案例分析是指围绕一定的教学目的,把教学实践中出现的真实情景加以典型化处理,形成可供他人思考分析和学习的案例。案例分析是教师专业成长的阶梯,是理论联系实际的桥梁。案例分析的撰写应叙为主体,议为点睛,一针见血;理清思路,分块而叙,巧妙概括。勤写案例分析,教师可将自己的知识"内化",加快自己的专业成长。

教学论文。教学论文通常是对某一教学现象、问题或教学原理、方法等进行论述的文章。撰写论文,并非一件一线教师高不可攀的事,而是一项自我提升、自我发展不可或缺的工作。按内容性质和研究方法的不同,论文可分为理论性论文、实验性论文、描述性论文和设计性论文几种。勤写教学论文,可促使自己勤于整理,勤于思考,勤于提炼,勤于总结,发现教学规律,增长教学智慧,领悟教学真谛,提升教学素养与能力,尽快步入智慧型教师的行列。

## 五、持续发展期

成功度过停滞期的教师将进入持续发展时期。部分教师教学技能、技巧日趋娴熟,教学行为表现流畅、灵活,而且具备了深刻的专业见解,形成了成熟的个人教学思想,成为学者型教师。

## 第三节　影响教师职业生涯发展的因素

**◪ 导入案例**

### 迷茫的王老师

在 A 小学工作三年多的王老师目前很迷茫,"很难看到自己职业发展的方向和路径"。这所学校的新入职老师要从一年级带起,既要给两个班讲课,又要做班主任,事情非常繁杂。很多中小学对新教师都有入职培训,还实行师徒制帮助年轻老师成长,但王老师却没有享受到这样的待遇。"我们学校成立不久,新老师居多,老教师没法一带一。根本没时间去听课、学习,更多时候只能靠自己摸索。"至于培训,王老师说学校里根本没有入职培训,区里的新教师培训也是入职之后边工作边培训。"培训课程质量并不高,很多都流于形式。占用了老师很多时间,却没有很好的效果。"王老师认为,在这样的学校,年轻教师得到的东西很少,时间长了,很容易有蹉跎岁月的感觉,为自己的前途担忧。

**◪ 点评**

### 教师的成长是多方面因素的合力

教师职业生涯的发展,不仅仅是教师个人的问题,政府、社会及教师入职后的学校工作环境、受到的指导、培训等,都会从不同角度制约教师的职业生涯发展。本节重点阐释影响教师职业生涯周期的各方面因素。

一种职业是否具有尊严与欢乐,具有怎样及何种程度的尊严和欢乐,一方面和职业本身创造的价值及其劳动的性质相关,同时也与社会对这种价值、性质的认同和需求状态相关,还与从事这一职业的群体的职业自我意识,以及他们用自己的实践创造出的社会职业形象相关。① 在教师职业生涯的各个阶段,政府政策及社会公众的信任度、学校领导对教师工作的重视程度、教师的主观性、同事之间的合作关系等因素都会对教师的专业发展产生影响。探讨影响教师职业生涯周期的因素,有助于推动教师追求一种有意义的、积极的生活;有助于教师解决各种问题,减少或避免各种因素对教师造成的负面影响。

## 一、政府和社会因素

进入 21 世纪,世界各国政府充分认识到,教师职业生涯发展不仅仅是教师自己的事情,政府、社会有责任和义务推动教师的健康成长。政府必须建立相应的法律体系和一系列的政策措施,为教师职业生涯的发展提供保障;社会则有责任营造积极的公众信任氛围。

### (一)建立法律保障体系

目前,很多国家都通过立法和建立规章制度的形式,使教师教育法律化、制度化。例如,20 世纪 90 年代,美国政府在《中小学教育法》和《美国 2000 年教育战略》中加进了联邦政府支持和资助教师教育改革的内容,时任总统克林顿在国情咨文中将教师教育提升到事关"美国前途与未来"的高度,将改善教师教育、促进教师专业化发展列为美国十大教育发展目标之一;我国政府积极修订《教师法》,建立和完善教师准入制度、教师资格再认定制度、教师终身教育制度、质量评估制度以及教师教育经费投入保障制度,以法律形式保障教师职业生涯的发展。

### (二)建立继续教育制度

教师职业生涯的发展,仅靠职前的教师教育是远远不够的。教师要想减少高原

---

① 张凤琴.教师职业价值观——教师职业发展的内在动因[J].内蒙古师范大学学报(教育科学版),2004(3):65.

期和衰退期的影响,必须树立终身学习的理念,将继续教育作为生涯中不可缺少的部分。20世纪90年代以来,世界各国政府都力图为中小学教师的继续教育提供机会和条件,使之成为中小学教师应有的权利,调动教师参加培训的积极性。例如,提供充足的经费;扩建和增设教师培训、进修机构;实施休假进修制度,准予借以进修、培训取得学分或学位;实施进修晋职加薪制度;对参加继续教育的教师给予资料、交通、食宿等方面的补助等。[①] 2010年,我国全面启动"中小学教师国家级培训计划",通过培训的方式促进教师在职进修,将培训目标直接指向教师和学校的具体教学。

### (三)营造积极的公众信任氛围

教师是否拥有高度的存在感和自尊感与社会公众对教师职业的信任度密切相关。近年来,我国社会对教师工作的信任度呈现下降趋势。教师本身对工作的满意度也呈现降低的趋势。有调查数据表明:"目前教师对人际关系满意度很高;对家人的认同与支持满意度比较高;对工作成就感满意度居中;对社会尊重、社会地位满意度偏低,对经济收入满意度非常低。"[②]主要原因有:教师工作量和难度加大;工作性质相对封闭,缺少与外界的交流;教师的薪酬待遇较低;学校的管理没有做到"以师为本";社会媒介报道负面事件过多,等等。这些因素一定程度上挫伤了教师的从教信念与工作积极性。"打铁必须自身硬",形成积极的公众信任氛围,需要政府和社会的共同营造,更需要教师自身的努力。

## 二、学校因素

学校是教师成长的重要场所。学校的组织氛围、领导的管理方式等因素都会对教师的职业生涯产生影响。学校要为教师创造良好的组织环境、制度环境和精神环境,促进教师的职业生涯发展。

### (一)民主的管理方式

不同的管理方式将会形成不同的组织氛围,学校管理者应崇尚以德立校、处事公

---

① 李瑾瑜.发达国家中小学教师继续教育的经验与启示[J].高等师范教育研究,1996(3):77.
② "全国中小学教师专业发展状况调查"项目组.中国中小学教师专业发展状况调查与政策分析报告[J].教育研究,2011(3):8.

正、严格律己、廉洁奉献的美德,倡导民主管理和科学管理,坚持教书育人、管理育人、服务育人。学校实行民主化管理能够给予教师更多的自主权,鼓励教师积极参与学校的各项管理活动,充分调动教职员工的主观能动性;主动为教师追求教学专业方面的成长提供机会,尤其关注那些处在职业生涯停滞期的教师,帮助他们尽快走出低谷,焕发对教学工作的热情。

### (二)完善的学校制度

教师职业生涯的发展离不开学校制度的保障。学校的发展和教师发展是相互促进的。学校需要根据教师职业生涯周期的不同阶段和特点建立相关制度,为处于不同发展阶段的教师提供协助。例如,对初入职教师进行专业上的指导,帮助初任教师减少入职初期的焦虑和不安;建立有效的培训制度,帮助停滞期的教师尽快突破生涯发展的瓶颈;建立和规范教师教学工作量制度,采取针对性措施减轻教师工作压力;为教师的教学研究和实践反思提供制度支持,推动教师不断提升自己的专业知识和教学技能水平,更新教育理念,保持持续发展的状态。同时,学校要给教师更多的专业自主权。"只有从根本上关注新的教和学的方法的深层含义,在现存的文化和条件下,让教师在课程、教学上行使其自主权,才更能增进教与学改革的成功,进而达到提升教育水准的目的。"[①]教师工作具有专业性和创造性,为教师创造性的发挥提供一个宽松的环境,才能激发教师的工作热忱和创新精神,促进教师职业生涯的良性发展。

### (三)和谐的组织氛围

管理学理论表明,学校组织中教师工作的积极性、创造性的发挥与适宜的学校环境、学校内部的合作与支持的氛围有着极为密切的关系。教师不是作为一个孤立的个体而存在,而是生活在集体中的一员。如果学校有着良好的组织氛围,教师与学校、教师之间的关系和谐融洽,就可以减少矛盾与冲突。当教师在职业生涯中遇到困惑时,可以通过互相帮助疏导不良情绪。反之,充满冲突和矛盾的环境,会让教师的

---

① 　WOODS P, JEFFREY B, TROMAN G, BOYLE M. Restructuring Schools, Reconstructing Teachers: Responding to Change in the Primary School[M]. Buckingham: Open University Press, 1997.

消极情绪日益增加，影响教师身心健康，降低工作满意度，导致职业倦怠和离职意向的出现。

## 三、教师自身因素

教师个体是职业生涯发展的行为人，教师的专业发展顺利与否主要取决于教师自身的职业发展动机、职业生涯规划能力及自我评价能力。这三种因素将会促使教师增强专业发展意识，在工作中自觉地学习、实践，及时调整自身的知识结构和行为方式，更好地适应教育教学改革的需要。[①]

### （一）职业发展动机

职业发展动机是教师在自我调节的作用下，协调内在需求与外在诱因，激发、维持职业行为的心理状态和意愿。从动机源上来说，动机分为内部动机和外部动机。教师的内部动机源于其对教学活动本身的兴趣，"教师的专业成长是个性化极强、自我感受阈较高、具有生命体验的过程，它不仅受到教育环境的影响，更受到个体的性格、禀赋和对专业认同感的制约"。[②] 例如，初任教师把成为优秀教师作为自己的发展目标，就需要坚守这份理想，在漫长的职业生涯中激励自己，抵御外部世界的各种诱惑，逐渐提升自己的工作水平和胜任能力，为实现确定的目标而不懈努力。外部动机由教学专业活动以外的刺激引发，例如薪酬待遇、各种奖励等物质性条件。

教师职业发展动机是一个动态生成、不断变化的过程。不同时期的教师的发展动机呈现阶段性的特征：适应期的教师为"站稳讲台"需要发展专业素养；稳定发展期的教师的生存生活需要占据主要地位；停滞期的教师亟须职业情感的提升；持续发展期的教师具备了高度的职业责任感，专业发展的诉求再次凸显。总体来看，内部动机反映教师对教学工作的主观需要及其价值取向，对教师的教学行为具有激发作用；能够促使教师以充沛的精力、丰富的智慧投入教学活动中，探究教学中的问题，以寻求教学的成功和卓越。这种动机有益于教师发挥创造性，有益于教师全身心地投入教

---

① 郑琰.激活教师自主发展动机的研究[J].上海师范大学学报(基础教育版),2010(3):18-19.

② 高翔.教师专业能力自评分层命题的求证——《教师专业发展自评量规表》有效设计的实证性研究[J].教师教育研究,2011(3):45.

学工作。

### （二）职业生涯规划能力

教师职业生涯规划是指教师主体根据自身优势和特点,结合时代、社会的要求和自己与所在学校的共同愿景而做出的能够促进教师有计划地可持续发展的预期性、系统性的自我设计和安排。[①] 在确定人生目标之后,需以自己的最佳才能、最优性格、最大兴趣和最有利的环境等条件为依据制定切实可行的短期目标、中期目标和长期目标。[②] 在规划过程中,教师需以研究的态度来了解自己的起点和现状、优势与特点、缺点与不足,明确5W1H六个问题,准确把握自己所处的专业发展阶段及其特点,形成科学、切己和有效的认识。

第一个问题:Why? 明确计划的原因和目的。

第二个问题:What? 明确每一时期的具体任务和要求。

第三个问题:When? 规定计划中各项工作的起始和完成时间。

第四个问题:Where? 规定计划的实施地点,了解计划实施的有利条件和不利条件。

第五个问题:Who? 自我分析,明确完成计划的助力与阻力、部门和人员。

第六个问题:How? 明确实现计划的措施及相应的政策和规则,对资源进行合理预算、分配和使用。

良好的职业生涯规划有利于教师挖掘自己的潜能,提高教学效能感和专业水平,使教师在不断"自我更新"的动机下,自主地寻求提升自我、发展自我的路径,逐步实现自己的职业梦想和人生意义。

### （三）自我评价能力

自我评价是评价主体以自身作为评价客体的评价活动。自我评价是在自我意识的基础上实现的,是对自己的发展状态等情况进行的反思。自我评价的方法主要有测验法、实验法、他人评价法、内省法等。对教师而言,自我评价主要是对自己进行全

① 金连平.中小学教师职业生涯规划:概念、问题及对策[J].上海教育科研,2010(9):13.
② 赵景欣,申继亮,支富华.教师职业生涯发展与管理[J].中小学管理,2005(12):31.

面分析,以教师的职责、规范、价值准则或其他优秀教师的行为为参照标准,反思自己的思想、行为及其引发的结果,准确评价自身的特点和优劣,从而修正自我认知,调整职业生涯规划,实现生涯发展目标。常态化的自我评价有利于教师的角色内化;有利于激发教师发展的内在动力;有利于促进教师把握人生价值选择,进行自我塑造。[①]教师自我评价可以运用 SWOT 分析法。其中 S 代表 strength(优势),W 代表 weakness(弱势),O 代表 opportunity(机会),T 代表 threat(威胁),S、W 是内部因素,O、T 是外部因素。具体内容为:在工作中,你最满意哪几个方面?你最不满意哪几个方面?在工作时受到哪些条件限制?遇到何种困难?怎样克服困难?为了改进你的工作,是否需要校长、教研组长或其他人的帮助?在过去的一年或两年里,你采取何种措施提高你的专业水准和获得工作经验?在未来的一年或更长时间,你希望用何种方式来提高你的专业水准和增加工作经验?还有哪些问题?[②]另外,教师自我评价要从不同的视角,借助一定的评价工具来观察自己是怎样思考和工作的。评价工具包括教学录像、教师自传、教学日志、专家测试量表和教师自制量表等。通过工具所记录的事件,可以使教师了解到自己怎样选择教学内容,如何组织教学;了解自己具有怎样的教学风格,解决实际问题的能力如何。[③]

## 本章小结

本章主要介绍了教师职业生涯周期的相关理论,各阶段的特点及影响教师职业生涯周期的各种因素。教师职业生涯周期理论包括六种:关注阶段论、职业生涯阶段论、职业生涯周期理论、职业周期主题理论、教师生涯发展模式和"教师社会化"阶段论。依据我国教师各个阶段的特点,可分为入职前的准备期、任教初的适应期、稳定发展期、停滞期和持续发展期五个阶段。教师职业生涯的发展受到各种因素的影响,是各种因素共同作用的结果。为保障教师职业生涯的良性发展,政府和社会应逐步构建法律保障体系和继续教育制度,形成公众信任的氛围;学校需要运用民主的管理

① 赵昌木.教师专业发展[M].济南:山东人民出版社,2011:97-99.
② 王斌华.发展性教师评价制度[M].上海:华东师范大学出版社,1998:122-137.
③ 王惠.教师自我评价浅析[J].大连教育学院学报,2003(3):46.

方式,完善学校制度,创建和谐的组织氛围;教师个体应明确职业发展动机,积极进行职业生涯规划,提高自我评价能力。

## 思考与练习

1. 比较不同职业生涯周期理论的特点。

2. 结合实际分析,教师应如何度过职业生涯中的停滞期。

3. 结合教师职业生涯阶段理论,为自己制订一份生涯发展规划。

## 参考文献

[1] 饶从满,杨秀玉,邓涛. 教师专业发展[M]. 长春:东北师范大学出版社,2005.

[2] 赵昌木. 教师专业发展[M]. 济南:山东人民出版社,2011.

[3] 鲁洁. 教育社会学[M]. 北京:人民教育出版社,1990.

[4] 杨天平,申屠江平. 教师专业发展概论[M]. 重庆:重庆大学出版社,2012.

[5] 石中英. 教育哲学导论[M]. 北京:北京师范大学出版社,2002.

[6] 叶澜,等. 教师角色与教师发展新探[M]. 北京:教育科学出版社,2001.

[7] 傅道春. 教师的专业成长与发展[M]. 北京:教育科学出版社,2001.

[8] 申继亮. 教师人力资源开发与管理:教师发展之源[M]. 北京:北京师范大学出版社,2006.

[9] 董静. 课程变革视阈下的教师专业发展[M]. 北京:中央编译出版社,2013.

# 第四章  教师专业发展的路径

## 学习目标

1. 掌握教师个体及群体的专业发展路径,能够详细规划自己的从教之路。

2. 了解教师知识结构的分类,与自己的知识结构建立联结。

3. 掌握教师合作的意义及其方法。

## 学习要求

| 知识要点 | 能力要求 | 相关知识 |
|---|---|---|
| 教师专业发展的价值取向 | (1)对教师专业发展价值的理解能力<br>(2)确立教师专业发展的价值取向 | (1)自我成长的愿景<br>(2)教师的教育理想<br>(3)教师的专业幸福 |
| 教师的知识结构 | (1)深入理解教师知识结构的分类标准<br>(2)了解不同层次教师对知识类型的需求 | (1)隐性知识与显性知识<br>(2)五类功能性知识<br>(3)不同层次教师的知识结构 |
| 教师的专业研究 | (1)理解教师开展专业研究的意义<br>(2)确立教师专业研究的问题意识 | (1)教师的问题意识<br>(2)开展研究的基本要求 |
| 教师群体专业发展的路径 | (1)对教师群体专业发展的理解能力<br>(2)了解教师群体专业发展的具体路径 | (1)教师集体反思<br>(2)教研活动<br>(3)课题研究<br>(4)专业培训 |

从实践主体来看,教师的专业发展涉及教师个体和教师群体两个层面。教师个体专业发展主要是指作为一个独立个体的教师的专业成长;教师群体专业发展是指在同一场域内教师团体的专业成长和发展。教师个体专业发展与教师群体专业发展两者相辅相成,教师个体的专业发展是教师群体专业发展的基础条件,教师群体资源是教师个体专业发展的有力支撑。本章主要讨论教师个体与群体的专业发展要素,

其中包括教师个体专业发展的价值取向、知识结构及其发展路径;教师群体专业发展的具体要素,如教研活动、课题研究和专业培训等。

# 第一节 教师个体的专业发展路径

**导入案例**

### 为谁而玩

一群孩子总在一位老人家门前嬉闹吵嚷,喜欢安静的老人难以忍受。于是,他出来给了每个孩子 25 美分,说:"你们让这儿变得很热闹,我觉得自己年轻了不少,这点钱表示谢意。"孩子们很高兴,第二天仍然来了,一如既往地嬉闹。老人给了每个孩子 15 美分。解释说,自己没有收入,只能少给些。孩子兴高采烈地走了。第三天,老人只给了每个孩子 5 美分。孩子们很不高兴,"一天才 5 美分,知不知道我们多辛苦!"他们决定,再也不会为他玩了!

**点评**

### 内驱力是教师专业发展的最主要动力

人的行为动机从来源上可分为内部动机和外部动机。前者指的是人自发地对所从事的活动的一种认知,后者是由外部因素激发的行为倾向。案例中的孩子们受老人给钱的外部动机所驱动,当外部动机衰减时自然要选择放弃,不去"嬉闹"。内驱力源于内部动机,是教师专业发展的内源性力量。只有教师个体不断生成内驱力,并转化为实践动力,其专业发展才具有可能性。本节主要讨论教师专业发展的价值取向、教师的知识结构、教师的专业研究等内容。

1980 年,《世界教育年鉴》指出,教师专业发展过程中教师个体的内在能动性越来越受到重视。教师除了掌握学科内容和必要的教学技能技巧外,还必须拥有一种"扩展的专业性"(Extended Professionalism),也就是说,教师必须有能力通过系统的自我研究或通过课堂中对有关理论的检验,实现专业上的自我发展。"教师专业发展是指,在教学职业生涯的每一阶段,教师掌握良好专业实践所必备的知识与技能的过程"①,教师个体的专业发展贯穿其整个职业生涯;从发展角度看,是从不成熟到成熟,以及成熟之后不断自我挑战和自我提升的动态的、非线性的过程。教师个体专业发展,强调教师学习的个体性、自发性和自主性,重视教师的创造性和独特性,可以充分挖掘教师自身的潜能,建立适合教师个性和兴趣的学习方式,从而提升教师的专业素养。② 教师的专业发展虽然受所在学校的氛围、制度、专业支持方面的影响,但主要取决于教师自身的主观能动性,如果教师不具有"内驱力",即本身不想努力,不想发展,任何外力的促动均会失去意义。

## 一、明晰教师专业发展的价值取向

就人本身来说,"价值集中体现的是人们在认知、看法、观点、态度、信仰中所透露出来的倾向性及其特征"③。价值取向关键在于价值之"取",是人们面对各种事物和现象时依据自身物质或精神的需要而做出的行动抉择或是确定的所追寻的行动方向。教师专业发展的价值取向是教师对职业角色、行为规范和行为表现的期待与评价与教师自身的认同和实践融合而成的。教师专业发展的价值取向决定着教师专业发展的方向、内容、途径和效果。教师的专业发展要求教师持有自我成长的愿景,能够坚守教育的理想,愿意追寻专业的幸福。这就需要教师在面对各种困难和压力时,学会不断调整自己的心态,摆脱"自甘平庸"的困扰,坚守追寻理想的信念,在学习和研究的道路上不断唤醒自己、触动自己、提升自己;需要教师在学习的同时学会质疑,在质疑已有知识合理性的过程中生成自己的理论认知。

---

① 叶澜,等.教师角色与教师发展新探[M].北京:教育科学出版社,2001:222.
② 单中惠.教师专业发展的国际比较[M].北京:教育科学出版社,2010:6.
③ 翟学伟.中国人的价值取向:类型、转型及其问题[J].南京大学学报(哲学·人文·社会科学),1999(4):118.

### (一) 自我成长的愿景

教师专业发展愿景是教师在专业实践过程中有意识、有目的地构建出的对未来的愿望与景象,是教师专业化过程中个体内在需要的一种反应,也是教师个体内在精神追求的外部表现形式。[1] 作为教师,需要在成长的各个时期(角色认同期、角色适应期、角色成熟期、角色高原期)设定愿景、制订规划,积极地发挥主体的能动性,实现自我教育、自我更新和自我规范。教师在充分认识自我能力和水平、学校环境的前提下对专业成长的各个阶段及其内容重点进行目标分析,制订总体规划,精心拟定发展路径、策略和行动方案。具体来讲,即教师对发展目标和预期结果的设想、对发展内容与过程的设计、对发展阶段的规划及拟定采取的方法,为教师反观自己的专业成长提供参照框架。当然,在成长的进程中,教师会遭遇到各种挑战和挫折,例如,面对"文化反哺的常态化、学生价值的多元化、教师权力的分散化以及家庭结构的单一化"等各种挑战,[2]教师要善于对自己的教育教学行为进行系统反思,反思利弊得失,剖析自身存在的问题以及明确后续的努力方向;在反思的基础上迎接后续教学的挑战,改进教育教学的实践。[3] 同时,教师还要主动地寻求各主体如校长、同事、学生、家长的支持,以及专家的引领。在此过程中,教师要时时与自己"对话",审视自己的内心世界,激发对学习的热情、增强自身价值感和幸福体验,把工作过程转变成一种美好的情感体验历程。

### (二) 教育理想的坚守

伴随着社会变革的加剧,教育已然成为社会关注的中心议题之一,对教师的过度期待和苛求给教师增添了诸多生存和发展的压力。如何破除功利主义、消费主义的诱惑,摆脱现代社会日益世俗化和功利化的束缚,遵循自己的教育使命,坚守内心的教育理想和信念,这是每一位教师必须面对的大问题。著名教育心理学家林崇德曾在20世纪末对教师素质的结构进行了实证研究,研究表明:教师的职业理想是其献身于教育工作的根本动力。教师的职业理想体现在教师所具备的事业心、责任感和

---

① 蔡水清,徐辉.关注西部农村教师专业发展愿景[J].人民教育,2008(17):24.
② 郑金洲.教师专业发展的新挑战、新特征、新角色[J].人民教育,2014(7):15-16.
③ 郑金洲.教师专业发展的新挑战、新特征、新角色[J].人民教育,2014(7):17.

积极性之中,其核心是对学生的爱。影响教师职业责任感的因素主要有教师的职业价值观、教师对教学工作的成功期待和教学效能感。<sup>①</sup> 其中,树立正确的职业价值观要求教师必须理解和具备独特专业精神,将"教师职业"纳入自我的认识体验之中,建立一种教育人生的观点。<sup>②</sup> 假如这种专业认同和个人认同、教育理想和个人价值不能在教师内心达成一致,一定程度上会消解教师的教育理想。同时,在外显的行为层面势必会产生或多或少的冲突,给教师的教育教学实践造成消极影响,不利于教师的专业成长。

### (三)专业幸福的追寻

教师的专业幸福是教师在教育工作中自由实现自身职业理想的一种教育主体生存的状态。教师的教育活动是"一种精神活动,是一种师生生命的交流、沟通和影响"。<sup>③</sup> 对于教师来说,能否获得这种专业幸福取决于在教育过程中是否促进了学生的发展,取决于教师在与学生情感交流的过程中,是否能够与学生产生共鸣,是否能得到学生的理解与尊重。当教师通过创造性的辛勤工作使学生在求知过程与结果上获得了快乐,教师的成就感和专业幸福感也随之产生。

一般来说,如果一个专业具备以下两种特征,这个群体的专业发展愿望就会比较强烈,专业发展也会实现得很好。"第一,专业的发展空间要足够大,即要有足够的发展梯度;第二,专业上的每一步提升都会给自己带来相应的社会利益和地位。事实上,这也是一个成熟专业所必须具备的基本特征。如果我们不努力提升教师群体的专业化程度,争取更大的专业权利和地位,教师专业发展的空间就不可能得到明显的改善,还会直接制约教师专业发展所能实现的程度。"<sup>④</sup>一定历史时期,在教师专业发展过程中,囿于"强调教育奉献、缺乏等值回报的社会环境;强调个体劳动、缺乏沟通交流的工作环境;强调相互竞争、缺乏共同成长的心理环境;强调技术理性、缺乏人文关怀的制度环境",<sup>⑤</sup>部分教师缺失积极的工作体验,对专业认同感不足,仅把教师当

① 林崇德,申继亮,辛涛.教师素质的构成及其培养途径[J].中国教育学刊,1996(6):16-17.
② 郭元祥.感悟教育人生[N].中国教育报,2008-9-11(5).
③ 冯建军.专业视野中的教师幸福与幸福教师[J].教育科学论坛,2007(12):5.
④ 崔允漷,柯政.学校本位:教师专业发展[M].上海:华东师范大学出版社,2013:135.
⑤ 刘国艳.职业幸福:教师专业发展的起点与归宿[J].辽宁教育研究,2006(8):44-45.

作"维持生计,满足生存需要"的工具性职业。部分教师甚至以计算的功利主义为价值取向和行为准则进行教育教学活动。这些教师既不能感知专业的幸福快乐,也不能把获取专业幸福内化为精神世界的追求和自主发展的动力。幸福具有可传递性,教师的专业幸福也具有传递性。教师不能向学生传递幸福和快乐的教育教学活动,其过程和结果可想而知。因此,强调教师的专业幸福具有重要的意义。

## 二、改进教师的知识结构

在学校教育中获取的知识只是我们进行知识再生产的基础,作为引导学生学会学习的教师,必须养成终身学习的习惯,把学习作为生活的常态,不断汲取知识的能量,提升自己的学养。只有这样,才能有效地扮演社会赋予的角色,履行社会赋予的职责。美国哲学家奎因(Quine)曾言:人类的知识恰如一艘"忒修斯之船"(The Ship of Theseus),任何知识都具有可错性,人必须随着生活的变化不断地修正它,才有可能不被淹没在生活海洋的浪涛之中。这是新时代教师必须面对的使命和挑战。

### (一)隐性知识与显性知识

1958年,英国著名物理化学家、思想家波拉尼(M. Polanyi)在《人的研究》一书中提出了"隐性知识"(Tacit Knowledge)的概念。他认为人类大脑中的知识可分为显性知识(Explicit Knowledge)和隐性知识。前者是能够言传,可以用文字、图像或数学公式表述的知识,也称为"明确知识""明言知识""言明知识"等;后者则是不能言传、不能系统表达的知识,又称为"缄默知识""默会知识"等。在波拉尼看来,"能通过语言表达的知识就是一小块光亮的领域,周围环绕着无数的黑暗"[①]。知识犹如一座冰山,水面以上的是显性知识,水面以下的部分则是隐性知识。显性知识是人们通过明确的推理过程获得的,因此也能够通过理性思辨而加以反思和批判;隐性知识则是人们通过身体的感官而获得,不能通过理性过程加以批判和反思。但隐性知识并不是永远"停留在水面下",通过人们的实践活动,部分隐性知识可以在一定程度上由模糊的状态逐渐得以明晰,实现外显,成为显性知识。

---

① POLANYI M. The Study of Man: the Lindsay Memorial Lectures 1958 [M]. London: Routledge & Kegan Paul, 1959, 12.

在教育教学过程之中，教师和学生双方都存在不同的显性知识和隐性知识。对于师生来说，这两种知识共同的特征为：一是个体性。个体知识带有明显的个性，且不完全是共有。二是差异性。每个人所拥有的个体知识都不完全相同。三是实践性。个体知识来自教师自身的教学实践活动和学生的学习实践活动。四是长期性。个体知识是经过体验、感悟和反思，长期积累的结果。教师需要立足于真实的教育实践，通过反思札记、教育自传、教育叙事和教师博客等自我反思性对话活动，将隐性知识符号化，变为显性知识，并时时加以检讨、修正和应用。同时，教师不只是向学生传授大量的书本知识，而是要改变自己只是一个显性知识"传递者"的观念——努力帮助学生将那些难以言说的隐性知识用一些特殊的符号如概念、关系、图形等表征出来，帮助学生学会不断地从自己显性的观点和想法中分析自己所使用的隐性知识，特别是那些隐性的认识模式，不断地提高他们元认知的水平，提高他们对学习行为进行自我分析和自我管理的能力。教师和学生一起，"分析知识从何处来，甄别知识是什么，探讨知识向何处去，对知识进行多角度、多层面的评判"[1]，使学生能够有意识地在教学活动中丰富和修正自己的隐性知识，有意识地促进书本知识与自己的隐性知识的相互作用、相互融合。这种隐性知识的互动不仅有助于焕发课堂教学本应存在的生命活力，还有助于提高学生的知识创新潜力。

### （二）教师的知识结构

1. 教师知识的功能分类

按功能分类，教师的知识可分为本体性知识、条件性知识、实践性知识和通识性知识（又称文化性知识）。[2][3]

本体性知识是解决"教什么"的知识，指教师所具有的特定的学科知识。例如，学科有关的事实、概念、原理、规律、关系、源流；学科领域的主要诠释架构与原理架构；学科领域研究者探索知识的标准、思考的方式以及知识的功能等。

---

① 郑金洲. 教师专业发展的新挑战、新特征、新角色[J]. 人民教育,2014(7):18.
② 林崇德. 教育的智慧——写给中小学教师[M]. 北京:开明出版社,1999:38-41.
③ 2012 年颁布的"中小学教师专业标准(试行)"将教师应具备的专业知识分为教育知识、学科知识、学科教学知识和通识性知识,这两种分类有着相通之处。

条件性知识是解决"如何教"的知识,指教师具有的教育学、心理学等方面的知识。例如,现代教育思想与教学理念、教育目的与教育价值的知识、课程与教学的知识、青少年心理学知识、学校教育心理学知识、教育科学研究方法知识、心理健康与辅导知识、班级管理的知识、教育政策及教育法规等。

本体性知识和条件性知识属于理论性知识,具有抽象性和概括性。

实践性知识是渗透在教师教育教学情境和行动中的知识,外显于教师日常的教育教学情境和行动中,也可以称为实践智慧,这种智慧很难由别人教会,也很难从书本中获得,需要教师通过长期亲历教育教学实践逐步积累、练习而成。

通识性知识是社会科学知识、自然科学知识和现代科学技术知识等科学文化知识的总和,此类知识与教师个体的基本素质有着千丝万缕的联系。

在四种知识结构之外,作为教师,还应具备一种知识,即表达性知识。表达性知识是指教师以语言或文字表达自己的教育教学思想和观点的知识。

### 2.教师的层次划分

根据个体教学水平、指导学生能力和教学思想表达三个维度,教师可以分为初级、中级、高级三个层次。初级层次的教师在教育教学方面需要准确地传授学生确定性的、符合课程标准和教材范围规定的学科知识。在这一过程中,教师通过模仿前辈的教学方法,不断学习、反思和积淀,在体验、感悟中"打磨",逐渐培养自己的教学能力,形成自己的教学风格。

中级层次教师的教学水平达到了一定的高度,能够总结和提炼学科教学过程中出现的关键点,把握教学环节,反思问题。此层次的教师具有丰富的教育教学经验,具备较高的实践智慧,在教学中能得心应手,得到学生和家长的尊重。在思想提炼方面,多数教师停留在"感觉"和"叙述"的层面,没有上升为"学术"的层面,虽然也在不断地学习和思考,但还没有把自己的经验和智慧外化为具有逻辑性和结构性的语言和文字。

高级层次教师在教学方面积累了渊博深厚的学科知识,具有高超的专业水平和施教能力;在教导学生方面,能够娴熟地运用沟通技巧和教育方法解决学生各类问题。难能可贵的是,位于此层次的教师能做到自觉地学习阅读与教育教学相关的理论书籍和学术文章,并将其内化为自己的"知识库存",在教育教学实践中有独到的行为方式,且能够用学术化的话语表达自己的教学思想。此层次的教师"不仅具有课堂教学知识、技巧与技能,还具有对自己的教学方法、教育内容进行反思、研究、改进的能力,以及对教育的社会价值、个人价值等更广阔的教育问题的探究、处理能力"。①他们是以经验的反思为基础,创造有价值的教育经验的"反思性实践家"。

### 3. 各层次教师的知识需求

不同层次的教师对不同类型知识的需求是有差别的。

高级层次教师在本体性、条件性及实践性知识方面已经达到一定高度,为了得到升华,要对构成本体性知识和条件性知识的元知识(即原理性知识)进行学习,融会贯通各种知识。高级层次教师可以补充阅读赫尔巴特的《普通教育学》、布鲁纳的《教育过程》、杜威的《儿童与教材》和《经验和教育》及有关儿童心理学和教育心理学方面的经典著作。另外,掌握表达性知识,系统地总结自己的教育教学智慧,为更多的教师提供成长的参照物,这是此层次教师的责任和使命。

在本体性知识层面,中级层次的教师需要做到"既要知其然,还要知其所以然",以"知其所以然来确定是否当真知其然"。"真知其然"的首要条件是对本学科的基本知识脉络和基本结构做到清晰理解,教学中应用自如。"任何一门学科,都可以通过把它归结成一系列基本概念的途径,找出它的结构,而结构就是事物之间的相互联系或知识的联系和规律性。"②条件性知识和通识性知识的获得,需要个体发挥主观能动性,充分利用各种学习机会找出自己的缺失并不断弥补。

在条件性知识方面,着重学习关于学生身心发展的知识、教与学的知识和学生成绩评价的知识。理解学生的成长规律、发展规律,为学生提供促进智力发展、社会经验发展和身体发展的机会。

因实践性知识受个体经历的影响,教师应不断评估自己的选择,以及和学生、家长、学习社区中其他专业人士交往时的行为,在向老教师学习、汲取优秀案例的基础上结合个体的体验进行总结反思。同时,可读一些针对性、实用性强,能够提高教学技巧的书籍和文章,以增加自身实践知识。读书过程中要勤思考,使带着问题"找书

① 教育部师范教育司.教师专业化的理论与实践[M].北京:人民教育出版社,2003:342.
② 范燕莹.布鲁纳[M].北京:北京师范大学出版社,2012:100.

看"成为一种习惯,逐渐生成独有的教育机智和实践智慧。

在表达性知识方面,可以先从模仿他人的思想表达入手,逐渐凝练自己的思路,形成自己的语言和文字的表达方式。初级层次的教师首先要系统地研读教材,重新对本体性知识形成自己的认识。例如,了解教学内容的本质、知识产生和发展的背景和脉络,体会教材编者的编写意图;理解教学内容在整个知识体系中的地位和作用;了解学生学习时可能会遇到的困难与问题。其次,要阅读有助于提高专业知识水平、修炼"内功"的专业书籍。

### 三、开展教师专业研究

教师的工作是一种智慧性工作。教师专业的发展中,教师除掌握必要的学科内容和教学技能之外,还必须拥有一种"扩展的专业特性",这种扩展的专业特性要求教师必须成为研究者。教师成为研究者的前提是具备"问题意识"。"问题"是指教师在教育教学过程中遇到的各种典型的、具有一定普遍性的、能够对教育教学产生影响意义的实践问题。例如,对于新任职教师,如何把握课堂教学知识的深度;如何合理控制课后作业的数量和质量;如何对新课教学实施导入和设计;如何理解和把握教材重难点等。[①] "问题意识"则是指教师主动捕捉与把握问题的内涵、外延并努力加以解决的思维习惯,包括发现问题、提出问题、甄别问题和确定问题四个环节,是由浅入深、由易到难的思维过程。

研究的过程要做到三个面向,即面向自我、面向问题和面向事实。通过研究,教师致力于改进教学实践、解决教育教学问题、生成实践智慧及提升教学水平。同时,教师不仅要能"说出来",还要做到"写出来"。文字表达过程是"立言立说",由隐性知识向显性知识转化的过程。教师如何把内隐的、尚未明确的实践理论外化为语言、文字,是否能够逻辑地、系统地表达自己的思想,这是考查教师理论知识水平和文字运用能力的"杠杆"。需要回答的问题是,假设教师能够做到这一点,教育实践会不会失去本真的复杂性、丰富性和生命性?有学者认为,"理论话语中的实践常常是概念

---

① 山西省芮城中学课题组.问题意识与教师的专业发展[C].国家教师科研基金"十一五"阶段性成果集(山西卷),2010-05-01.

化、结构化、逻辑化和抽象化的实践，它'蒸馏'了教育实践的丰富性与生动性，'压瘪'了教育实践的充盈性与多样性，'遮蔽'了教育实践的复杂性与生成性"。① 这种观点点明了文字表达的局限性，仅注重文字的刻画和逻辑的推演，很难再现实践的丰富性和生动性。对于多数中小学教师来说，不能用学术研究的标准来评价教师的文章。严谨的逻辑推演、抽象的学术概念、精准的话语表达注定成为绝大多数教师望而却步的"高峰"。作为工作、生活在真实、具体、丰富、情境化的实践场域中的教师，"只要是对自身面临的问题、学校发展中的疑难经过研究有了更为深刻的认识或是找到了解决问题的方法"，②能够运用准确的文字将其经历过的事件、自己的教学体验表达清楚，就可以被认为是达到了基本要求。

> **■ 案例链接4-1**
>
> #### 寻找教师发展的"鹅卵石"③
>
> 林丽霞
>
> "好不容易有个假期，浪费我们的时间。""校长，我家里有事，学习期间我请假。""为什么我们非要学习这些没用的东西呢?"自从宣布"教育局要求放暑假期间各校组织教师校本培训学习10天"这个通知后，我听到许多教师的抱怨。第一天校本培训学习，通知要求上午9：00开始，可9：30过去了，才到了一半人数，请假的、迟到的占了近一半，弄得我这个培训讲授者好不尴尬!
>
> 第二天，只好实行点名制度，除了个别教师因特殊情况请假外，其余的都到齐了。在讲授学习内容之前，我给老师们耐心讲述了下面这则传奇故事：一天晚上，一群游牧部落的牧民正准备安营扎寨休息的时候，忽然被一束耀眼的光芒所笼罩，他们知道神就要出现了。因此，他们殷切地期盼着来自神的旨意。最后，神终于说话了："你们要沿路多捡拾一些鹅卵石，把它们

---

① 邬志辉.论教育实践的品性[J].高等教育研究,2007(6):15.
② 郑金洲.教师研究的性质[J].上海教育科研,2010(10):5.
③ 林丽霞.寻找教师发展的"鹅卵石"[N].中国教育报,2007-08-07(3).

放在你们的马褡子里。明天晚上，你们会非常快乐，但也会非常懊悔。"说完，神就消失了。牧民们感到非常失望，没想到神会吩咐他们去做这件毫无意义的事。他们虽然不满，但是仍旧各自捡拾了一些鹅卵石，放在他们的马褡子里。就这样，又走了一天，当夜幕降临时，他们忽然发现昨天放进马褡子里的每一颗鹅卵石竟然都变成了钻石。他们高兴极了，同时也懊悔极了，后悔没有捡拾更多的鹅卵石。

其实，在我们的日常工作学习中又何尝不是这样呢？有许多眼前看似鹅卵石一样的东西我们没有及时地捡拾，随便丢弃，总觉得现在没有用。然而，忽然有一天，当我们急需它们的时候，它们就变成了钻石，而我们却不得不为以前没有捡拾它们而懊悔不迭。在我们的教学生涯中，尽量地多收集些鹅卵石，那么有朝一日它们就会变成我们所需要的钻石。为了帮助教师收集更多的"鹅卵石"，这次校本培训，我与教师们一起学习了如下内容：世界教改趋势；教师专业发展；教师自身是最重要的课程；科学与艺术是教师的必需素养；优秀教师角色期待特征；课堂改革对教师的要求；叶澜论基础教育；怎样才能上好一节课；什么是公开课，公开课听什么；怎样写教学日记等。

当我用幻灯片演示文稿系统组织教师学习这些内容时，许多老师认真地做着笔记，一再要求我把讲课速度放慢些，以便多记点。许多教师纷纷发表意见，说刚开始不想学习，可是一旦静下心来，打开了学习的大门，就越学越想学，在校本培训这个"大观园"里，学到了许多知识，对于许多问题，都有豁然开朗的感觉。一开始意见最大的张老师说："我把这次学习内容全都记下来了，我要尽量地多收集些'鹅卵石'，当我以后在教育教学中遇到困难时，它就能够给我提供很大的帮助。"

这则故事所蕴含的哲理，在许多成功教师的教学生涯中已经得到了印证。教师平时的学习积累、培训充电，就是如此。起初学习的一些知识，看似只是一些毫不起眼的"鹅卵石"，但是当在教育教学中感到困惑迷茫、需要指引的那一刻，它们就变成了弥足珍贵的"钻石"。

**■ 点评**

在教师专业发展过程中，教师需要摆脱"实用性"的功利取向，不断地自我学习，自我完善。教师不能期望所学知识在短时间内就能够应用到教育教学实践中。应认识到：只有不断地积累知识，在量变中实现质的突破，才能实现自身的专业发展。

# 第二节　教师群体的专业发展路径

**■ 导入案例**

### 各有所长

1968 年，保罗·艾伦与比尔·盖茨相识于湖滨中学，艾伦比盖茨年长两岁，他丰富的学识令盖茨敬佩不已，而盖茨在计算机方面的天分又使艾伦十分倾慕。就这样，他们成为好朋友，随后一同迈入了计算机王国。艾伦喜欢钻研技术，专注于新技术和新理念的创新；盖茨则以商业为主，他一人包揽了销售员、技术负责人、律师、商务谈判员及总裁等职务。在两个人的默契配合下，微软掀起了一场至今未息的软件革命。

**■ 点评**

### 合作是个体成长的必备要素

自然界有这样一种现象：当一株植物独自生长时，往往显得矮小、单调，而与众多同类植物一起生长时，则根深叶茂，生机盎然。人们把植物界中这种相互影响、相互促进的现象，称为"共生效应"。同理，教师个体专业发展离不开教师群体合作，教师群体之间的良性合作是教师个体发展的重要支撑。本节主要讨论教师群体发展的内涵和意义，教师群体专业发展的路径等。

2010 年,《教育部关于深化基础教育课程改革　进一步推进素质教育的意见》颁布,指出各地要大力推进以校为本的教学研究制度,促进教师的学习、研究和交流。2012 年,"中小学教师专业标准(试行)"明确指出,中小学教师应具有沟通与合作的专业能力,做到与同事合作交流,分享经验和资源,共同发展。有研究表明,教师专业发展的方式是影响专业发展效果的重要因素。有学者曾以教师专业发展的状况为主题,对北京市石景山区 840 名中学教师进行了专项调研。在回答"中学教师专业发展方式"一题时,35.3% 的教师选择了"对自己的教学行为不断反思",31.3% 的教师选择了"同事之间的切磋与探讨"。在课堂教学层面,51.5% 的教师选择"听课并组织集体研讨"。这揭示了教师专业发展的一项重要机制,即同伴互助。[1] 由此可见,教师合作是教师群体专业发展不可或缺的部分。教师个体专业发展要融入教师群体的专业发展之中,为教师群体的专业发展奠定基础,贡献智慧。除了个体性因素,教师个体专业发展与学校氛围、群体支持是密不可分的。

## 一、教师群体专业发展的内涵及意义

### (一) 教师群体专业发展的内涵

教师群体专业发展是指在同一场域内教师团体的专业成长和发展。教师群体专业发展的载体是教师专业合作共同体,"一般是指以学校为基地,以教育教学实践为载体,以教师间的共同学习、研讨、探索为形式,在团体情境中通过沟通、合作、交流,最终实现教师整体成长的提高性组织"[2]。无论是学校还是教师个体,能否得以成功发展,主要影响因素在于组织成员之间能否建立起相互信任和支持合作的关系。教师有必要通过与学校教师群体成员的沟通、互动与合作,清理和建构自己的教学看法与教学观念,同时在他人的协助下,促进自己的专业成长。[3] 在共同体内,教师群体性的学习行为是以个体性学习行为为基础的,教师个体将自己的思考和认知运用语言或文字表达出来,通过移情来思考彼此观念层面的认知,成为共同的受益者。

① 杨明全.教师专业发展新动向新启示[N].中国教育报,2006-05-09(7).
② 牛利华.教师专业共同体教师发展的新模式[J].教育发展研究,2007(12 B):40-43.
③ 钱旭升,靳玉乐.教师个体专业发展与教师群体专业发展[J].教育科学,2007(4):32.

### (二) 教师群体专业发展的意义

**1. 为新手教师提供发展的环境**

在今天的教育教学环境中,作为新手教师,首先要认识到教学作为一项职业的重要性,并应通过文献学习和实践了解好教师的实例;要认识到一个好教师最重要的气质是不停地寻求新的学问和提高自己;要有意识地开发特别的技能和开展日常的工作。[①] 同时,新教师的成长离不开"重要他人"的拉力和推力,否则,新手教师很难独立完成自身的专业发展。新手教师工作中遇到迷茫和困惑时,需要通过对资深教师教学实践的观察、模仿,在前辈的指导和引领下,逐渐体悟教师角色的隐性知识,生成自己的专业技能和实践智慧,解决个人很难解决的教育教学问题并提高解决问题的能力。

**2. 激发教师自觉发展的动力**

在目前知识总量激增、更新速度不断加快的形势下,教师在工作和学习过程中必须超越自我,在教师之间构筑合作型的同事关系,传统的基于竞争的、相互保守教学秘密的同事关系将被合作与共享关系所替代。无论是教师个体的专业发展,还是教师群体的专业发展,都要求教师走出孤立和自我封闭的境地,改变学科本位导致的狭隘的专业素养观,主动自觉地形成"互助小组"。要为日常工作中存在的实践问题的解决寻找合作的机会,在共同体的学习中及时交流信息,将个体学习融入群体中,实现群策群力,个人与群体共同发展,逐步走出"小我",融入"大我"。在共同利益或互惠利益的基础上,每位教师不仅个体教学水平得到助益,还可以为学生全面健康的成长提供有益的保障与支持。

**3. 有助于建设优质的教师合作文化**

在群体效应的影响下,建设教师合作文化是改造教师个体价值观的有效路径。教师合作文化是教师之间按照某种合作方式,在互动中相互开发、信赖、协作、支持以

---

① 富兰. 变革的力量:透视教育变革[M]. 中央教育科学研究所,加拿大多伦多国际学院,译. 北京:教育科学出版社,2004:154.

达成一定目标,从而促进教师共同发展的关系。① 合作的前提是尊重彼此间存在的差异,这种多元化能够使教师汲取彼此的经验,对问题的复杂性生成新的理解,有助于教师实践智慧的生长。合作是一种意愿,一种态度,更是一种能力。基于地位上的平等、对话上的民主、交流上的开放,可以形成良好的沟通氛围和人文环境。

在合作过程中,参与者要不断拓展合作的范围与内容,例如,课堂教学研究、教学艺术探讨、作业设计与布置、试题(错题)库建设、课程资源的开发和利用、学生管理等;要基于专业需要寻找合作者,从同备课组、同教研组、同年级组寻找合作伙伴;要在合作活动中既尊重别人的观点,又能主动地陈述自己的想法,在完成任务的过程中贡献和发展自己的智慧;要重视知识创新,教师合作并不是"坐在一起工作",或者分担工作量,也绝不仅仅是激发教师工作的情感和动机,而是彼此智慧的激发,对知识、技能以及实践经验的总结和推广。②

**知识卡片4-1**

### 教师集体反思的意义③

**一、认识和改变自己**

这种学习方法的提出本身就是建立在思考"如何改变性格"这个议题的基础上,通过对思想的追本溯源可以达到认识自我和改变自我的目的,集体反思学习最终就是要改变我们的思想、行为和性格。从无意识到有意识,从有意识到潜意识和下意识,这个过程本身就是认知、理解、学习、行动、习惯的过程。使用集体反思学习的方法可以实现这个过程,让优秀变成一种习惯。

**二、培养良好思维模式**

集体探讨是打破思维定式、突破思维局限的有效方法,我们每一个人的思维都有其局限性,这是我们的成长、教育、经验、学习等多种因素共同决定的。有时候我们不能理解别人不一样的想法,而这种不一样的想法就代表了不一样的心智模式和思维模式,通过反思学习可以修正我们的思维模式

① 郝明君,靳玉乐.教师文化的变革[J].中国教育学刊,2006(3):70-71.
② 赵小雅,崔允漷.合作是教师重要的专业品性[N].中国教育报,2007-05-08(5).
③ 赵小雅,崔允漷.合作是教师重要的专业品性[N].中国教育报,2007-05-08(5).

和心智模式。世界应该是多元的,允许不同的声音存在,我们应该包容各种思想和思维。

### 三、提升解决问题能力

这种解决和分析问题的思路和做法毫无疑问可以锻炼和提升我们解决问题的工作能力,我们循着这种思路可以彻底找到问题发生的根源,以及预防问题的有效方法。这种方法与企业倡导的全员持续改善的管理手段也不谋而合,不论是理念还是方法,都是一脉相承,只是集体反思学习实现了更进一步的深入。

### 四、掌握一种学习的方法

反思作为哲人们的工作方法,越来越被我们普通人,特别是管理者所使用。反思是经验学习的工具,经历必须经过反思,才能升华为经验知识。生活和工作都需要反思,其实我们每一个人都无时无刻不在思考,但对思想本身的思考还需要进一步加强。

## 二、合作共赢:教师群体专业发展的路径

彼得·圣吉(Peter Senge)在《第五项修炼——学习型组织的艺术与实务》一书中提出学习型组织需要经过五项修炼,即超越自我、改善心智模式、建立共同愿景、团队学习、系统思考。构建教师群体专业发展的机制,实现合作共赢,同样需要做到这五点。在教研活动、课题研究和集体培训等团队学习活动中构筑专业发展的共同愿景,在知识的研讨中生成新的认知,在系统思考中逐步改善个体行为背后的信念和知识因素,不断超越自我。

### (一)教研活动

俗话说:"凡事预则立,不预则废。"教研活动需要进行精心的策划和准备,才能达到预期的效果。教研活动的组织策划水平在很大程度上影响着活动的质量与效益,也影响着活动的持续开展。另外,教研活动的评价也对教研活动的质量提升起着重要的作用。

学校的教研活动参与者一般由年级学科召集人、学科骨干教师及普通教师构成。活动中，"教师个体可以将课堂心得、点滴经验、科研灵感进行及时记录，形成个体知识的积累；通过与其他教师进行各种形式的交流沟通，对其中有价值的内容'反复与提取''陈述与比较''讨论与理解'，最终使更多教师接受，形成群体的共识，完成个体知识向群体知识的转化"①。

1. 确定教研活动主题

教研活动主题的确立应始于对教师的需求分析。通常情况下，组织者可以通过座谈、问卷调查、开放性征集和意见征询等方式了解教师的需求，尤其是对课堂教学实践中出现的问题进行观察和分析，针对具体问题设定活动主题和目标要求。应在教师个体需求的基础上把握团队需求的本质，将需求进行归类，分清重要程度和迫切程度，由此确定教研活动主题并设计活动过程。② 组织者在对教师需求进行调查分析的基础上，还应了解、把握新课程背景下学科教学的发展走向及教师专业发展需要关注的核心能力和技能要求，并以此作为教研活动主题策划的重要依据。在做教研活动策划时，应对活动的结果进行预测，回答"本次活动究竟能给教师带来什么"，不断进行有效性追问与预估，在这个过程中修改完善方案。

2. 设计活动实施方案

在教研活动流程的设计安排上，将每一个环节中的学习任务告知参与教师，有助于他们搜索目标，寻找路径，适时、适当、有深度地介入教研活动中，有效避免活动过程中主题的偏离与中心的转移。教研活动的流程设计应该注意三个方面：一是及时追问。在教研活动中，许多有价值的观点和想法是在追问中生成的。二是现场点评与小结。现场的即时点评有助于促进观点和建议的生成，并引导研究的进一步深入。三是记录、整理与再研究。教研活动中有些生成性问题，可能未必在第一时间就被觉察。因此，组织者或参与教师应养成对教研活动进行再研究的习惯，及时认真地将教研活动之后的想法、观点和对今后教育教学的改进意见整理出来，以便发现新的收获

---

① 刘罡,白成杰.协同学习:促进教师群体专业发展的新机制[J].当代教育科学,2010(9):34.
② 季平.教研活动策划的有效性研究[J].教育理论与实践,2013(29):16-17.

和体悟,形成新的共识和实践行为跟进。

3．评估活动开展的效果

对教研活动而言,活动主题、方案设计、实施过程及活动效果等,是决定教研活动质量高低的重要因素。因此,可以重点从这几方面来对教研活动的质量进行评价。下面的教研活动评价表格主要体现了各方面的评价指标。①

表 4-1　教研活动评价表

| 评价项目 | 评价指标 | 评价等级 | | | | 备注 |
| --- | --- | --- | --- | --- | --- | --- |
| | | 优 | 良 | 一般 | 差 | |
| 活动主题 | 1.活动主题与教师需求及教学实际的关联程度如何? | | | | | |
| | 2.活动主题是否兼具典型性与普遍性? | | | | | |
| | 3.主题对提高教学效益有多大贡献? | | | | | |
| 方案设计 | 4.方案设计的可行性怎么样(是否充分考虑教研组实际)? | | | | | |
| | 5.流程设计的合理程度怎么样,方案是否完备? | | | | | |
| | 6.方案设计是否有特色与创新性? | | | | | |
| 实施过程 | 7.教师参与度如何? | | | | | |
| | 8.互动交流气氛如何? | | | | | |
| | 9.理论与实践结合度如何? | | | | | |
| | 10.与研究主题相关的资源利用率(包括人、物、技术等利用情况)如何? | | | | | |
| 活动效果 | 11.形成共识的程度如何? | | | | | |
| | 12.行为改进或问题解决程度如何? | | | | | |
| | 13.有价值的生成性问题产生了多少? | | | | | |
| | 14.参与者的收获怎么样? | | | | | |

---

① 陈坚.教研活动的策划、流程与评价[J].教学与管理,2012(31):35.

**知识卡片 4-2**

## 浅谈如何促进教师的专业成长之集体备课、评课①

卢伟升

### 一、如何进行集体备课

集体备课应坚持"资源共享、优势互补、酌情加减、课后反思"的原则。其一,备课时间、地点、人员制度化:以教研组为单位,每周固定时间在各办公室集体备课。其二,备课内容和主备人员制度化:教研组每人主备一至两个单元,就这个单元的内容进行细致、深入的备课。每周教研组活动时,按单元由负责主备的老师先讲解自己所备单元的整体思考和每课的重难点、教学设计以及教具准备等;其他老师边听边在课本上做详细的记录,然后全组老师共同商议,制订出一份比较完善的教案。其三,个性修改制度化:每位老师根据个人教学风格及本班学情,对集体备课教案进行再创造,使之成为一份符合个人特色和本班教学情况的个性化教案。其四,及时反馈制度化:在集中教研组集体智慧并加以个性化修改后,效果如何,要及时反思,做好后记,交流总结得失,形成习惯。

实施"三级备课",即自备、复备、完善。自备,教师分到备课任务后,根据备课要求先行备好教学设计;复备,备课组活动时,由备课教师先行说课,备课组成员就该教案的不足之处提出修改意见,备课教师根据成员意见修改教案;完善,各教师根据实际情况补充教案,使之更为完善,并在教后及时填写好"教后札记",完成"教学反思"。由于新课程课堂教学的动态生成性,在由个人备课向个人与集体合作备课转变的同时,集体备课还应提倡由静态备课向动态备课转变;由于备课是终身随时的感悟,不仅仅是写在纸上的文字,因此集体备课应由文字教案向文字与思维相结合的教案转变。

---

① 卢伟升.浅谈如何促进教师的专业成长之集体备课、评课[EB/OL].[2023-10-20].http://www.zjjyedu.org.

## 二、如何进行集体评课

授课、说课、听课、评课是学校反思性教研的常规工作,集体评课也是许多学校的日常教研工作。一次集体评课,就是一次有意义的案例引领式的培训。以一个个鲜活的课堂教学范例为载体,通过对课例的点评和分析,共同提炼出老师们平日教学中的问题和困惑,再合作设计突破的方案,并从教学实践中得到验证,从而提升教研质量。

组织由下至上的集体评课,即先由备课组交流评议,再以"宣讲"或"沙龙""培训"等形式组织全体老师集中评课,为老师们集体评课创设对话性、民主式、具有指导意义的研讨氛围。在集体评课的过程中,对于参与的老师要做到人人有分工,由学习层的教师做课堂实录的记录,由资深教师整理、宣讲评课稿或案例分析,并尽可能由专家教师提炼有指导意义的教学问题和教学困惑,保证参与的所有老师都进行讨论交流。

集体评课应达到以下目标:其一,评出方向。以教学为媒介、课例为载体的集体评课聚合老师们的视野,提出并解决共同关注的教学问题,帮助老师找到教学研究的方向。其二,评出进步。有人说:"教师之间的广泛交流是提高教学能力最有效的方式。"老师们在具有浓厚研究氛围的集体讨论中时常迸发出教学灵感,还有的从交流中受到启发,找出解决问题的办法,这就能加快老师教研能力提升的速度。其三,评出团结。每一次集体评课就是一次宝贵的学习机会,教师与教师之间的互动、沟通、分享,会促使老师们用开放的心态彼此发现、彼此欣赏、彼此接纳,促进教师间的团结。课前,先提炼教师真实的教学困惑与问题,带着实际需要解决的问题进行教学设计;课中,以探求解决问题的策略和方法进行教学;课后,选取多方对话、自我反思的话题,引入视频案例的技术,引发教师思维碰撞,提升案例讨论的理论水平和教师理性思考的高度。

### （二）课题研究

苏霍姆林斯基曾言："如果你希望教师的劳动能够给教师带来乐趣，使天天上课不至于变成一种单调乏味的义务，那你就应当引导每一位教师走到从事研究这条幸福的道路上来。"教师从事研究的最终目的不仅仅只是改进教育实践，还可以改变自己的思维方式和生活方式，体会到自己存在的价值和意义，摆脱"拉磨循环式"的成长模式，逐步实现"螺旋上升式"的专业发展。

课题研究是指教师选择日常工作中自己感兴趣、有价值的教育教学问题，以教育学、心理学的基本原理为依据，开展有目的、有计划、有行动、有反思、有成果的专题研究。中小学教师的课题研究主要源于某一学科领域或是一定范围内的问题。例如，学校教学工作、德育工作及学校管理工作等等。① 对于一线教师而言，课题研究是一种实践性研究，其主要目的是改进实践，解决教育教学实践中遇到的问题，即身边的问题、课堂中的问题、教学中的问题、自身发展中的问题以及学校管理中的问题。这些问题符合教师生活世界的真实情景，是教师应该研究、值得研究和可以研究的课题。在研究的过程中促进自己去总结和反思，促进自己的专业成长，提高教育教学的质量。知识卡片4-3《教师如何做课题》简要介绍了教师开展课题研究的各个基本步骤。

 **知识卡片 4-3**

**教师如何做课题**

1. 确定研究题目

选题既要简明贴切，又要新颖醒目。尽可能在题目中表明研究对象、研究问题、研究视角、研究方法。如：课堂教学中培养小学生良好口语表达能力的研究；某中学心理健康教育的目标制定、实施与检测研究；农村小学高年级学生英语口语交际能力的培养路径的研究与实践；等等。

---

① 刘本剑.中小学教师教育科研课题选择问题探析[J].江西教育科研,2006(10):52.

2. 围绕选题内容查阅文献资料,做好文献综述

通过中国知网、万方数据库、中国国家图书馆等网络资源查找已有的相关研究成果,进一步了解所选题目的扩展性知识,提升自己的理论素养,为课题研究寻找理论支撑,确定研究的基点。

文献综述就是在对文献进行阅读、选择、比较、分类、分析和综合的基础上,用自己的语言对某一问题的研究状况进行综合叙述。重点考察研究者对文献进行归纳分析和梳理整合的综合能力。文献综述在阐述国内外同类课题研究状况时,不应局限于已有文献的罗列,而应对以往研究的优点、不足和贡献进行分析与评论,而且对引述的文献应有所选择,最好是选择近5～10年学术研究中有影响力的同类研究成果。具体表述可以首先介绍与题目相关的国内外研究情况,然后进行评述,点出已有研究特别是其在选题将要探讨的问题上存在的不足之处。

3. 撰写课题研究背景和意义

研究背景部分需要指出:是什么原因促使选择这个课题进行研究,为什么要进行研究,即研究的缘由。写作要做到分层分段、要点明确,段首最好有个简短的中心句;各层意思之间要讲究逻辑的顺序,不交叉、不重复;最后部分点明本课题研究的特色及亮点。

研究的意义是指在理论上,发现可以进一步研究的内容。说清楚从文献综述中选出来的这个题目在整个相关研究领域占什么地位。在实践上,此研究可能对现实有什么意义,可能在实际中起到什么作用,等等。

4. 选题研究方法的选择

如问卷调查法、观察法、行动研究方法、实验法等。

5. 课题研究程序的"八步行"

第一步:制订学期(年度)研究计划。

确定每学期、每学年研究的重点是什么?研究期间将开展几次研讨活动?将形成什么样的研究成果?学期末、年底对照计划,看看研究工作进展

得怎样?课题组内每名成员应该有个人的研究计划。

第二步:寻找课题研究的重点。

确定课题的重点和关键问题,并分解重点和关键问题。

第三步:结合日常工作开展研讨活动,组织论文写作。

将论文写作活动转变为一种成果交流活动。如:相互修改论文和教案;组织成果汇报课;组织成果展示会。

第四步:做好年度小结,进行阶段论证。

积累研究资料,建立课题档案。研究资料是指在整个研究过程中出现的各种信息,这些信息能为分析和解释研究结果提供依据。包括:会议资料、教案资料、课例(案例)资料、论文资料、学习与培训资料、研究数据等发表成果。课题组要把所有课题活动的过程记录下来,收集所有与课题有关的过程性资料,进行归类整理。

第五步:撰写研究报告。

研究报告的基本要素为:课题的提出;课题的界定;课题研究的目的、意义、主要研究内容;课题研究的实施过程(主要研究方法、实施步骤、主要措施等);主要研究成果或者结果;讨论与反思;主要参考文献。

第六步:准备结题材料。

研究资料主要包括主体材料和附件材料。主体材料为:研究报告、课题立项申报表、立项通知书、研究方案、专家论证意见、课题研究的过程材料(实施计划、阶段小结、阶段性成果、研究工作的原始资料等);附件材料为:研究计划、相关系列论文、课例、证书、活动记录、子课题研究材料、佐证材料(如会议安排、报道等)等。

第七步:申请结题。

写出结题申请,提交研究报告,召开结题会议。

第八步:推广阶段。

修改研究报告;开展后续研究;申报成果评奖;成果的转化与推广。

### (三) 专业培训

教师培训是促进教师专业发展的一种有效途径,是职后教师教育的重要内容之一,它与教师职前培养、入职教育共同构成完整的教师教育内容。近年来,在推行素质教育和新课程改革的背景下,不同层次、类别、规模的教师培训活动如火如荼。国家和地方、学校都投入了大量的人力和财力。对于教师而言,需要从以下三个方面思考,如何做到有效参与培训,提高专业知识水平、技能,改善内隐的教学观念,以便更有效地从事教育教学工作。

#### 1. 带着问题入场

教师在工作实践中总会遇到一些困扰自己的问题,有的能通过向他人请教得以解决,有的能在实践中摸索着解决,有的难以破解,逐渐形成难题。培训之前,教师应有意识地总结问题,将问题归类。在培训的课堂中,提出问题,认真与专家学者进行讨论,并结合自己的实际情境,生成新的认知和解决策略。教育教学实践千差万别、千变万化,具有情境的丰富性、复杂性和多样性,并不是所有教育教学实践都能用一般性的理论来诠释。在学习的过程中,如果发现授课者的观念与自己的教学实践不相符,要做到主动发问,敢于质疑。教师不能迷信权威,人云亦云,而是要通过自主思考、同行探讨和求助专家,在"相互过招"的过程中提升学习兴趣和动力。同时,在与其他教师的交往中主动向他人请教,挖掘其他教师在其专业发展中所积累的成功经验和失败教训,以及处理疑难问题的实践智慧。

#### 2. 学会记录和理解

在集体培训过程中,教师要学会记录。记录讲授内容的结构体系和核心思想,记录令自己豁然开朗的启发性语言、课例或事件。课后,对讲座内容进行个性化重构,思考听课时的心得体会,对讲座内容进行延伸、质疑和自我诠释;结合工作经历对自己某些行为予以肯定、批评、强调和改进等。同时,倾听是理解的前提。参加培训的教师先要"悬置"自己已然形成的片面的、零散的、感性的、理想化的观点,立足讲授者的角度,循着讲授者的思路,仔细倾听、体会、消化和理解讲授者的观点。思考是理解的关键。教师要深入思考讲座内容和前期准备的问题,潜心体会主要观点和实施方法,将学习到的知识点与自己已有的经验建立联结,力争通过理论与实践相结合的方式,发现自己在教育教学中的问题与不足。例如,学习到的理论知识是否适合解读自己的教育教学实践?如何运用这些理论来指导自己的实践和研究?培训后,教师有必要对自己的学习心得进行分门别类的整理,进一步思考、选择和整理自己听课时的"新发现",结合所学理论,再次比照、反观和重审自己以往的教育教学行为,对那些习以为常的教学事件和教育生活进行重新思考、质疑,从中寻找自身问题,探索改进方法,从而完成对自己、对教育教学活动的再认识。

## 本章小结

本章主要介绍了教师个体与教师群体专业发展的路径。在教师个体专业发展的过程中,首先,强调教师学习的个体性、自主性和自发性,重视教师的创造性和独特性,充分挖掘教师自身的潜能,明确教师发展的价值取向,有意识、有目的地建构出对未来的愿望和景象。教师在充分认识自我能力和水平的前提下,做好对自身专业成长的各个阶段的规划和内容重点的设计。坚守教育的理想,在学习和研究的道路上不断唤醒自己、触动自己、提升自己。追寻教师的专业幸福,形成教师的专业幸福感,消解教师的职业倦怠。

其次,要改进教师的知识结构,改变自己只是一个显性知识"传递者"的观念。帮助学生理性地分析和检查自身隐性的认识模式,不断提高元认知水平,使学生能够有意识地在教学活动中丰富与修正自己的隐性知识,有意识地促进书本知识与自己隐性知识的相互作用、相互融合,培养学生的创新能力。同时,整合教师知识结构,结合理论与实践,形成终身学习的意识,注重专业"内功"的修炼,不断向高级层次的教师靠拢。

最后,开展教师专业研究,使教师从知识的传授者逐步转向研究者。教师是教育活动的实践者,直接面向学生,是教育研究中最有发言权的人。教师应当用准确的文字、清晰的逻辑表述自己的教学实践、体验和教学反思。

在教师群体的专业发展过程中,要注意教师群体的合作交流,共同成长和发展。教师合作交流,可以为新手教师提供发展的环境,为他们提供向资深教师学习和交流的平台,使新手教师在检验自己的专业知识和专业技能、完善自我的过程中逐渐生成实践智慧。教师合作交流有利于构建优质的教师合作文化,形成良好的工作环境,激发教师工作的情感和动机,使实践经验和智慧得到总结和推广。教师应当积极参加教研活动和集体培训,实现合作共赢。

## 思考与练习

1. 结合自己所学的专业,设计一份知识结构图表。

2. 结合本章中所谈的观点,撰写一篇关于自己专业发展路径的论文。

3. 教师个体的成长离不开群体的合作,请访谈两到三位中小学教师,倾听他们与同事合作的故事,设计好访谈提纲,撰写一篇访谈报告。

## 参考文献

[1] 陈向明. 质的研究方法与社会科学研究[M]. 北京:教育科学出版社,2000.

[2] 陈永明,等. 教师教育学[M]. 北京:北京大学出版社,2012.

[3] 鲁洁. 教育社会学[M]. 北京:人民教育出版社,1990.

[4] 马什. 理解课程的关键概念[M]. 徐佳,吴刚平,译. 北京:教育科学出版社,2009.

[5] 富兰. 变革的力量:透视教育改革[M]. 中央教育科学研究所,加拿大多伦多国际学院,译. 北京:教育科学出版社,2004.

[6] 富兰. 教育变革的新意义[M]. 武云斐,译. 上海:华东师范大学出版社,2010.

[7] 操太圣,卢乃桂. 伙伴协作与教师赋权:教师专业发展新视角[M]. 北京:教育科学出版社,2007.

[8] 石中英. 教育哲学导论[M]. 北京:北京师范大学出版社,2002.

[9] 叶澜,等. 教师角色与教师发展新探[M]. 北京:教育科学出版社,2001.

[10] 佐藤学. 课程与教师[M]. 钟启泉,译. 北京:教育科学出版社,2003.

[11] 佐藤学. 学习的快乐——走向对话[M]. 钟启泉,译. 北京:教育科学出版社,2004.

[12] 佐藤学. 宁静的课堂革命:教师的挑战[M]. 钟启泉,陈静静,译. 上海:华东师范大学出版社,2012.

# 第五章　教学设计基本技能

## 学习目标

1. 明确教学设计的基本流程。
2. 熟悉相关学科课程标准,了解相关学科教材内容。
3. 能叙写规范的教学目标。
4. 会设计合格的教学方案。

## 学习要求

| 知识要点 | 能力要求 | 相关知识 |
|---|---|---|
| 课程标准与教材分析 | (1)理解与分析相关学科课程标准的能力<br>(2)分析相关学科教材内容的能力 | (1)课程标准的性质<br>(2)课程标准的分析与处理<br>(3)教材分析的内容与步骤 |
| 教学对象的了解 | 根据实际了解学情的能力 | (1)了解学生的内容<br>(2)了解学生的途径 |
| 教学目标的设计 | (1)理解三维目标的含义<br>(2)设计规范教学目标的能力 | (1)设定教学目标的依据<br>(2)三维课程目标的含义<br>(3)全面、具体、可测教学目标的设计 |
| 教学方法的选择 | (1)了解教学方法的具体分类<br>(2)在教学中选择教学方法的能力 | (1)以语言表述为主的方法<br>(2)以直接感知为主的方法<br>(3)以实际训练为主的方法<br>(4)以引导探究为主的方法<br>(5)选择教学方法的策略 |
| 教案的书写 | (1)了解教案的组成和格式<br>(2)根据具体内容书写教案的能力 | (1)教案的组成部分<br>(2)教案的基本式和变式 |

教学是一种有目的、有计划的活动,需要教师预先设计教学活动过程,为上课做好充分准备。教学设计是运用系统方法,将学习理论与教学理论转换成对教学目标、教学条件、教学方法、教学评价等教学环节的具体计划的系统化过程。① 教学设计是教师的基本

---

① 何克抗,郑永柏,谢幼如.教学系统设计[M].北京:北京师范大学出版社,2002:5.

专业技能,教学设计水平直接影响教与学的质量。本章是对教学设计过程的概要介绍,包括研析课程标准与教材、研究教学对象、设定教学目标、选择教学方法、编写教学方案。

# 第一节　研析课程标准与教材

**导入案例**

### 教学中的预设与生成[①]

李老师教授庄子《逍遥游》时提问:"人生有绝对的自由吗?"有学生回答:"自由是有条件的,人如果永葆天性自然发展,就可实现'绝对自由'。"有学生说:"人若无拘无束、自由自在地生活,就是一种'绝对自由'。"还有学生说:"只要人做到闲适自得、与世无争就能'绝对自由'。"……这时,有学生突然反问教师:"老师,您说呢?"李老师沉思了一会儿说:"你们说得都很有道理,体现了一种天人合一的精神自由观。透过庄子《逍遥游》的思想内容可知:他主张无所依凭,追求其精神世界的绝对自由。但庄子眼里的万事万物总是在对立中相互依存而浑然一体的,只有做到'无己''无功''无名',顺应自然天道而无为,方可达到绝对自由。这显然是他守定无心之境而洁身清心的理想追求。"其实,李老师原来准备的答案是"没有,这是庄子超凡脱俗观念的最高精神境界"。李老师在动态变化的课堂上,灵活修正了自己预设的答案,体现了师生互动中的变通性。

**点评**

### 年轻教师讲好一堂课,先要苦练教学基本功

年轻教师主要的教学工作是按照课程标准、教材、教案要求讲好每一堂课,这是年轻教师需要突破的第一个关口,也是树立职业自信的关键。此阶段

---

① 张朝昌.语文教学预设的"是"与"非"[J].语文建设,2020(17):44-46.

的教师主要存在"讲不下去、讲不清楚、讲不精彩"的问题。

"讲不下去"表现为教师讲解不熟练、思路不流畅、照本宣科,讲课如背课,原因在于备课不充分,达不到脱稿上讲台的条件,未充分理解所要讲授的教学内容,未将其内化为自身的教学思路和语言。

"讲不清楚"表现为教师授课思路不清晰、重点不突出、难点没讲透,教学目标达成度不高,原因在于没有从学的角度遵循教学逻辑设计课堂教学,未规范、灵活运用各种教学方法。

"讲不精彩"表现为教师未充分调动学生学习积极性,讲授没有激情,原因在于课堂教学科学性有余、艺术性不足,没能充分挖掘出课程教学内容所蕴含的思维、情感、态度、价值观之"美"。

夯实教学基本功是年轻教师的专业发展重点。教师需在扎实的学科专业基础上通过"备课程、备教材、备学生"的三备工作,深入了解教学对象的知识技能、学习兴趣和习惯等情况,苦练说（教学语言组织运用）、写（板书和媒体设计运用）、作（服饰仪表、形体姿态、动作姿态、情感态度等教态）、演（课堂教学设计与组织实施）四项教学基本功,在勤奋实践中获得发展。

## 一、研读课程标准

### （一）课程标准的性质

国家课程标准是国家对基础教育课程的基本规范和要求。《基础教育课程改革纲要（试行）》明确指出,课程标准是教材编写、教学、评估和考试命题的依据,是国家管理和评价课程的基础;应体现国家对不同阶段的学生在知识与技能、过程与方法、情感态度与价值观等方面的基本要求,规定各门课程的性质、目标、内容框架,提出教学和评价建议。[①]

---

① 中华人民共和国教育部. 基础教育课程改革纲要（试行）［EB/OL］. http://www.gov.cn/gongbao/content/2002/content_61386.htm.

对课程标准性质的理解,应该把握以下几点。

- 课程标准主要是对学生在经过某一学段之后的学习结果的行为描述,而不是对教学内容的具体规定(如教学大纲或教科书)。

- 它是国家或地方制定的某一学段统一的基本要求,而不是最高要求。

- 对学生学习结果行为的描述应该尽可能是可理解的、可达到的、可评估的,而不是模糊不清的,可望而不可即的。

- 它隐含着教师不是教科书的执行者,而是教学方案(课程)的开发者的含义,即教师是"用教科书教,而不是教教科书"。

- 课程标准应该涉及作用于一个完整个体发展的三个领域:认知、情感与动作技能,而不仅仅是知识方面的要求。①

### (二)课程标准的框架

课程标准的框架是指课程标准的具体格式,主要是规范一个国家或地方的各个领域或各门课程在学生学习结果方面的陈述方式。各国的课程标准框架多种多样,但基本格式是一致的。为了便于标准制定者的研制和教师的理解与接受,在充分考虑我国教育传统与理论背景以及标准本身的可传播性的情况下,在国际比较与充分讨论的基础上,我国课程标准也初步形成了一种尝试性的框架。以我国"义务教育课程标准(2022 年版)"为例,课程标准的基本框架包括:

1. 前言:阐述课程标准的指导思想、修订原则、课程方案和课程标准的主要变化。

2. 课程性质:阐述某一学科和某一课程的基本内涵和本质特征等。

3. 课程理念:阐述某一课程在课程目标、课程内容、课程实施、课程评价等方面的基本理念。

4. 课程目标:课程目标的确定主要立足学生核心素养的发展,集中体现某一课程的育人价值。主要包括该课程的学科核心素养内涵、总目标和学段目标。总目标和学段目标的呈现方式和内容因课程不同而有所差异。

5. 课程内容:根据课程目标,用具体可测的行为动词阐述学生在不同阶段应实现

---

① 钟启泉,崔允漷,张华.为了中华民族的复兴,为了每位学生的发展——《基础教育课程改革纲要(试行)》解读[M].上海:华东师范大学出版社,2001:172.

的学习目标和掌握的学习内容。不同课程划分的内容有所不同。如:数学课程分为四个学习领域:数与代数、图形与几何、统计与概率、综合与实践;根据通史叙事的结构和 7 ~9 年级的学段要求,历史课程内容包括中国古代史、中国近代史、中国现代史、世界古代史、世界近代史、世界现代史,以及跨学科主题学习,共七个板块;生物课程内容选取以下 7 个学习主题:"生物体的结构层次""生物的多样性""生物与环境""植物的生活""人体生理与健康""遗传与进化""生物学与社会·跨学科实践"。

6. 学业质量:学业质量是学生在完成课程阶段性学习后的学业成就表现,反映核心素养要求。学业质量标准是以核心素养为主要维度,结合课程内容,对学生学业成就具体表现特征的整体刻画。这部分内容主要包括学业质量的内涵和学业质量的具体描述。

7. 课程实施:为确保国家课程标准在绝大多数学生身上实现,减少课程设计与课程实施中间环节的"落差",需要在国家课程标准中附带提供推广或实施这一标准的建议,主要包括教学建议、评价建议、教材编写建议、课程资源开发与利用建议、教学研究与教师培训建议等。同时,要求在易误解的地方或出现新的重要内容的地方,提供适当的典型案例,便于教师理解,这也是引导一种新观念产生的有效方法。

**案例链接5-1**

**《义务教育语文课程标准(2022 年版)》目录**[①]

---

① 中华人民共和国教育部. 义务教育语文课程标准(2022 年版)[S]. 北京:北京师范大学出版社,2022:1.

**案例链接 5-2**

**《义务教育语文课程标准(2022 年版)》学段目标与内容**①

第一学段(1~2 年级)

【识字与写字】

1.喜欢学习汉字,有主动识字、写字的愿望。认识常用汉字 1600 个左右,其中 800 个左右会写。

---

① 由于篇幅所限,本书无法完整提供各学科课程标准,可根据学习需要选择相应学科课程标准。

2.学会汉语拼音。能读准声母、韵母、声调和整体认读音节。能准确地拼读音节,正确书写声母、韵母和音节。认识大写字母,熟记《汉语拼音字母表》。

3.掌握汉字的基本笔画和常用的偏旁部首,能按基本的笔顺规则用硬笔写字,注意间架结构,初步感受汉字的形体美。努力养成良好的写字习惯,写字姿势正确,书写规范、端正、整洁。

4.学习独立识字。能借助汉语拼音认读汉字,学会用音序检字法和部首检字法查字典。

【阅读与鉴赏】

1.喜欢阅读,感受阅读的乐趣。学习用普通话正确、流利、有感情地朗读课文。学习默读。

2.结合上下文和生活实际了解课文中词句的意思,在阅读中积累词语。认识课文中出现的常用标点符号,在阅读中体会句号、问号、感叹号所表达的不同语气。借助读物中的图画阅读。

3.阅读浅近的童话、寓言、故事,向往美好的情境,关心自然和生命,对感兴趣的人物和事件有自己的感受和想法,并乐于与他人交流。诵读儿歌、儿童诗和浅近的古诗,展开想象,获得初步的情感体验,感受语言的优美。

4.尝试阅读整本书,用自己喜欢的方式向他人介绍读过的书。养成爱护图书的习惯。

5.积累自己喜欢的成语和格言警句。背诵优秀诗文50篇(段)。课外阅读总量不少于5万字。

【表达与交流】

1.学说普通话,逐步养成说普通话的习惯,有表达交流的自信心。

2.能认真听他人讲话,努力了解讲话的主要内容。听故事、看影视作品,能复述大意和自己感兴趣的情节。能较完整地讲述小故事,能简要讲述自己感兴趣的见闻。与他人交谈,态度自然大方,有礼貌。积极参加讨论,敢于发表自己的意见。

3. 对写话有兴趣,留心周围事物,写自己想说的话,写想象中的事物。在写话中乐于运用阅读和生活中学到的词语。

4. 根据表达的需要,学习使用逗号、句号、问号、感叹号。

【梳理与探究】

1. 观察字形,体会汉字部件之间的关系。梳理学过的字,感知汉字与生活的联系。

2. 观察大自然,热心参加校园、社区活动,积累活动体验。结合语文学习经验,用口头或图文等方式整理、表达自己在活动中的见闻和想法。

3. 对周围事物有好奇心,能就感兴趣的内容提出问题,结合其他学科的学习和生活经验交流讨论,尝试提出自己的看法。

在落实以上要求的过程中,注重引导学生关注中华优秀传统文化在日常生活中的体现,初步感受中华优秀传统文化的重要价值;初步懂得幸福生活是革命前辈浴血奋战、艰苦奋斗换来的,激发对革命领袖、革命家、英雄人物的崇敬之情。

### (三)课程标准的分析与处理①

课程标准是教材编写最基本的依据。教师可通过研究课程标准,整体了解本学科教学内容安排,明确所教学科的具体学习目标和要求,掌握课程与教学内容的深度和广度,规划内容的序列安排,确定教学的大致进度。

教师在分析与处理课程标准时,需要把握以下几点。

第一,把教学内容与课程目标、教学原则和方法联系起来理解,细化和分解课程标准中较为概括和凝练的语言,理解课程目标在特定位置所要达到的特定目的,掌握

① 倪娟,沈健.尊重实践逻辑:教育理论假设成立的必然要求——中学理科课程标准弹性化问题研究[J].教育研究与实验,2009(2):82-87.

教学的侧重点。

第二,课程标准基于九年一贯的设计思路,要求教师把课程标准规定的各部分教学内容联系起来整体把握。为保证学生能密切联系各门学科和前后衔接所学内容,有时教师了解相近学科的课程标准也是必要的。

第三,根据学生的实际情况处理教学内容。义务教育课程标准的研制,考虑到我国教育发展不均衡、地区差异显著,在增加课程弹性的同时增加了课程的选择性,体现了对不同地区、不同人群需要的满足。此外,课程与教学内容按照不同学段要求作了详细的规定。这对教师课程与教学内容调适能力的要求更高,要求教师能够清楚地了解学生的接受能力,灵活处理教学内容。

 **知识小卡片 5-1**

### 国家课程的刚性与弹性①

国家课程指由国家权力机构组织专家决策、编制的全国统一的课程体系。国家课程对基础教育各阶段的学生在知识、能力、态度等方面作了基本要求,规定了不同课程的性质、目标、内容框架、教学建议、评价标准等,它既是国家管理和评价课程的基础,又是地方性教材编写、教学质量评估以及升学考试命题的基本依据。国家课程具有基础性、指导性、统一性和稳定性的特征,这是其刚性的体现。同时,在制定国家课程标准时,不仅要考虑到其刚性的一面,也必须重视弹性的一面。我国地域差异大、民族众多,地区经济发展不平衡,在制定与开发国家课程时,应该保留一定的弹性,留给地方更多根据自身特点开发地方课程的机会。只有在国家课程上保留一定的弹性,才有利于地方课程和学校课程的进一步开发与实施。

① 熊和平.地方实施与管理国家课程的基本理念[J].现代中小学教育,2002(8):13-16.

**案例链接 5-3**

## 如何设计基于课程标准的教学①

传统教学的一般程序通常是教师根据经验或教科书确定教学内容,根据教学内容设计教学活动,实施教学,设计并实施评价,得出学习质量的结论,进入下一主题。基于课程标准的教学也需要一套专业的程序。具体地说,基于课程标准的教学由以下八个步骤组成:

1. 明确内容标准,即"如何分解课程标准中的相关内容使之更加具体、清晰";

2. 选择评价任务,即"证明学生达到上述标准的最好途径是什么";

3. 制定评价标准或开发评分规则,即"用于判断学生表现的准则是什么";

4. 设计课程以支持所有的学生做出出色的表现,即"怎样选择和组织内容才能帮助学生在完成评价任务时表现突出";

5. 规划教学策略以帮助所有的学生完成课程的学习,即"什么方法和策略才能最好地促进学生的学习";

6. 实施规划好的教学,即"怎样实施上述选定的那些方法和策略";

7. 评估学生,即"根据学生的表现确定上述标准的实现程度";

8. 评价并修正整个过程,即"是否需要补充教学以及补充什么"。

**传统教案和基于课程标准的教案的比较**

| 传统教案 | 基于课程标准的教案 |
| --- | --- |
| (1)课题: | (1)课题: |
| (2)教学目的/目标,通常是三点论(知识目标;能力目标;情感态度与价值观) | (2)相关标准陈述:<br>标准陈述从年段基准中而来,和上课内容息息相关<br>标准陈述是具体的,包含内容标准和表现标准<br>(3)教学目标——学生学习结果: |
| (3)教学重点、难点;通常是对教学目标中某点的重复 | 教学目标要描述在这一堂课的教学中可以观察到的学生表现行为或结果<br>教学目标要引导学生去证明标准陈述中的知识或技能 |
| (4)教学过程:<br>a.复习引入<br>b.讲授新课<br>…… | (4)检测这些表现或成果的评价活动方案:<br>评价的手段和工具要能检测学生是否达到预期的学习结果<br>(5)教学活动方案:<br>教学活动的安排应该是能指引学生去证明自己的学习结果 |

① 崔允漷.课程实施的新取向:基于课程标准的教学[J].教育研究,2009(1):74-79.

## 二、分析教材

分析教材是教师备课中的一项重要工作,是教师编写教案、制订教学计划的基础,是备好课、上好课和达到预期教学目标的前提和关键,对顺利完成教学任务具有十分重要的意义。分析教材的过程,既是教师教学工作的重要内容,又是教师进行教学研究的基本方式,这个过程能充分体现教师的教学能力和创新能力。

### (一) 分析教材的内容

**1. 教材的地位和作用**

分析教材的地位和作用,就是要把握这段教材所在章节与全册教材的相互关系,即这部分教材内容与先前学习内容和后续学习内容的关系,以及对学生后续学习的影响。基于这样的理解,应该站在全局的角度把握教材,综合分析教材的地位和作用。对教材地位和作用的分析,包含以下两方面:

(1) 内容所处的"地理位置"及其意义

这不仅要描述出该段教材安排在哪里,更要分析教材基于怎样的考虑将这一内容安排在此处。具体应该包括:① 前面已经安排了哪些相关内容? ② 本部分包含了哪些内容? 它们与前面内容之间有何关系? 是对前面内容的总结、拓展还是应用? ③ 该内容与后续学习内容之间有怎样的联系? 在后续学习中还有怎样的发展?

(2) 内容应该达到的目标

通过本内容的学习,学生应该掌握哪些方面的知识? 应该发展哪些方面的能力? 本内容是否有助于培养学生的学科核心素养?

**2. 教材的编排体系及特点**

熟悉教材编写体系及特点,有助于教师系统地掌握教材内容和教学整体目标,也有助于教师针对性地采取教学策略。

**案例链接 5-4**

### 普通高中语文统编教材的结构和体例①

普通高中语文统编教材分"必修"和"选择性必修","必修"有两册,所有学生都要学;"选择性必修"有三册,理论上可供自主选择,实际上绝大多数学生都要学。必修可以安排在高一,选择性必修安排在高二,当然也可以作其他灵活的安排。

整套教材以"人文主题"和"学习任务群"两条线索组织单元。"人文主题"的设计充分考虑新时代高中生人格和精神成长的需要,涉及面宽,但聚焦在"理想信念""文化自信"和"责任担当"三个方面。每个单元的"人文主题"都会突出其中某一方面。"学习任务群"是单元组织的另一条线索,每个单元都设计若干指向语文核心素养的学习任务,保证语文工具性的落实。高一的必修教材有两册,每册8个单元,共16个单元,覆盖7个"学习任务群"。高二的选择性必修教材有三册,各4个单元,共12个单元,覆盖9个"学习任务群"。单元的组织形式有两类:一类以课文或整本书的阅读为基础,读写结合;另一类不设传统意义上的课文,以专题性的语文活动为主,带动相关资源的学习,如"当代文化参与""跨媒介阅读与交流""语言积累、梳理与探究"等。另外,高二和高一的单元教学略有不同,高二以"专题研习"为主,更加凸显探究性学习。高二的"研习"与高一的"学习"虽然只是一字之差,但随着教学的梯度不断上升,教学的要求也逐步提高。此外,各册均安排有"古诗词诵读",主要提供课外诵读,不一定安排课内学习。

### 3. 教材内容及知识点的逻辑关系

分析教材所涉及的内容领域和知识结构,即教材包含哪些内容,与前后知识的内在结构关系、层次脉络。教师在研读教材时,需要区分要求学生必须掌握的知识、技

---

① 温儒敏.守正创新用好普通高中语文统编教材[J].人民教育,2020(17):51-57.

能方面的材料与为了让学生掌握知识、技能而安排的过渡性练习或者是为了更好领会所学内容而提供的背景材料。只有区分不同性质的材料,才能更好地确定学生应该掌握的知识与技能。一般来讲,教材的具体内容由事实、概念、原理及其内在联系构成。

（1）事实

教材中的事实,就是历史上或社会上发生过的事件过程或者是实验的过程与结果,如历史事实、地理情况、动植物的分布与解剖等事实资料。教材中的事实,都是已经发生过和被发现了的事物,不是捏造或想象的事实。教学中,教师的事实交代和讲解必须明白、清楚,要让学生得到充分的感知。

（2）概念

概念是反映客观事物本质的思维形式,是对教材中大量事实资料的理性加工,是具有抽象性质的理性认识形式。概念的内涵是影响概念学习难易的重要因素,概念内涵越简单明确越好学习。教学的讲解就在于把概念的内涵交代清楚。除概念、定义所规定的维度之外,那些与概念、定义无关的维度越多,学习越困难。

（3）原理

教材中还有一部分就是公理、定理、定律等。这些都是已经被验证了的、公认的、不需再加以论证的命题,是教材科学性的重要支柱。在原理教学中,多余的教学语言是接受的障碍。学生对原理的接受取决于第一印象,教师在学生不易理解的地方,要联系实际举例子,力争表达得形象、生动、易懂,让学生听了以后印象深刻,以至若干年后记忆犹新。

（4）内在联系

内在联系是教材中的抽象内容,是事实、概念和原理之间的关系。教学的重点是建立起事实、概念和原理的内部结构和内在联系,这是教材内容的本质。只教学生记忆"概念""原理"等知识并不是真正的教学,教学要强调知识的整体性和结构性等内在联系,强调教材中事实、概念、原理之间关系的抽象、概括、推理的过程。搭建知识的内在联系,需要从三个方面入手:第一,注重深度:沟通前后知识的结构化联系。第二,关注广度:拓展横向知识的结构化联系。第三,追求厚度:搭建知识内部的结构化关系。

---

**案例链接 5-5**

### 数学知识的内在联系[①]

整数、小数和分数加减法的教学,虽然各个知识点的内容不同,但有一条共同的运算规律,那就是只有相同数位上的数才能相加减。如果我们在钻研教材时注意到这一内在联系,教学"整数加减法"时,就可以有意识地帮助学生理解:把相同数位对齐了,就能保证几个一和几个一相加减,几个十和几个十相加减。这就能使学生初步感知相同数位上的数才能相加减。教学"小数加减法"时,就要着重让学生理解:小数点对齐了,所有的相同数位也就对齐了,就能保证相同数位上的数相加减。学生理解了这些道理,在学习分数加减法时,才能更好地理解同分母分数加减法、异分母分数加减法的计算方法,促进知识的正向迁移。

---

#### 4. 教材的重点和难点

(1)教材的重点

重点是指在学科知识体系中具有重要地位和作用的知识、技能,具体指那些与前面知识联系紧密、对后续学习具有重大影响、在知识结构中起纽带作用的基本知识、技能。如果某知识点是某单元内容的核心,又是后继学习的基础或具有广泛的应用价值,那么就可以确定它是教学重点。

(2)教材的难点

难点是学生学习困难所在。学习上的困难经常是对问题不理解。难点的形成主要有以下几方面的原因:一是该知识远离学生的生活实际,学生缺乏相应的感性认识;二是该知识较为抽象,学生难于理解;三是该知识包含多个知识点,知识点过于集中;四是该知识与旧知识联系不大或旧知识掌握不牢。难点具有暂时性和相对性。难点内容一旦经过教学被学生理解和解决了,难点就不复存在了,这就是难点的暂时

---

① 金一民.结构化:融通数学知识的内在联系[J].江苏教育(小学教学版),2010(12):30-31.

性。同一知识与方法对一些学生可能是难点,而对另一些学生可能就不是难点,这就是难点的相对性。而重点一般都具有一定的稳定性和长期性,它并不因学生的理解和掌握而隐退,而是在一定的教学阶段内贯穿教学的始终。

**(二)分析教材的基本步骤**

按照从全局到局部的顺序,分析教材包括以下步骤:

1. 学习课程标准,通读教材

学习课程标准,正确理解学科性质和教学任务,明确课程的总目标以及各年段的具体目标,对端正教学指导思想、明确教学改革方向、确定教学方法有重要作用。通读整套教材,能够清楚地了解每册教材在全套教材中的地位,各自承担的教学任务、知识范围、训练要求、编排特点以及各年级教学内容之间的联系,从而做到胸怀全局,系统地安排教学工作。

2. 熟悉全册教材,钻研一组(单元)教材

关于某一册教材的编写意图、特点和要求,编者会通过教学参考书或其他方式进行介绍,教师可以将它作为钻研该册教材的线索,用以具体了解全册教材的教学要求、内容和结构。

从学习课程标准到通读全套教材,再到熟悉一册教材,是一步步具体钻研教材的过程。对教材有了全面认识,就为顺利进行一组(单元)教材、具体一课的教学打下了基础。每组教学内容之间以及组与组之间都有一定的联系,教学内容循序渐进,螺旋上升。教师要以组(单元)为单位综合研究教材,不可在对整组教材缺乏认识的情况下,孤立地、割裂地研究一节课的内容。

3. 深入钻研一节课内容

首先,应该通读本节课教材,从整体上初步了解本节课内容。

其次,从知识体系上将本节课内容进行分解,看这部分内容具体包括了哪些知识点,梳理知识点之间的关系,以加深对教材内容的理解。

最后,结合教学思路,对分解的内容进行整合,按照教学设计的过程安排知识点呈现的先后顺序,形成清晰的教学思路。

需要注意的是,课后习题提示了应当掌握的基础知识和基本技能,教师应当很好地领会编者安排这些练习的意图,把它作为明确教学要求、确定教学重难点的依据。教师还可以根据实际需要,对练习题适当进行改、删、补,但应以不加重学生的负担为原则。

---

**案例链接5-6**

**人教版高中生物学新教材《分子与细胞》模块的分析①**

**一、教材结构分析**

**（一）栏目设置**

《分子与细胞》共计19个章节,全书设置了21个栏目,且每个栏目都有其独特的功能。

| 栏目名称 | 形式 | 作用 |
|---|---|---|
| 问题探讨 | 图片/表格＋情境＋讨论题 | 导入新课激发学生探究欲望 |
| 本节聚焦 | 问题引申 | 服务教学目标提醒重难点 |
| 练习与应用 | 判断题＋选择题＋问答题/填空题 | 巩固基础知识、提高学生解决问题的能力 |
| 思考·讨论 | 主题＋背景资料＋讨论题 | 帮助学生掌握科学概念、理解科学本质、发展科学思维、领悟科学方法 |
| "?"栏目 | 正文内容相关问题 | 引导学生对教材内容的深入思考 |
| 探究·实践 | 主题－活动内容（目的要求、讨论等） | 学习科学探究的一般过程方法,提升实践能力 |
| 相关信息 | 正文内容的补充说明 | 拓展知识,激发学生的探究积极性 |
| 与社会的联系 | 相关社会热点 | 与实际生活和环境保护等内容联系起来,培养学生的社会责任感 |
| 知识链接 | 直接链接/间接链接/知识＋链接 | 有利于学生记忆联结知识,培养整体把握知识的逻辑思维能力 |
| 科学方法 | 主题－科学方法详细描述 | 为学生进行科学探究提供指导方法 |
| 本章小结 | 理解概念＋发展素养 | 确定章节中心内容,做好学习效果的检测、评价和强化 |

---

① 张明双,雷超,徐世才.对人教版高中生物学新教材《分子与细胞》模块的分析与思考[J].生物学教学,2023,48(8):1-3.

续表

| 栏目名称 | 形式 | 作用 |
|---|---|---|
| 复习与提高 | 选择题＋非选择题 | 考察概念的理解应用,与高考题型紧密联系 |
| 学科交叉 | 小标题＋联系内容简介 | 培养知识迁移能力,建立学科之间的联系 |
| 生物科技进展 | 主题－图片＋进展阐述 | 介绍我国科技新进展,培养民族自豪感 |
| 思维训练 | 主题＋情景＋讨论 | 促进学生思维能力提升 |
| 生物科学史话 | 标题－图片＋探案历程 | 了解生物学发展历史,激发学习兴趣 |
| 科学·技术·社会 | 主题－科学技术对社会的影响 | 激发学生用科学知识、技术探究社会问题 |
| 想象空间 | 想象情景＋提出问题 | 引导学生发挥想象力将生物学知识发散到现实生活中 |
| 批判性思维 | 认知冲突＋问题 | 引导学生多角度、辩证地思考问题,培养学生的质疑精神 |
| 课外制作 | 制作主题＋方法＋成品图片 | 培养学生的模型建构能力以及动手操作能力 |
| 与生物有关的职业 | 由职业名称、职业描述、就业单位、主要工作、学历等 7 部分组成 | 引导学生了解相关职业,产生学习生物的积极性,提前对自身进行职业规划 |

（二）知识体系

从教材框架来看,新教材相比 2007 年版教材,调整了知识顺序。第 1 章第 1 节开门见山地介绍了"细胞是生命活动的基本单位",且将原本处于第 2 节中的"细胞学说及其建立过程"调换到第 1 节,先讲述细胞学说,后讲述"细胞是最基本的生命系统",再介绍细胞的多样性和统一性。第 2 章每节内容的顺序按知识难度进行了调整。将原来第 4 章第 2 节的内容整合进了第 3 章第 1 节中,并将 2007 年版教材第 4 章的另外两节重新整合成"被动运输"和"主动运输与胞吞、胞吐"两小节。删减了原第 6 章"细胞的癌变"一节。

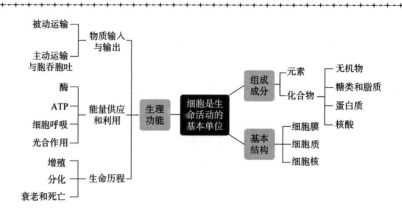

## 二、教材内容分析

新教材内容更严谨、准确、科学。例如：新教材根据最新研究将氨基酸的种类改为 21 种，增加了硒代半胱氨酸；将"肽键指'—CO-NH—'"改为"C 和 N 之间的化学键"；"溴麝香草酚蓝水溶液"变成了"溴麝香草酚蓝溶液"；将三磷酸腺苷按 A、T、P 所代表的意义和顺序改为"腺苷三磷酸"；将 2007 年版教材 ATP 中的"高能磷酸键"一词用"特殊的化学键"代替。

新教材内容与时俱进，创设了很多中国科学技术取得新成就的情境。例如，第 1 章引言描写了"首个克隆猴在我国诞生"，后面第 3 章结尾也再次详细阐述了"克隆猴中中和华华"的例子；第 3 章引言提到"我国科学家完成人类历史上第一次人工合成胰岛素的创举"；第 6 章"秀丽隐杆线虫与细胞凋亡研究"等都反映了我国生物科学取得的新进展。

新教材内容更符合学生的认知规律，从易到难编排教学内容。例如：第 2 章先是"细胞中的元素和化合物、无机物"；接着是细胞中的能源物质和储能物质——"糖类和脂质"；最后是"蛋白质与核酸"。

新教材内容密切联系生活实际，从周围事物所包含的生物学现象激发学生的探索欲望。例如，第 2 章第 2 节中"思考·讨论"是叶绿素分子和血红素分子的局部结构图，以及常见农作物玉米生长期间的缺磷症状，以此为基础给出三个讨论题；第 4 章引言以的某高血压药物说明书生活实例引出许多药物都是针对细胞膜上的物质运输研发，再提出一系列关于细胞膜的问题。

### 三、教材思想文化分析

新教材蕴含着爱护动物,保护生态环境的教育价值。例如:第1章第2节在"探究·实践"栏目中材料用具删除了"蛙的皮肤上皮细胞",避免了实验过程中可能造成的对小青蛙的一些不必要的伤害;在"与社会的联系"栏目中提到了过度采摘发菜会破坏生态,国家应予以保护。

新教材蕴含着爱国主义教育价值。例如:从科学家访谈栏目可以了解到,施一公院士放弃了美国著名大学丰厚的物质条件回到清华大学,因为他深爱着祖国,感恩着母校。同时教材中减少了国外科学家的照片,充实了中国科学家获得成就的照片,如"人工合成牛胰岛素动物实验获得成功的场面"。这些材料以及图片的学习有利于激发和培养学生的爱国主义情怀。

**案例链接 5-7**

### 人教版高中化学必修教材的概念分布①

教材单元内容中概念的密度、新概念的数量在一定程度上决定着知识难度的分布。新的人教版必修教材依据教育部《普通高中化学课程标准(2017年版)》编写,分必修第一册、必修第二册,共8章,其章节、栏目与内容相比2004版必修教材有较大的调整。依据"概念"定义,剔除专名及簇状词,对人教版必修教材8章14个主要栏目的正文中所出现的概念进行人工枚举,剔除重复并按序编号,按章统计。对实验基本操作,若其有特定的化学含义,具有概念的特征,也可作为概念,并另列统计。由此,人教版必修教材中共得概念274个,各章列入的概念例举、统计如下。

---

① 沈旭东.人教版高中化学必修教材概念谱系分析[J].教学与管理,2023(13):62-66.

| 教材 | 章目 | 概念例举 | 概念数 |
|------|------|----------|--------|
| 必修第一册 | 第一章 物质及其变化 | 1 同素异形体、8 分散系、16 电解质、17 电离、20 离子反应、23 氧化还原反应 | 36 |
| | 第二章 海水中的重要元素——钠和氯 | 44 物质的量、46 阿佛加德罗常数、48 气体摩尔体积 | 13 |
| | 第三章 铁金属材料 | 53 合金、63 两性氧化物、69 化学计量 | 20 |
| | 第四章 物质结构 元素周期律 | 71 原子结构、77 质量数、80 原子核外电子排布规律、93 核素、99 元素周期律、101 离子键、103 电子式、104 共价 | 39 |
| 必修第二册 | 第五章 化工生产中的重要非金属元素 | 109 可逆反应、121pH、123 无机非金属材料 | 23 |
| | 第六章 化学反应与能量 | 135 化学能 142 原电池、151 化学反应速率、154 化学平衡状态 | 25 |
| | 第七章 有机化合物 | 158 基团、159 结构式、163 同系物、165 同分异构体、166 取代反应、171 有机高分子材料、177 烃、201 官能团 | 64 |
| | 第八章 化学与可持续发展 | 2254 绿色化学、255 原子经济性反应 | 35 |
| 必修 | 化学实验基本操作 | 271 过滤、274 蒸馏 | 19 |

人教版必修教材设置附录"名词索引",主要收录本册教材中新出现的化学概念、物质名称等术语。必修教材两册的"名词索引"附录,分别收录52 条和 58 条,共 110 条,剔除其中的专名和蓁状词,如"次氯酸钙""单键"等,枚举新概念分别得 35 条和 36 条,共 71 条,与上表所列的概念及序号比对,也按章序统计,具体如下:

| 教材 | 附录 | 章序 | 概念例举 | 概念数 |
|------|------|------|----------|--------|
| 必修第一册 | 附录Ⅲ | 第一章 | 1 同素异形体(同素异形现象)、3 酸性氧化物、5 碱性氧化物、8 分散系、9 分散质、10 分散剂、11 胶体、15 丁达尔效应、16 电解质、17 电离、20 离子反应、23 氧化还原反应、29 还原剂、31 氧化剂 | 14 |
| | | 第二章 | 38 焰色试验、44 物质的量、45 摩尔、46 阿佛加德罗常数、47 摩尔质量、48 气体摩尔体积、49 物质的量浓度 | 7 |
| | | 第三章 | 53 合金、63 两性氧化物 | 2 |
| | | 第四章 | 77 质量数、84 周期、85 族、89 主族、90 副族、93 核素、94 同位素、98 两性氢氧化物、99 元素周期律、101 离子键、104 共价键、108 化学键 | 12 |

续表

| 教材 | 附录 | 章序 | 概念例举 | 概念数 |
|---|---|---|---|---|
| 必修第二册 | 附录 I | 第五章 | 109 可逆反应、113 固氮、120 酸雨、123 无机非金属材料、124 硅酸盐材料 | 5 |
| | | 第六章 | 132 热能、133 放热反应、134 吸热反应、135 化学能、142 原电池、151 化学反应速率、153 催化剂、154 化学平衡 | 8 |
| | | 第七章 | 157 有机化合物、161 饱和烃、162 烷烃、163 同系物、164 同分异构现象、165 同分异构体、166 取代反应、169 加成反应、170 聚合反应、171 高分子材料、172 加聚反应、177 烃、178 不饱和烃、200 烃的衍生物、201 官能团、202 酯化反应、206 糖类、211 蛋白质、216 油脂 | 19 |
| | | 第八章 | 233 化学肥料、241 食品添加剂、250 环境保护、254 绿色化学 | 4 |

## 第二节　研究教学对象

### 一、了解学生的内容

为有效提高课堂教学质量,教师除认真钻研教材外,还必须清楚地了解学生的情况,这关系到能否凭借教材顺利有效地完成教学任务。因此,教师必须了解自己的教学对象,加强教学的针对性。

#### (一)了解班级的整体状况

班级整体状况包括班级特征、学生构成、智能结构、学习风气、学习水平等。只有对班级情况了如指掌,才能通览全局,科学施教。

#### (二)了解学生的个性品质

学生个性品质包括学生的观察、记忆、思维、想象能力和问题解决能力、实验操作能力、信息接受与处理能力等,还包括学生的气质、性格、动机、兴趣、自信、自律等非智力因素。"人心不同,各如其面"。学生的个性差异很大,教师要通过各种途径和方法了解学生的个性特征,为发展个性、因材施教提供依据。

### (三) 了解学生对教学方法的反应

教学工作是教学内容和具体方法的双重体现。教师采取何种方法实施教学直接影响学生的学习积极性和课堂教学效果。教师应该经常深入班级，了解学生对教学的意见，及时反馈信息，调整教学方法。

### (四) 了解学生的动态变化

教师既要从静态角度了解学生，又要从动态角度及时了解学生各方面的变化和进步。如：学习进退、作业完成情况、纪律组织情况、兴趣爱好的变化、受到表扬或批评后的变化以及同学之间产生纷争、矛盾后的变化等。特别要了解学困生的情绪变化。学困生是学生中的弱势群体，在学习上缺乏动力。对学困生的点滴进步，教师应及时给予肯定鼓励，并强化引导，使之体验成功的愉悦，收获前进的动力。

除了以上方面，针对具体一节课的教学，教师在备课中要准确诊断和预测学生在学习中可能出现的情况，为备课提供准确信息。具体应该考虑以下方面：

1. 学生可能想到的内容

学生的思维与课程的重点内容有关，教师要预先考虑到课堂上学生可能产生的想法，提前做好思想准备。虽然学生在课堂上有很多想法未表露出来，但教师要学会洞察学生心理，及时感知和点拨，这样才能更好地满足学生学习的心理需求。也有很多学生的想法可能在课堂上提出，这时教师就要运筹帷幄，通过正确引导和讨论，使学生的问题得到解决。

2. 学生好奇的内容

教师必须预先想到学生的爱好、兴趣和渴望成功的心理。在备课时，可能让学生参与的活动、可能激起学生好奇心态的活动，教师都要尽力准备，尽量让学生在合作交流、观察讨论中得到好奇心的满足，进一步激发学生更强烈的求知欲望。

3. 学生难懂的内容

教师备课时特别要注意把握学生的智力水平和接受水平。教材上的有些知识内容在教师看来似乎很容易，三言两语就可说清楚，但站在学生的智力水平上来接受这些知识，可能就比较困难。教师要换位思考，想到学生的智力水平和接受知识的能力,帮助他们实现知识由难到易的转化。

## 二、了解学生的途径

了解并熟悉学生是一项经常性的工作,主要通过以下几种途径进行。

1. 通过分析学生的课内外作业和试卷,了解学生对学习内容的掌握程度。

2. 通过检查预习,了解学生已经懂了什么,还有哪些疑难问题。

3. 通过课堂教学中的种种活动,如答问、练习,了解学生的学习态度、学习方法和学习效果等。

4. 通过课外活动和课外辅导,了解学生的学习方法、学习兴趣和学习习惯。

5. 通过家庭访问、与学生的日常接触,了解学生的生活习惯、兴趣爱好、性格特长等。

# 第三节　设定教学目标

## 一、设定教学目标的依据

### (一)课程标准

学科课程围绕核心素养,体现课程性质,反映课程理念,确立课程目标。课程标准中的学科核心素养和课程目标对教学具有指引作用。教师对课程标准的领悟程度,将直接决定课堂教学的质量和学生的学习效果。教师要认真钻研课程标准,深入理解学科核心素养内涵,准确把握课程目标,将课程标准的内容分解细化到学科教学目标中,使所确定的教学目标符合课程标准的要求。

### (二)教材内容

教材是依据课程标准的要求编写的,考虑知识点的同时也考虑了方法、情感因素,需要教师去仔细休味,充分挖掘。教师要认真钻研教材,分析并掌握教材内容,抓住重点,吃透难点,努力保证所确定的教学目标能全面覆盖教材内容。

## （三）学生学情

教学目标的设计,要充分考虑学生在知识技能方面的准备情况和思维特点,掌握学生的认知水平;要充分考虑学生在情感态度方面的适应性,了解学生的生活经验,从促进学生全面发展的需求出发,去制定、审视教学目标;要充分考虑学生的学习差异、个性特点和达标差距,以便按照课程标准确定教学目标的要求及出发点,为不同状态和水平的学生提供适合他们最佳发展的教学条件。同时,教师要经常主动与学生沟通交流,从心灵上读懂学生,贴近学生,以使教学目标制定得更具针对性和实效性。

## 二、设定教学目标的维度

教学目标是依据学科核心素养和课程目标设计的,学科核心素养和课程目标应体现和贯穿于教学目标之中。在教学实践中,教学目标的维度具体可包括:基础知识和基本技能、过程与方法、情感态度与价值观。

### （一）基础知识和基本技能

重视学生的基础知识、基本技能一向是我国教育的传统。基础知识是学会学习的基础,是学会做事的基础,是形成人整体智能结构的基础。这一维度主要是发展学生的学科知识水平,是对学生学习结果的描述,又叫结果性目标。此目标可简单分为三个层次:记忆、理解、运用。

知识和技能目标可以这样表述:

背诵课文第二自然段。

理解分数的基本性质。

绘制学校主体建筑平面图。

会在各种应用问题中,抽象或构造出三角形,标出已知量、未知量,确定解三角形的方法。

### （二）过程与方法

这一维度指为达到某一学习结果,所采用的方法与手段,是学生探究知识的过程以及运用的方法。强调在过程中学习,在过程中培养,而不仅仅注重行为的结果,主要发展学生的学习策略。最基本的学习策略有三个:粗加工、精加工、深加工。粗加工策略是指对知识进行重复记忆,一遍遍地诵读、抄写等。精加工策略是指对知识补充细节、解释意义、举出例子、进行总结或使之与有关的观念形成联想等。这样做的目的,是为知识的提取提供更多的途径,增强学习和记忆效果。深加工策略是指找出知识之间的层次结构关系以帮助记忆和理解,如列提纲、画结构图、进行纵向梳理和横向比较等。

以道德与法治课的过程与方法目标为例,过程目标可以这样表述:

通过观察,了解一些商业场所;通过调查,比较不同商业场所中商品的不同价格。

通过在地图上查找本省的位置,知道家乡是祖国的一部分。

通过分析收集的资料和媒体报道的有关重大自然灾害的典型事例,认识自然灾害的巨大破坏力。①

### (三) 情感态度与价值观

这一维度强调的是学生在过程中或结果体验后的倾向和感受,是学生对学习过程和结果的主观经验,主要希望发展学生的非智力因素。这一目标也可分为三个层次:接受、反应、生成。接受是指学生对某一观点或事物表现出宽容的态度,不拒绝接受有关信息,但不因此改变自己的行为;反应是指学生越来越表现出一种积极态度,不仅接受有关信息,还表示愿意采取相应行为,但实际上这种行为并没有出现;生成是指学生的情感被激发出来,表现出比教材、教师更多的情感,并积极采取相应的行动。

情感态度与价值观的目标可以这样表述:

感受数学在生活实际中的作用,提高学习数学的兴趣。

通过学习,在与人交往中能表现出宽容的态度。

通过学习,学会鉴赏大自然的美。

## 三、设定教学目标的要求

### (一) 全面

教学目标的全面,需要从两个层面理解。一是指学科核心素养各维度的有机融

---

① 郝晓春.简述三维目标的内涵[EB/OL].[2023-10-20]. http://www.fyeedu.net/info/168697-1.html

合,二是指三维目标各维度的有机融合。

学科核心素养是学生通过课程学习逐步形成的正确价值观、必备品格和关键能力,是课程育人价值的集中体现。不同学科课程核心素养的内涵和维度都有所不同。

例如,义务教育语文课程培养的核心素养,是学生在积极的语文实践活动中积累、建构并在真实的语言运用情境中表现出来的,是文化自信和语言运用、思维能力、审美创造的综合体现。文化自信是指学生认同中华文化,对中华文化的生命力有坚定信心,通过语文学习,热爱国家通用语言文字,热爱中华文化,继承和弘扬中华优秀传统文化、革命文化、社会主义先进文化,关注和参与当代文化生活,初步了解和借鉴人类文明优秀成果,具有比较开阔的文化视野和一定的文化底蕴。语言运用是指学生在丰富的语言实践中,通过主动的积累、梳理和整合,初步具有良好语感;了解国家通用语言文字的特点和运用规律,形成个体语言经验;具有正确、规范运用语言文字的意识和能力,能在具体语言情境中有效交流沟通;感受语言文字的丰富内涵,对国家通用语言文字具有深厚感情。思维能力是指学生在语文学习过程中的联想想象、分析比较、归纳判断等认知表现,主要包括直觉思维、形象思维、逻辑思维、辩证思维和创造思维。培养思维能力要求学生在思维上具有一定的敏捷性、灵活性、深刻性、独创性、批判性,有好奇心、求知欲,崇尚真知,勇于探索创新,养成积极思考的习惯。审美创造是指学生通过感受、理解、欣赏、评价语言文字及作品,获得较为丰富的审美经验,具有初步的感受美、发现美和运用语言文字表现美、创造美的能力;涵养高雅情趣,具备健康的审美意识和正确的审美观念。核心素养的四个方面是一个整体。语言是重要的交际工具和思维工具,语言发展的过程也是思维发展的过程,二者相互促进。语言文字及作品是重要的审美对象,语言学习与运用也是培养审美能力和提升审美品位的重要途径。语言文字既是文化的载体,又是文化的重要组成部分,学习语言文字的过程也是学生文化积淀与发展的过程。在语文课程中,学生的思维能力、审美创造、文化自信都以语言运用为基础,并在学生个体语言经验发展过程中得以实现。

知识与技能,既是课堂教学的出发点,又是课堂教学的落脚点。教与学,都是通过知识与技能来体现的。过程与方法,是课堂教学的操作系统。新课程倡导对教与学过程的体验、对教与学方法的选择,是在知识与技能目标基础上对教学目标的进一步开发。情感态度与价值观,是课堂教学的动力系统。新课程倡导教与学的情感体验、态度形成、价值观体现,是在知识与技能、过程与方法目标基础上对教学目标进行更深层次的开拓。在设计教学目标时,不能顾此失彼,应该努力实现多维目标的整合。

### (二) 具体

规范的课堂教学目标表述应该包含四个要素:行为主体、行为动词、行为条件和表现程度。具体可以理解为:

1. 行为主体必须是学生而不是教师(通常可以省略)。

2. 行为动词必须是可测量、可评价、具体而明确的,否则就无法评价。

3. 行为条件是指影响学生产生学习结果的特定的限制或范围,为评价提供参照的依据。

4. 表现程度指学生学习之后预期达到的最低表现水准,用以评量学习表现或学习结果所达到的程度。

规范的教学目标表述方式:

通过自学,学生能迅速无误地读出 5 个生字。

条件　　　对象　　程度　　　行为

不规范的教学目标表述方式:

培养学生留心观察周围事物的习惯和能力。

指导学生有感情地朗读课文。

"培养""指导"这些动词都是教师的行为,而不是学生的行为。

### (三) 可测

可观察、可检测的教学目标使用的行为动词必须是可测量、可评价、具体而明确的,不能是模糊、笼统、抽象、不可测的。课程标准中的目标主要是按结果性目标和体验性目标来描述的。结果性目标主要用于对"知识与技能"目标领域的刻画,而体验性目标则主要用于反映"过程与方法""情感态度与价值观"等目标领域的要求。教师在叙写教学目标时要以课程标准的行为动词为依据,科学、合理、准确用词。①

1. 结果性目标的行为动词

(1)知识

了解——说出、背诵、辨认、列举、复述、回忆、选出、识别等。

理解——解释、说明、归纳、概述、推断、区别、提供、预测、检索、整理等。

应用——设计、辩护、质疑、撰写、解决、检验、计划、总结、推广、证明等。

(2)技能

模仿——模拟、重复、再现、例证、临摹、类推、扩展等。

独立操作——完成、制定、解决、绘制、安装、尝试等。

迁移——联系、转换、灵活运用、举一反三、触类旁通等。

2.体验性目标

经历(感受)——参与、寻找、交流、分享、访问、考察等。

反映(认同)——认可、接受、欣赏、关注、拒绝、摒弃等。

领悟(内化)——形成、具有、树立、热爱、坚持、追求等。

# 第四节　选择教学方法

## 一、教学方法的分类

目前在教学实践中运用的教学方法不胜枚举,据不完全统计有 700 余种。本书仅按照教学方法的外部形态及学生认知活动的特点进行分类,具体把教学方法分为四大类,即以语言表述为主的方法、以直接感知为主的方法、以实际训练为主的方法和以引导探究为主的方法。②

### (一) 以语言表述为主的方法

1. 讲授法。教师通过语言系统连贯地向学生传授知识的方法,分为讲述、讲解

---

① 刘兼.国家课程标准的框架和特点分析[J].人民教育,2001(11):23-25.
② 马云鹏.课程与教学论[M].北京:中央广播电视大学出版社,2005:114-115.

和讲演三种。使用要求:讲授内容要有科学性、系统性和连续性,注意启发学生,讲究语言艺术。

2. 谈话法,又称问答法。它是教师按照一定的教学要求向学生提出问题,要求学生回答,并通过问答的形式引导学生获取或巩固知识的方法,包括复习谈话和启发谈话两种。使用要求:要准备好问题和谈话计划,要善于提问,要善于启发诱导学生,要做好归纳小结。

3. 读书指导法。教师指导学生通过阅读教科书、参考书以获取知识或巩固知识的方法,包括指导学生预习、复习、阅读参考书、自学教材等。使用要求:提出明确的目标、要求和思考题,教给学生读书的方法,加强辅导,适当组织学生交流心得。

## (二) 以直接感知为主的方法

1. 演示法。教师通过展示实物、直观教具或演示实验,使学生获得知识或巩固知识的方法。使用时要求做好演示前的准备,要使学生明确演示的目的、要求和过程,讲究演示的方法。

2. 参观法。教师根据教学目的组织学生到校内外一定的场所,直接观察事物及现象以获得新知识,或巩固验证已学知识的一种教学方法,包括准备性参观、并行性参观和总结性参观三种。使用时要求事先做好准备工作,明确学生参观的重点环节,参观过程中要加强指导,让学生有目的、有重点地参与,结束后要指导学生做好讨论总结,安排作业。

## (三) 以实际训练为主的方法

1. 实验法。学生在教师指导下通过运用一定的仪器设备进行独立作业,观察事物的发生和变化,探求事物的规律以获得知识和技能的方法,包括感知性实验和验证性实验两种。使用要求:做好实验前的准备,使学生明确实验的目的、要求和做法,注意实验过程中的指导,做好实验小结。

2. 实习作业法。学生在教师指导下进行一定的实际活动以培养学生实际操作能力的方法。使用要求:做好实习作业的准备、动员、指导和总结。

3. 练习法。学生在指导下运用知识去反复完成一定的操作以形成技能技巧的方法,分为口头练习、书面练习、实际操作练习、模仿性练习、独立性练习、创造性练习。使用时要求提高练习的自觉性,循序渐进,逐步提高,严格要求。

### (四) 以引导探究为主的方法

1. 讨论法。学生在教师指导下为解决某个问题而进行探讨,辨明是非真伪以获取知识的方法。讨论的问题要有吸引力,教师要善于在讨论中启发引导学生,做好讨论小结。

2. 研究法。学生在教师指导下通过独立探索、创造性地解决问题以获取知识和发展能力的方法。使用时要求正确选择研究课题,提供必要的条件,让学生独立思考与探索,做到循序渐进、因材施教。

## 二、教学方法的选择策略

每一种教学方法都有其优势和局限性,没有哪一种或哪几种教学方法能适应所有的教学目标、教学内容和学生。教师在课堂教学过程中,要根据教学目标、教学内容以及学生的实际情况,将各种教学方法进行优化组合,使它们互相配合、互相支持,在教学中发挥积极有效的作用,使教学达到最好的效果。

### (一) 以学生现有的知识经验为基础

教学的目的是促进学生的发展,为提高其学习能力和学业成就服务,而只有符合学生的实际情况,能够促进学生发展的教学方法才是最合理、最好的教学方法。教学的一个重要原则就是因材施教,即根据学生的实际情况,设计和实施自己的教学。教师在选择教学方法的时候要以学生的现有水平为立足点,要深入研究学生学习的特点、习惯和常用方法,坚持学生为主体、教师为主导的原则,真正起到激励、组织和引导学生学习的作用。

### (二) 考虑学科特点和教学内容

学科性质不同,其适合的教学方法也不同。如语言类的语文、英语等学科,着重培养学生的表达能力,主要适合采用讲解法、谈话法和练习法;物理、化学涉及实验较多,则适合采用比较直观的演示法和实验法;而数学侧重于严密的逻辑推理,使用练习法可帮助学生更有效地达到教学目标。即使同一学科也有不同的教学内容,教师在选择教学方法时还要考虑教学内容的差别。认知领域的教学内容比较适合采用发现法,而动作技能领域的教学内容采用示范模仿法和练习反馈法较好,情感领域的教学内容更适合用欣赏法和强化法。

### (三) 考虑教师本身的素养和个性特征

不同的教师,其知识水平、专业素质以及性格气质各不相同。由于自身的差异,不同的教师使用同一种教学方法的效果显然不同。例如,一位具有亲和力的教师使用游戏法、角色扮演法进行教学,可以使课堂气氛很活跃,让学生在愉快的心情和环境中学习。但如果一位特别严肃的教师用这种方法进行教学,学生可能无法轻松地投入活动中,当然无法达到预期的教学效果。教师要正确认识自己的特点和风格,善于扬长避短,根据自己的特点选用能充分发挥优势的教学方法。

### (四) 综合使用多种教学方法

每一种教学方法都有其优势,也有一定的局限性。由于教学内容和教学目标不同,教师在一堂课上不可能只使用一种教学方法。例如,英语课既要用到讲授法(教师讲解一些基本的知识、规则),也要用到演示法(播放与教学内容有关的录像),以及让学生进行口语交际练习等。教师应把各种教学方法结合起来,取其精华,去其糟粕。只有将多种教学方法科学地结合运用,教学才能达到最好的效果,学生才能获得最大的提高。

---

**案例链接5-8**

#### 在常规课堂教学中实施项目式学习①

教师在确立项目时,可能会遇到所选的项目与教科书编排不匹配、跨度较大、操作性不强等问题。以"硫氮化合物"内容为例,教师最初选取的是硫酸工业和硝酸工业的生产问题,经过论证发现,该项目学生自主研究、动手实验的空间较小,而且没有找到需要解决的问题。后来教师想到了环境问

---

① 侯肖,胡久华.在常规课堂教学中实施项目式学习——以化学教学为例[J].教育学报,2016,12(4):39-44.

题,最终确立了世界性问题——"酸雨"项目。"酸雨"项目是符合要求的有意义的项目,它整合了教学内容(硫和氮化合物),满足课程标准规定和价值导向,体现了学科素养(基于元素认识物质性质实现转化的核心观念和关键能力)。经过实践研究,我们总结出一系列有意义的项目,例如:探索燃烧的奥秘,从自然界中的盐到餐桌上的盐,低碳行动,为我的易拉罐材料代言,制作供氧机,厨房优化计划等。

确立项目之后,教师要拆解项目,确立项目的基本问题、单元问题及内容问题。首先,将项目拆解成几个基本问题。基本问题一般具有普适性和开放性,要符合完成项目的基本思路和框架,要有意义,值得不断探究,能激发学生的好奇心,并且需要高层次思维。例如酸雨项目的基本问题包括"酸雨的形成原因是什么""酸雨有哪些危害""我国的酸雨状况是怎样的""如何防治酸雨"等。然后,确立单元问题,单元问题与项目学习和教学单元直接相关,与教学目标相对应,有助于学生回答基本问题。如酸雨项目的单元问题包括"二氧化硫是如何转化成硫酸的""二氧化硫是如何产生的"等。最后确定内容问题,内容问题是封闭性问题,有固定答案,基于事实,有助于回答单元问题。如酸雨项目的内容问题包括:"尽可能多地列举含硫物质""大气中二氧化硫转化成硫酸的路径""哪些含硫物质可以转成二氧化硫"等。

"酸雨"项目的规划,首先将整个项目拆分为两个子项目——硫酸型酸雨和硝酸型酸雨,可以承载硫和氮两种元素化合物内容。将子项目拆分成"酸雨的成因""酸雨的危害""酸雨的防治"等基本问题,凸显了酸雨环境问题的解决框架。之后将基本问题拆分成单元问题,如"硫酸型酸雨是如何形成的""$SO_2$ 是如何产生的""硫酸型酸雨有哪些危害""如何防治硫酸型酸雨"等。然后进行课时规划与安排:硫酸型酸雨 6 课时,分别是酸雨的成因—2 课时,酸雨的危害—1 课时,酸雨的防治—1 课时,知识归纳梳理—1课时,综合汇报交流—1 课时。硝酸型酸雨的课时规划与硫酸型酸雨类似。

关于课上、课下任务的统筹规划,在"酸雨"项目开始时,先让学生课前查阅资料了解酸雨。第 1 课时课上的主要活动包括:(1)预测大气中二氧化硫转化成硫酸的路径,并说明依据。然后阅读资料,寻找证据;(2)实验室中实现 $SO_2 \rightarrow H_2SO_4$ 转化,预测、设计和实施实验。第 2 课时课上的主要活动包括:(1)推测哪些含硫物质能转化为二氧化硫,说明推测依据;(2)展示工业生产中二氧化硫的产生,观看铜与浓硫酸反应的录像,推测浓硫酸性质,总结从观察实验现象到归纳物质性质所经过的推理路径。第 1、2 课时课下活动主要包括:(1)梳理二氧化硫、浓硫酸性质;(2)查找资料:我国不同地区酸雨的情况,包括形成原因;(3)梳理学习过程中产生的问题及其想法等。由此可见,课上主要进行了分组实验、汇报、资料分析、交流等活动,课下活动主要让学生进行性质的总结和资料的查阅,确保课上活动的充分开展。这样的规划做到了对课上和课下任务的统筹安排,为项目的顺利开展和完成提供了时间和基础保障。

## 第五节　编写教学方案

### 一、教案的项目

教案是教师为课堂教学准备的书面计划或方案。既然是计划或方案,就要有一定的规范,无论哪一门学科的教师编写教案都必须遵循相对一致的教案格式。教案一般包括以下九方面的项目。①

1. 课题(本课名称)。

2. 教学目标。

---

① 方贤中.教师专业发展的 4 项基本技能——备课、说课、观课、评课[M].上海:华东师范大学出版社,2013:50-52.

3. 教学重点、难点。

4. 课型(指新课、复习课、练习课等)。

5. 课时(属于第几课时)。

6. 教具准备(教学时使用的材料与设备)。

课堂教学中所要使用的教具,如卡片、小黑板、挂图、投影片、标本、录音带、录像带、光盘,以及录音机、放像机、电视机、影碟机、多媒体课件等,在哪个教学环节使用,如何使用(包括出示教具的时间、方法等),都要充分考虑,在教案中注明。

7. 教学过程。

这是教案的主体部分。具体展示在一节课中怎样一步一步地完成教学内容和教学要求。教学步骤要环环相扣,构成一节课教学的整体。在教学中,要把每一教学环节"做什么"和"如何做"写清楚,特别要把针对教学重点和难点设计的有启发性的问题写清楚,使教案能反映出教师引导学生学习探究的过程。教学过程主要包括以下几个步骤。

(1) 导入新课

① 如何进行,复习旧知还是直接引入新课?

② 提问哪些学生? 所需时间。

(2) 讲授新课

① 针对不同教学内容,选择不同的教学方法。

② 提出什么问题,如何逐步启发、引导?

③ 教师如何教? 学生如何学? 详细步骤安排,所需时间。

(3) 巩固练习

① 练习设计精巧,有层次、有坡度、有密度。

② 如何进行? 所需时间。

(4) 归纳小结

① 如何进行,是教师还是学生归纳?

② 所需时间等。

（5）作业安排

① 布置哪些内容？要考虑知识和能力的拓展性。

② 是否需要提示或解释？所需时间。

8．板书设计。

9．教后反思（教师对其教学活动进行的理性观察与矫正）。

## 二、教案的格式

### （一）教案的基本格式

根据对上述教案基本项目的组合，形成了教案的基本格式（如表5-1）。基本格式是教学实践中教师使用较为普遍的教案格式。

表5-1　教案基本格式范例

| 班级 | | 科目 | | 时间 | 年　月　日第　节 |
|---|---|---|---|---|---|
| 课题 | | 课时 | | 教具 | |
| 教材分析 | 地位作用 | | | | |
| | 教材处理 | | | | |
| 教学目标 | | | | | |
| 教学重、难点 | | | | | |
| 教学方法 | | | | | |
| 教学过程 | | | | | |

续表

| 班级 | | 科目 | | 时间 | 年　月　日第　节 |
|---|---|---|---|---|---|
| 课题 | | 课时 | | 教具 | |

| 练习作业 | |
|---|---|
| 参考资料 | |
| 教学后记 | |

## （二）教案的变式

随着教学改革的深入发展和教学理论与实践的进一步结合,教案格式因学科、内容、教学方式的不同而改变。[①]

### 1. 突出师生活动的教案

这种教案突出了教师和学生在教学环节中的具体活动(如表5-2),有助于教师明确教的活动引导下学生学的活动的实施状况,并明确设计教学活动的真正目的。

**表5-2　活动式教学教案格式范例**

| 基本流程 | 教师活动 | 学生活动 | 设计意图 |
|---|---|---|---|
| 教学内容的构成,知识点、能力点、情感渗透在授课过程中的顺序 | 教师在各教学环节与关键点上的语言和行为,体现教师调控与组织教学的能力 | 学生的学习活动,包括任务驱动和主动学习的各种学习行为,如答问、讨论、练习 | 教学各环节设计的依据和理由,各环节的目标指向和教师的主观意向等 |

### 2. 艺术欣赏课教案

艺术欣赏课应该注重学生头脑的开放性和探索的愿望,这类课比其他学习情境

---

[①]　方贤中.教师专业发展的4项基本技能——备课、说课、观课、评课[M].上海:华东师范大学出版社,2013:55-60.

要更宽松、更开放。这类课的目标是发展学生对本学科持久的喜爱态度,重点应该放在呈现和体验刺激物上。教案可以采用的框架如表5-3。

表5-3 艺术欣赏课教案格式范例

| 教案标题格式 | |
|---|---|
| 内容 | 方法 |
| 阶段1:导入<br>阶段2:呈现(需要时再分小阶段)<br>阶段3:继续 | |

### 3. 体育活动课教案

体育活动课以具体的活动展开为主要内容,较为常见的教案格式如表5-4。

表5-4 体育活动课教案格式范例

| 教案标题格式 | | |
|---|---|---|
| 学习活动 | 教学要点 | 组织方式 |
| (1) | | |
| (2) | | |
| (3) | | |

### 4. 不完全式教案

常见的教案都有文字叙述和表格相结合,这属于完全式教案。除此之外,还有不完全式教案。

#### (1)卡片式教案

卡片式教案就是教师将教案的纲要、重点、难点和易忘记的教学内容以及需要补充的材料等以卡片的形式呈现的一种教案。卡片式教案具有在课堂教学中提示教师的作用,教师在必要时可以抽出浏览。卡片式教案形式灵活、方便,利于教案的经常修改和补充,在辅助课堂教学方面,是一种行之有效的教案。

#### (2)板书式教案

此类教案是以比较系统的板书构成,教师将教学中的主要内容整理成纲要系统的形式,并与教学的不同阶段同步进行。板书式教案强调知识的结构和系统,有利于帮助学生归纳和整理知识,可在复习课时使用。

(3)书页式教案

此类教案是教师将临时想到的需要补充的思路和材料按要点的形式直接写在课本上,用批注的方式勾画。书页式教案对于记录教师闪现的教学灵感和智慧具有重要作用。

## 本章小结

本章是对教师教学设计过程的阐述。分别从以下五方面展开:

1. 研析课程标准与教材。这部分内容首先对课程标准的性质和框架进行介绍。国家课程标准是国家对基础教育课程的基本规范和要求。课程标准的框架一般包括:前言、课程性质、课程理念、课程目标、课程内容、学业质量、课程实施。教师要学会根据课程标准的要求调适教学。其次,对教材的分析需要从以下方面进行:教材的地位和作用、教材的编排体系及特点、教材的内容及知识点之间的逻辑关系、教材的重难点。

2. 研究教学对象。对学生的了解需要从以下方面进行:了解班级整体状况、了解学生个性品质、了解学生对教学方法的反应、了解学生动态变化。在准备具体的一节课时,应该考虑以下内容:学生可能想到的内容、学生好奇的内容和学生难懂的内容。

3. 设定教学目标。教学目标应依据课程标准、教材内容、学情三方面进行设计,围绕学科核心素养的维度和三维目标的维度展开。在具体表述时体现四个要素:行为主体、行为动词、行为条件和表现程度。

4. 选择教学方法。按照教学方法的外部形态及学生认知活动的特点,把教学方法分为四类:以语言传递为主的方法、以直接感知为主的方法、以实际训练为主的方法和以引导探究为主的方法。教学方法的选择应该考虑:学生现有的知识经验、学科特点和教学内容、教师本身的素养和个性特征、各种教学方法的特点。

5. 编写教学方案。教案一般包括课题、教学目标、教学重点和难点、课型、课时、教具准备、教学过程、板书设计、教后反思九个项目,以上项目构成了教案的基本格式。除此之外,还有一些教案的变式:突出师生活动的教案、艺术欣赏课教案、体育活动课教案、卡片式教案、板书式教案、书页式教案等。

## 思考与练习

1. 教学设计过程包括哪些具体环节?

2. 分析教材应该从几方面展开?

3. 表述教学目标的要素是什么?尝试书写一个规范的教学目标,并指出各要素。

4. 本章中提供的几种教案格式对你是否有参考价值?说明理由。

5. 结合自己所学学科,选择小学或初中的一节课,尝试设计教学目标和教学环节。

## 参考文献

[1] 钟启泉,崔允漷,张华.为了中华民族的复兴,为了每位学生的发展——《基础教育课程改革纲要(试行)》解读[M].上海:华东师范大学出版社,2001.

[2] 皮连生.教学设计:心理学的理论与技术[M].北京:高等教育出版社,2000.

[3] 刘兼.国家课程标准的框架和特点分析[J].人民教育,2001(11).

[4] 马云鹏.课程与教学论[M].北京:中央广播电视大学出版社,2009.

[5] 方贤中.教师专业发展的4项基本技能——备课、说课、观课、评课[M].上海:华东师范大学出版社,2013.

[6] 王本陆.课程与教学论[M].北京:高等教育出版社,2004.

[7] 吴永军.新课程备课新思维[M].北京:教育科学出版社,2004.

[8] 钟启泉,崔允漷.新课程的理念与创新:师范生读本[M].2版.北京:高等教育出版社,2008.

[9] 崔允漷.有效教学[M].上海:华东师范大学出版社,2009.

[10] 廖哲勋,罗祖兵.试论学习活动方式的本质含义和重要作用——为修订课程标准和深化课程改革而作[J].课程·教材·教法,2013(1).

[11] 容中逵.论教学活动特质的阶段属性——一个引发新矛盾且需再澄清的老问题[J].课程·教材·教法,2013(6).

[12] 何善亮.有效教学的整体建构[M].北京:高等教育出版社,2008.

[13] 李志厚,钟秀梅.教学临界阈理论与实践[M].哈尔滨:哈尔滨工程大学出版社,2011.

[14] 陈桂生."课程目标"问对[J].河北师范大学学报(教育科学版),2003,5(2).

[15] 朱伟强,崔允漷.关于内容标准的分解策略和方法[J].课程·教材·教法,2011(10).

[16] 熊梅,脱中菲,王廷波.国家课程校本化实施的实践模式[J].江苏教育研究,2008(12).

[17] 施良方,崔允漷.教学理论:课堂教学的原理、策略与研究[M].上海:华东师范大学出版社,1999.

[18] 佐藤正夫.教学原理[M].钟启泉,译.北京:教育科学出版社,2001.

# 第六章　课堂教学基本技能

## 学习目标

1. 会设计导课。

2. 能举例说明每种课堂提问的类型。

3. 会设计结课。

4. 会设计板书。

## 学习要求

| 知识要点 | 能力要求 | 相关知识 |
|---|---|---|
| 导课技能 | (1)掌握导课方法和导课原则<br>(2)根据具体内容设计导课环节的能力 | (1)九种导课方法<br>(2)导课的原则 |
| 提问技能 | (1)理解并区分不同类型的提问<br>(2)根据具体内容设计课堂提问的能力 | (1)六种提问类型<br>(2)提问的原则 |
| 结课技能 | (1)掌握结课方法和结课原则<br>(2)根据具体内容设计结课环节的能力 | (1)四类八种结课方法<br>(2)结课的原则 |
| 板书技能 | (1)掌握板书类型和板书原则<br>(2)根据具体内容设计板书的能力 | (1)八种板书类型<br>(2)板书的原则 |

### ■♩ 导入案例

#### 课堂教学如同高速公路的入口①

　　康宁女士在她的《走进哈佛课堂》里表达道:"到哈佛学习,就像是很快帮助我找到高速公路的入口。"把课堂教学比作高速公路的入口,是一个生动、形象而又深含意蕴的隐喻。其喻意是:学生的学习,实际上是一次次旅行,当旅途中与陌生的人与物相遇时,教育就发生了。高速公路上还有一些

---

① 自成尚荣."理想教学"的三个比喻[J].课程教材教学研究(小教研究),2014(Z1):91.

极具教育意义的物象:如慢车道、快车道、超车道,喻指不同学生找到适合自己的路径和方式;如路标,喻指教师在适当的时间和地点指导和引领学生。但要走上高速公路,首先要找到入口,喻指教学是一个在教师引导下不断探索、寻找、发现的过程,也是一个创造的过程。正因为此,教师应当不断追问自己:今天的教学中我把学生带到高速公路的入口处了吗?

**■ 点评**

### 引领学生完成高效自主的学习之旅

好的教学是把学生带到"高速公路入口处",这意味着教师要具备一定的教学能力,能够适时引领学生完成高效自主的学习之旅。教师的课堂教学技能是教师教学能力的集中体现,从表面看,教学技能是教师在教学活动中有效促进学生学习的外在表现方式;从深层剖析,教学技能表现为教师的知识、技巧、心理特征和个性特征构成的功能体系,是教师的个性、创造性与教学要求的内在统一。

课堂教学既是一门科学,又是一门艺术。教学实践证明,课堂教学质量的提高,必须在充分尊重和体现教学科学性的基础上,系统地研究和提高课堂教学的技艺水平。本章将从课堂教学的导课、提问、结课、板书等环节入手,探讨课堂教学的基本技能。

## 第一节　导课技能

导课是教师在一项新的教学内容或活动开始前,引导学生进入学习状态的行为方式。导课虽然在一堂课中只占很少的时间,但是它关系到整个课堂教学的效果,好的导课能够引起学生强烈的求知欲,激发学生学习的兴趣,启迪他们的心智,促使学生产生学习动机,拉近学生与教材的距离。导课方法是值得每个教师重视的首要问题。

# 一、导课的方法

## （一）直接导课法

这是一种最为简单、常用的导课方法，就是开门见山，单刀直入，不做多余的渲染，直接揭示课题，在最短的时间内阐明学习目的和要求，点出相关教学内容和教学程序的导课方法。

例如，在讲"光合作用"前，教师是这样导课的：

生你者父母，养你者植物（学生笑）。你吃的、穿的、呼吸的，都是植物给你的（学生哗然）；没有植物，你父母也没有办法使你吃饱穿暖。是绿色植物通过光合作用给你生产吃的、穿的和呼吸的（学生点头称是）。这节课我们要掌握的是光合作用的过程及意义。

教师利用植物光合作用与生活的关系简明扼要地导入新课，可使学生很快明确学习内容。

## （二）温故导课法

这是一种利用新旧知识之间的联系，通过温习旧课达到启发新知的导课方法。教育心理学研究表明，在新的教学情境中，能与已有知识建立联系的知识往往更能激起学生的学习兴趣。知识本身具有严密的逻辑关系，各种新知识都是在已有知识的基础上发展而来的。温故导课法就是在上新课之前，将此前所学的知识与学生共同复习，在此基础上顺势导入新课。这既使学生复习了已有知识，又使学生找到了新旧知识的关联之处，使新旧知识形成一个初步的体系，起到了"架桥铺路"的作用。

例如，学习课文《燕子》，由于这是三年级下学期的第一课，经过漫长的寒假，一些知识已经被忘记。教师是这样导入的：

先要求学生回忆并背出学过的描写春天的古诗，学生一下子就背出了孟浩然的《春晓》、白居易的《赋得古原草送别》，教师顺势揭题："今天我们也来学习一篇关于春天的课文，只不过它写的是春天的一种活泼机灵的小动物，请大家翻到第一课大声齐读课题。"教师板书课题进入新课。

教师抓住新旧知识之间的联系，通过复习描写春天的古诗导入新课，为学生做好心理铺垫,可激发学习兴趣。

### (三)悬念导课法

设置悬念是戏剧表演中常用的方法,教学一开始,教师有意识地设置一些悬念,将学生带入一种急于求解、欲罢不能的状态,促使他们带着问题全神贯注地投入学习中。

例如,教师在讲"相似三角形"时是这样导入的:

学了这节课,同学们不上树可以测出树高,不过河可以量出河宽。

简短几句话可激起学生的新奇感和学习欲望,一个个跃跃欲试,急切地等待老师揭开"谜底"。

### (四)演练导课法

演练导课法是数学、物理和化学学科常用的导课方法,即在上课时,教师选择实物、标本、模型等进行演示,或利用做实验、练习等调动学生学习的积极性,引入新课。演练导课法比较直观,容易引起学生浓厚的兴趣,便于活跃课堂气氛,有助于学生理解抽象的知识。

例如,在讲"大气压"一课时就可以采用实验导课:

教师将一只玻璃杯灌满水,用一张硬纸片盖在杯口上,再按住纸片把水杯倒过来,问:"当手移开后,会产生什么现象?"学生各抒己见,提出以下几种看法:① 纸片会掉下来;② 水会流下来。学生期待看到想象的结果,登上兴趣之舟后进入本节课的学习。

通过实验的方式直观演示,有助于引发学生的思考,调动学习兴趣。

### (五)故事导课法

这是一种适当运用故事创设情境引入新课的方法。由于故事生动活泼,富有趣味,所以故事导课是学生比较喜爱的一种形式。这种导课形式不仅能培养学生的思维能力,还能引起学生对本学科的兴趣。

例如,"重力"一课教师是这样导入的:

据说孔子周游列国时,一天在鲁桓公的庙宇里,发现一个奇怪的水壶,把它丢在水中时会自动灌水,水到一半时壶会自动站立,当水灌满时水壶又会倾倒。孔子看到后对弟子说:"人不能自满啊,自满的人没有不摔跤的。"这个道理大家都明白,那么这个水壶是怎么回事呢? 这节课我们就学习"重力"。

教师通过历史典故引入新课,可以创设活跃的学习情境,也可以激发学生的学习热情。

### (六) 情境导课法

情境导课,就是教师在教学中利用语言、音乐、绘画等手段,创设一定的情境,激发学生的兴趣,启迪学生的思维,使学生潜移默化地受到教育、获取知识。具体生动的情境,能增强学生的情感体验,引起学生激动、愉快的情绪。学生一进入情境,就会与画面、老师的语言产生情感上的共鸣,产生学习的兴趣。

例如,"生物因素对生物的影响"一课的导入:

教师在黑板上展示一幅《蛇岛的春天》彩图,用生动的语言加以描述:"这是蛇岛的春天,满山春色,鸟语花香,一片生机盎然的景象。但是,你们没想到吧? 在这百花盛开的密林里却存在着残酷的斗争。"紧接着,播放一段动物世界的录像作为导入,使学生犹如身临其境。然后教师引导学生逐步分析这里的动植物以及它们之间的关系。

教师通过图片、视频等直观方式创设模拟情境,在调动学生情绪体验的同时,拉近了学生与教材的距离。

### (七) 游戏导课法

好的游戏导课,常常集新、奇、趣、乐、智于一体,它能最大限度地活跃课堂气氛,消除学生因准备学习新知识而产生的紧张情绪,可以为学生营造一个轻松愉悦的学习氛围。特别是中低年级小学生,注意力集中时间短,稳定性差,分配注意的能力弱,注意范围小,比较适合游戏导课方法。

例如,在教学"找规律"时,可设计如下导入方法:

教师先邀请学生一起做游戏,仔细观察教师的动作:教师拍手一次,拍肩两次,重复做三次,然后问:"谁知道接下去怎么拍,为什么?"学生高兴极了,纷纷拍了起来,这时让学生互相说说他是怎么知道这样拍的。此时,学生已经感悟到动作是有规律的,师生一起边拍边说。接着教师导入:"在我们日常生活中,也有很多像这样按照一定顺序、有规律的排列,今天就让我们一起来找规律。"

游戏符合中低年级学生形象思维的特点,在轻松的氛围中,学生初步感受规律,进而探索规律。

### (八)审题导课法

教材中有些题目经过作者精心的构思,能反映文章的中心思想或主要内容,可以借助分析题目来导入新课。

例如,教师在讲《中国人失掉自信力了吗?》一文时,就是用审题法来导课的:

一上课,教师在黑板上书写了标题:中国人失掉自信力了吗?然后说:文章的标题是通过哪个词来鲜明表达作者观点的?大部分学生答"吗"。"那么'吗'字前面的论点是否正确?""不正确,是荒谬的。"为了弄清作者的观点,请打开书看课文……

标题是文章的眼睛,引导学生抓标题中的关键字词导入新课,有利于展开整个篇章的学习。

### (九)比较导课法

教师用现学的知识与以往的知识进行比较,从而导入新课。

例如,在教学《翠鸟》一课时,教师先出示课件:

一身乌黑光亮的羽毛,一对俊俏轻快的翅膀,加上剪刀似的尾巴……问学生描写的是哪种鸟?学生齐答:燕子。再出示课件:一双红色的小爪子,头上橄榄色的羽毛,翠绿色的花纹,背上披着浅绿色的外衣,腹部穿着赤褐色的衬衫,小巧玲珑的身子,透亮灵活的眼睛,又尖又长的嘴……这还是燕子吗?那是什么?从而导入新课——《翠鸟》。

利用新旧知识的异同导课,有助于调动学生的兴趣,加深对新知识的印象。

## 二、导课的原则

### (一)针对性原则

导课的针对性原则指教师在教学中要考虑教学内容的特点和学生的特点。第一,导课设计应该以教学内容为基础,针对教学内容的实际需要去设计导课形式,斟酌导课的用语。如果偏离了这个方向,再好的导课也无助于教学的有效进行。第二,导课要考虑学生的特点。不同阶段的学生可以采取不同的导课方式。如在小学低年级多采用生动直观的形式,而在中学多采用联想类比、启发谈话等形式。

## (二)启发性原则

导课要有利于集中注意力、唤起兴趣、激发动机、启迪智慧,尽量做到"导而弗牵,开而弗达",尽量以生动、具体的事例和实验为依托,引入新知识、新观念。能否引起学生的积极思维,能否为学生创造出思维上的矛盾冲突,能否使他们产生"新奇感",是导课成败的关键。

---

**案例链接6-1**

### 三年级数学《美丽的轴对称图形》导入对比①

**片段一**

三年级数学《美丽的轴对称图形》一课的导入,该教师是这样设计的:上课伊始,先让学生说一说春天的美景,紧接着课件展示一组标题为"寻找春天的足迹"的图片,包括翩翩起舞的蝴蝶、片片纷飞的树叶以及美丽的花瓣等。然后教师提问:"这些图片漂亮吗?"

小学生异口同声地回答:"漂亮。"

老师提问:"请同学们仔细观察图片中的物体,你发现这些物体的图案都有一个什么样的共同特征?"

学生1回答:"它们都很漂亮。"

学生2回答:"它们都只有在春天里才能如此美丽……"

老师提示:请小朋友再认真、仔细地观察,看看这些物体在形状上有着怎样的共同特征?

在教师这样"再三引导"下,终于有名学生恍然大悟,举手回答道:"它们是对称图形。"这时这位教师才露出笑容,立刻表扬这位小朋友,并让他说说自己的想法。然后板书:对称图形。

---

① 周小杭.情景导课方法在小学数学教学中的应用[J].教育实践与研究,2007(12-A):37-39.

**片段二**

同样是《美丽的轴对称图形》这节课的导入,另一位教师是这么设计的:首先课件出示半只蝴蝶,教师提出要求:你能帮助这半只蝴蝶找出另外的一半身体吗? 并说说你的理由。紧接着出示另外四幅大小不一、图案不同的半只蝴蝶。学生的积极性一下子被调动起来,踊跃发言,初步提出了蝴蝶另一半身体要和原来的半只蝴蝶大小一样、图案相同,这时候教师引出"对称图形"的概念。

**评析**

片段一中的教学导入,教师并没有采用一定的方式引导学生的思维,而是创设了与本节课内容相近的教学情境。这位教师"图片导入"的设计用意很好,目的是让学生通过自己的观察得出"这些图形都是对称的"的结论,但在创设教学情境时,没有考虑到面对的是三年级的小学生,再加上教具(图片)的"对称性"不够明显,而陷入了"千呼万唤始出来"的被动局面。试想,该案例中,假如没有一个学生说出"这些图形是对称的",这位教师还要继续穷追不舍地问下去吗? 如果"千呼万唤不出来"就不继续学习新课了吗?

片段二的教学中,教师通过让学生找出蝴蝶的另一半,激发出学生解决问题的欲望,拉近"教"与"学"的距离,让学生在解决问题的过程中立刻进入课堂中来,同时让学生在解决问题的过程中,初步感知对称图形大小相同以及图案相同的特征。可以说,这位教师的导入设计目的明确,取得了很好的教学效果。

## (三) 整体性原则

导课不是孤立的教学环节,它与其他教学环节构成了一个教学整体。在设计导课时,应该有教学的整体性观念,避免为导课而导课。那种仅凭教师兴趣而夸夸其谈的导课是没有实际意义的。

总之,在课堂教学中要重视导课这一重要环节并精心设计,使学生在短时间内安定情绪,进入状态,让学生有目的地参与课堂教学,实现思维定向、内容定旨、感情定调,最终提高课堂教学的质量和效率。

## 第二节 提问技能

提问是教学过程中教师和学生之间常用的一种相互交流的教学技能,是通过师生相互作用,检查学习、促进思维、巩固和运用知识、实现教学目标的一种教学行为方式。[①] 有效提问可以提高课堂质量、促进学生思考。提问是教师重要的语言活动,也是教师教学技能的重要组成部分。

### 一、课堂提问的类型

课堂提问的类型有很多,从不同的角度可以进行不同的设计。许多研究者对提问类型进行了设计,其中以美国教育家特尼(Turney)创设的"布卢姆-特尼"提问设计模式最为著名。在这种设计模式中,提问被分成由低到高六个不同的层次水平:知识(回忆)水平、理解水平、应用水平、分析水平、评价水平、创新水平。[②] 每个水平的提问都与学生不同类型的思维活动相对应。

#### (一) 知识(回忆)水平提问

这种提问要求学生通过回忆检索已有知识来回答问题。这类提问一般有两个特点:一是答案具体;二是答案唯一。教师通常使用的关键词有:谁、是什么、在哪里、有哪些、什么时候等。例如:"三角形的计算公式是什么?""中国的首都在哪里?""《西游记》的作者是谁?"知识水平的提问可以用来确认学生是否掌握了所学内容。但此类提问留给学生思考的空间较少,学生不需要进行深入思考就可以回答,在课堂上不宜过多使用,一般在课堂引入阶段教师检查学生先前知识掌握情况,或课堂讲授阶段教师了解学生对新内容的掌握情况时,适合使用此种提问方式。

---

① 皮连生.教学设计:心理学的理论与技术[M].北京:高等教育出版社,2000:152.
② 郭成.教学心理学丛书·课堂教学设计[M].北京:人民教育出版社,2006:178.

### （二）理解水平提问

这类提问要求学生用自己的话对事实或事件进行叙述，对照、比较事实或事件的异同，能把知识由一种形式转变为另一种形式。教师通常使用的关键词有：用自己的话叙述、比较、对照、解释等。例如："你能用自己的话说出课文的主要内容吗？""平行四边形与矩形的共同点与不同点有哪些？"理解水平的提问一般用于检查学生理解掌握知识的情况，帮助学生组织所学知识，进一步加工学习的内容。此种提问一般用于讲授新课之后。

### （三）应用水平提问

应用水平提问要求学生把所学的概念、规则、理论等知识应用于某些问题。学生要能把先前所学知识迁移到新问题情境之中。教师通常使用的关键词有：应用、运用、分类、分辨、选择、举例等。这种问题在理科教学中常常被使用，例如："如何利用加法来学习乘法？""你能运用三角形的面积公式推导出平行四边形的面积计算公式吗？"它可以用来考查学生对程序性知识的掌握情况，一般在课堂新内容的讲授、练习中常使用此种提问。

### （四）分析水平提问

分析水平提问方法要求学生运用已学过的知识来分析新学知识的结构、因素，理清事物的关系和前因后果。教师通常使用的关键词有：为什么、哪些因素、什么原理、什么关系、证明等。例如，教师在讲解《圆明园的毁灭》后，设计这样的问题：课题写圆明园的毁灭，可是课文为什么用大量的篇幅描写圆明园的辉煌？这种问题要根据所学内容，分析资料、理解知识结构、找出事物间的联系，以确定原因、进行推论。此种提问对学生的要求较高，一般适合年龄稍大、具有一定的分析能力和批判性思维能力的学生。教师在学生回答这类提问时，应给予鼓励和帮助，使学生不断提高分析能力。

### （五）评价水平提问

评价水平提问要求学生对材料给出自己的价值判断和选择。这种提问是最高水平的提问，它能帮助学生根据一定的标准评判事物的价值，从不同角度认识和分析问题，评价事物。教师通常使用的关键词有：判断、评价、证明、你认为等。例如："你认为某同学的观点怎么样？""你认为这篇文章写得好在哪儿？"学生要对事物进行评价,必须对相应的知识有深入的理解,并能分析、综合所学知识,产生新的知识及自己对某事物的独特看法或观点。

### (六) 创新水平提问

创新水平提问是为了培养学生的求异思维能力,要求学生发现知识之间的内在联系,并在此基础上把教材内容的概念、规则等重新组合。它们是开放性的,正确答案不止一个,并且通常不大可能事先预测正确答案究竟是什么。教师通常使用的关键词有:如果……会……、根据……你认为……、总结、预见等。例如:"你对这篇文章有怎样的看法?""我们可以通过什么样的方法来提高学习效率?"这种提问有利于学生深入思考,对培养学生思维能力特别是创造能力具有重要作用。这种水平的提问适合在课堂讨论、合作学习、探究学习等学习方式中运用,在提问后教师应留给学生足够的时间去思考。此外,教师应注重学生之间的合作探究,使学生不仅能综合利用已学知识来解决问题,还能利用同伴资源进行社会建构,萌生新的想法来解决问题。

> **■ 案例链接6-2**
>
> **表6-1  六个认知水平样本问题①**
>
> | 认知层次 | 样本问题 |
> |---|---|
> | 记忆 | 1. 你在运算 3 + 3 + 3 + 3 = ? 的时候,一共有多少个3?<br>2. 在计算 3 + 3 + 3 + 3 时,哪儿有四个3?<br>3. 我们把"×"这个符号叫作什么? |
> | 理解 | 1. 想说有几"个"什么时,我们通常会怎样表达?<br>2. 为什么运用乘法会给我们想要的答案?<br>3. 当我们说能够用加法或乘法的时候,这意味着什么? |
> | 应用 | 1. 告诉我怎样以不同的方式解决这个问题?<br>2. 为什么我选择用乘法解决这个问题,而不用加法?<br>3. 你会运用乘法解决下面的问题吗? 为什么会,为什么不会?<br>你有6个口袋。在2个口袋中,每个有5个苹果;在另外4个口袋中,每个有4个杏子。你一共有多少个水果? |

① 沃尔什,萨特斯.优质提问教学法:让每个学生都参与其中[M].刘彦,译.北京:中国轻工业出版社.2009:34.

续表

| 认知层次 | 样本问题 |
|---|---|
| 分析 | 1. 乘法和加法有哪些相似性？又有哪些不同的地方？<br>2. 解释为什么 $6 \times 5$ 和 $5 \times 6$ 的答案相同,但却具有不同的意义。 |
| 评价 | 1. 在问题解决中,哪一个更为重要:乘法或是加法？<br>2. 你怎样确定这是运用乘法而不是加法的最佳时机？ |
| 创新 | 1. 你能证明——乘法可以用于某些加法问题,但不是所有的情况都适用吗？<br>2. 你能创造一个规则——什么时候该用乘法代替加法吗？ |

## 二、课堂提问的原则

### (一) 综合性原则

上述六个层次的提问都与学生不同类型的思维活动相对应。为了促进学生心理发展,在提问时,教师应该兼顾各种类型、层次的问题,不宜偏重某类问题。尽可能在开放性问题和封闭性问题之间保持平衡,在记忆性问题、理解性问题、应用性问题、分析性问题、评价性问题、创造性问题之间保持平衡。

### 案例链接6-3
#### 历史课问题类型实例分析①

一开始上课,历史老师就声明,今天的课要把同学们分成男、女两队展开竞赛,以回答问题的多少、对错分别计分。回答一次,不管对错得一分,回答正确再加一分。如果回答得特别棒,还可以奖励分数。于是,教师开始提问:

1. 国民革命失败的原因是什么？

2. 革命统一战线建立的标志是什么？

① 唐湘桃.中美中小学课堂提问类型及提问基本模式的研究[D].长沙:湖南师范大学,2006.

3. 统一战线建立后,领导国民革命运动取得了哪些成果?

4. 北伐的目标是什么?

5. 北伐的主要对象是谁?

6. 北伐军分哪几路?

7. 北伐军的主力是哪一路?

每次教师的问题还没有说完,学生的手臂早已树林一样擎满了教室,与电视上的抢答赛相比毫不逊色。

根据统计,这节课回忆性问题和理解性问题占全部认知性问题的80%,而其中要求学生回忆事实的问题则占到80%中的80%。

### (二) 层次性原则

在提问时,教师应遵循从简到繁、从易到难、由浅入深、由此及彼的顺序逐级深入,层层递进,不可忽难忽易,忽深忽浅。问题的层次性应该兼顾两方面因素:一是学生的思维水平,二是知识的内在逻辑。问题应力求做到准确、简洁、清晰,与学生对问题的认知程度相符合,在现有基础上能启发学生的思维;也应该符合知识点之间的先此后彼的逻辑关系。只有将二者同时整合在问题中,才可以达到降低学生学习难度,提高课堂提问质量的目的。

### (三) 公平性原则

课堂提问的公平性,主要体现在参与权上。教师提问时应均等地向每个学生提供回答问题的机会,促使全体学生共同思考。学生的参与程度不仅取决于问题的数量,还取决于问题类型的分配,总认为基础薄弱的学生回答不好有难度的问题,这样的分配不公会降低这部分学生对课堂教学的参与程度,挫伤他们学习的积极性,加剧学生的两极分化。在课堂教学中,教师应该营造积极活泼的课堂气氛,鼓励启发学生回答和提出问题。

### (四) 反馈性原则

在提问时,教师要慎重对待学生的回答,以适当的方式评价学生的回答,及时给予反馈。评价的方式包括:重复学生的回答,予以确认;强调学生的观点和例证,使表达的意思更明确;归纳学生回答的要点,对学生的思考和语言表达加以规范;对某一问题进行延伸或追问,促使学生加深理解。学生回答得不正确,不仅表明学生没有掌握这个内容,也反映了他们在学习上的具体困难。在评价学生的回答时,要坚持以鼓励为主,尤其对于基础较薄弱的学生更要特别注意不失时机地对他们答问中的闪光点加以鼓励,消除他们思想上的惰性和心理上的障碍。教师也要给予学生发表不同意见的机会,形成一种和谐、宽松的教学氛围。

# 第三节　结课技能

结课是教师在一堂课的最后几分钟内对本课教学内容的阶段性总结,是课堂教学中不可忽视的环节。成功的结课,不仅对教学内容起梳理概括、画龙点睛的作用,还能激发学生继续学习的欲望,从而达到"课虽结而意犹未尽"的效果。

## 一、结课的方法

根据课堂教学的独立性、相关性、动态性和情境性等特点,结课方法可分为终结式结课、承启式结课、延伸式结课和情境式结课四类。①

### (一) 终结式结课

终结式结课,即教师在教学结束时用准确精练的语言,对课文的精要之处进行点化、揭示、总结。其特点是:就课论课,戛然而止,干脆利落。

#### 1. 归纳法

这是一种比较常见的结课方法,即教师在课堂教学结束前用较短的时间,用简明扼要、有条理的语言,提纲挈领地对整节课的主要内容、知识结构、学习方法进行概括归纳。归纳法结课给学生以系统、完整的印象,使教学内容更为条理化、系统化,便于

---

① 陈继伟.结课方式方法种种[EB/OL]. (2012-04-14)[2024-7-31]. http://wenku. baidu. com/view/88fc6e83ec3a87c24028c4f2. html

学生将感性认识上升为理性认识。

2. 谈话法

这是一种运用对话形式进行结课的方法。谈话法以对话为载体,在师生问答的过程中引导学生层层深入理解所学内容。

---

**案例链接6-4**

### 《一夜的工作》结课

师:"总结这节课以前,请读文中'我看见了他一夜的工作……''他每夜都是这样工作的……'这两句话,注意带点词,说说你的收获。"

生:"从'一夜'到'每夜',说明周总理天天如此,夜以继日地为人民服务。"

师:"为什么反复强调周总理是'中国的总理'?"

生:"因为在中国,有这样的一位总理。"

生:"因为周总理是中国人民的总理,值得中国人民骄傲。"

师:"从'又想高声对全世界说'知道什么呢?"

生:"因为中国有这样的总理,也是全世界人民的光荣和骄傲。"

生:"这些句子突出了周总理工作劳苦、生活简朴的优秀品质。"

生:"说明人民对总理的由衷爱戴。"

教师通过发问引导学生品析课文关键字词,层层深入主旨,体会周总理的优秀品质。

---

### (二)承启式结课

无论是课与课之间,还是一节课的各环节之间,都有着十分密切的联系。承启式结课,就是抓住课与课之间的某种具体联系进行上下连接的一种结课方法。就课堂教学的整体性而言,其方式特点是:承上启下,"藕断丝连"。

1. 悬念法

讲究教学艺术的教师一般都深知:下课是一节课的结束,但最忌的却是真的结束了。教师可以在"结课"时使用设立悬念的方法,使课堂在学生"欲知后事如何"时戛然而止,给学生留下一个有待探索的未知数,激起学生学习新知的强烈欲望,进而产生学习期待。尤其当上下两节课的内容和形式均有密切联系时,更适合采用悬念法结课。

> **案例链接6-5**
>
> ### 悬念法结课
>
> 教师在讲完分子这节课时的结语是:"今天,我们学习了分子的知识。认识了分子的存在,了解了分子的性质,理解了分子的概念,学会了用分子的观点区别物理变化和化学变化。那么请大家思考一下:分子是不是构成物质的唯一微粒呢?分子很小,它能不能再分呢?为什么分子在化学变化中会发生变化,它是怎样变成新的分子的呢?这些问题的解答尽在下节课——原子。"学生立刻就对原子产生了极大的兴趣,这种兴趣会促使他们认真地预习、热烈地讨论,无形中减轻了教师的教学压力,使师生之间的知识传输变得更加顺畅。

悬念法结课切不可泛泛而用,教师一定要具体章节具体分析,有针对性地设置悬疑点,方可起到事半功倍的效果。

2. 比较法

比较法强调把新学知识与原有知识进行对照比较,找出它们的联系与区别,使学生对所学知识理解更准确、更清晰,运用更恰当。如生物课学完"鸟类的生殖和发育"后,让学生分析昆虫、两栖类动物和鸟类在生殖和发育方式上有哪些相同点和不同点,学生可采用列表法进行分析比较,以便更加明确所学的内容。这既是课结,又是课始。它成了两个课堂的纽带,促使学生运用已知去获得未知,通过部分而知整体,既有联系又有拓展。

### (三)延伸式结课

事物是联系的,又是变化的。课堂教学也是这样,它并不是孤立的、静止的,而是运动的、发展的。延伸式结课就是引导学生将本课所学知识向课外延续、向实践伸展的一种教学方式。就课堂教学的动态性而言，其方式特点是：由知识到能力的转化，由课内到课外的联结，由校内到校外的拓展。

## 1. 巩固法

巩固法要求抓住一堂课的教学重点、难点，通过测验以及作业等手段引导学生巩固本课知识，以达到积累和应用知识的目的。通过练习，让学生动脑、动口、动手，强化和巩固所学内容，实现知识向能力的转化。

例如，《迷人的张家界》可这样结课：

"同学们，刚才我们兴趣盎然地游览了迷人的张家界，大家是否觉得意犹未尽呢？那么，请同学们课后到图书馆或网上查阅资料，了解张家界的其他风景名胜，然后选择一个自己喜欢的景点，设计一段导游词，下次活动课，大家一起'天南地北游一游'，好吗？"

这样结课，既扩大学生的阅读量，又拓展学生思维，让学生把眼光从课内伸向课外，把语文教学与生活实际联系起来，提高了学生的语文素养。

## 2. 迁移法

迁移法能够把课尾作为联系课内外的纽带，引导学生将所学知识拓展、迁移到现实生活中，为学生开辟"第二课堂"。

例如，《蝙蝠与雷达》一课，在结束时是这样设计的：

"人们从蝙蝠身上得到启示，发明了雷达。你还知道人们从什么地方得到启示，发明了什么？"孩子们争着回答："人们从荷叶得到了启示，发明了伞。""人们从火药得到启示，发明了火箭。""人们从大脑得到启示，发明了电脑。"……一下子举出 10 多个例子。尽管有的讲得不十分准确，但说明学生对这个问题非常感兴趣。教师趁着学生兴趣正浓时，又提了一个问题："你从什么得到启示，觉得可以发明什么？"要求学生积极开展科技小发明、小创作活动。

这样结课把学生从课堂上激起的兴趣延续到课外，沟通了课内外的学习，鼓励学生迁移所学知识，进一步探究新知。

## (四) 情境式结课

情境式结课是以教学情境为凭借,在课末创设出和谐、热烈的教学气氛的一种教学方式。就教学的非智力因素而言,其方式特点是:以情感人,以意境陶冶人的心灵。

### 1. 创设情境法

创设情境法即充分运用教学语言或教学媒体构成课堂教学的课末情境,使学生觉得上课是一种艺术享受的结课方式。

> **案例链接6-6**
>
> **"平均数、中位数、众数的使用"的结课①**
>
> 在学习"平均数、中位数、众数的使用"这节课时,教师创设了这样一个情境:"在本课即将结束之际,老师很想了解同学们对我的这节课的评价。请你根据自己的实际收获给老师打个分数,记住一定要实事求是哦。"学生听了大多显得很兴奋和惊奇(这个情境已经触发了学生的兴奋点),教室里稍稍有点乱,2分钟后,课代表把打分情况汇总在黑板上。
>
> 师:"非常感谢大家,请你们通过观察和计算把老师最后的得分告诉我,好吗?
>
> 生1:"你得95分。"
>
> 师:"说说你的理由。"
>
> 生1:"我用众数,因为打95分的同学最多。"
>
> 生2:"用平均数你的得分是92.11分。"
>
> 生3:"我觉得去掉一个最高分100分,去掉一个最低分79,再算平均分,这样老师得分92.22分。"
>
> 师:"很好,这种评分在电视里看过。"
>
> 生4:"用中位数,中位数95分处在中等水平,不受最低最高分的影响,同时它是众数,又反映大多数同学的想法,事实上打95分以上的同学有29

---

① 周青.初中数学情境式课堂结课初探[J].中学课程辅导,2014(22):127-128.

个,已经超过一半,所以老师您得95分。"

师:"如果老师随机问一个同学给老师打了多少分,最有可能的回答是几分。"

生:"95分。"

师:"为什么?"

生:"看众数。"

师:"谢谢同学们,对我如此高的评价,说句心里话,我也特别感谢那位打79分的同学,他让我清醒地意识到课堂上老师对他的关注太少,可能老师忽视了他,从这点上讲,我只能得79分,他是一个有主见,而且实事求是的人,我会记住这一分数,并努力在今后的课堂上关心每一位同学的成长,谢谢大家!"

2. 拈连移用法

拈连移用法是指借用修辞的"拈连"作用进行结课,把甲乙两事物连着说时,顺势把原来适用于甲事物的词语拈来巧妙地连用于乙事物。

例如,讲授《质数》时,一位教师在课尾说:

"我国著名数学家陈景润研究哥德巴赫猜想,在国际上享有很高的声誉。现在我们根据已学知识也来做一道'哥德巴赫猜想'题。出示 24 = ( ) + ( ) = ( ) + ( ) = ( ) + ( )。请找出不同的三组质数,使它们的和分别为24。"

学生积极动脑,争相发言。看似教师信手拈来,实乃匠心独用,教学艺术其乐无穷。

## 二、结课的原则

### (一)目标性原则

无论是导课还是结课都是为教学目标服务的,教师应该以教学目标为依据选择结课方法。结课要紧紧围绕教学内容的重点、目的和知识结构等,针对学生的学习状况和课堂教学情境,或对知识进行总结概括,或将教学内容进一步延伸,扩展学生的知识面。结课最重要的出发点是为教学目标服务,偏离了这个方向,就会影响课堂教学的效果。

## (二)简洁性原则

课堂结尾不是对教学内容的讲解和重述,语言必须精炼概括,使学生抓住重点、掌握要点。下课在即,结课的时间过长会导致拖堂,无法实现良好的结课效果。拖堂不仅侵占学生的休息时间,影响学生的身体健康,而且会影响下一节课的学习,往往受到学生的抵触。

## (三)灵活性原则

学生注意力的保持时间是有限的,课堂尾声的四五分钟,是学生注意力松散和比较疲乏的时刻,这段时间里,结课的方式应该是灵活多样的,教师在教学时要针对不同学科、不同课型、不同年级的学生采用不同的结课方式。如果结课形式单一,学生就会感到枯燥,这将影响学生学习的积极性。

结课的方法很多,在教学实践中,我们不仅应根据教学内容和对象灵活运用、机智应变,更应根据实际需要探索求新,创造出各种有效的结课方式。只有这样,结课阶段的教学才能真正彰显学生的主体地位,激发学生的创造性。

# 第四节　板书技能

板书是教师在教学过程中,配合语言、媒体等,运用文字、符号、图表向学生传播信息的一种教学行为。板书包括主题板书和辅助板书。主题板书是教师在对教学内容进行概括的基础上,提纲挈领反映教学内容的书面语言,要求写在黑板的左半部和中部,又称正板书。主题板书是教师在备课中精心准备好的。辅助板书是教师为了引起学生的注意或是为了解释一些难以理解的内容,临时写在黑板右侧的书面语言。这里主要介绍正板书的设计。

## 一、板书的类型

### (一) 提纲式板书

提纲式板书是指运用简洁的重点词句,分层次、按部分地列出课文的知识结构提纲或者内容提要。这类板书适用于内容比较多、结构层次比较清楚的教学内容。其特点是:条理清楚、从属关系分明,给人以清晰完整的印象,便于加深学生对教材内容和知识体系的理解和记忆。例如《神奇的货币》一课的板书:

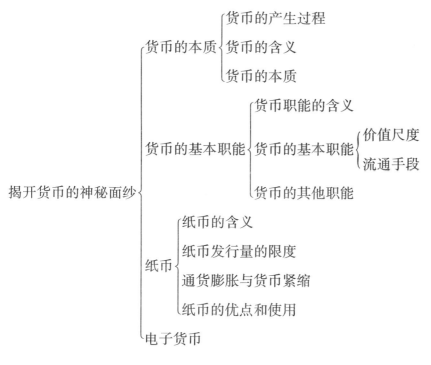

### (二) 词语式板书

词语式板书通过摘录、排列教学内容中几个含有内在联系的关键性词语,将教学的主要内容、结构集中地展现出来。特点是简明扼要,富有启发性,能够引起学生连贯性的思考和对教学内容的整体把握与理解,有利于学生思维能力的培养。例如《桂林山水》的板书:

水:静 清 绿

山:奇 秀 险

### (三) 表格式板书

表格式板书是将教学内容的要点与彼此间的联系以表格形式呈现的一种板书。教师根据教学内容可以明显分项的特点来设计表格,由教师提出相应的问题,让学生思考后提炼出简要的词语填入表格,也可由教师边讲解边把关键词语填入表格,或者先把内容有目的地按一定位置书写,归纳、总结时再形成表格。这类板书能将教材多变的内容梳理成简明的框架结构,增强教学内容的整体感与透明度,同时还可以加深学生对事物的特征与本质的认识。

例如《物理变化和化学变化》一课的板书:

表6-2 《物理变化和化学变化》板书

| 实验编号 | 变化前的物质 | 变化时的现象 | 变化后产生的物质 | 有无其他物质生成 | 属于什么变化 |
|---|---|---|---|---|---|
| 1 | 液态的水 | 沸腾时生成水蒸气,水蒸气遇玻璃片又凝结成液体 | 变成液态的水 | 无 | 物理变化 |
| 2 | 蓝色块状的胆矾 | 在研钵中研磨后成粉末 | 变成蓝色粉末状的胆矾 | 无 | 物理变化 |
| 3 | 银白色的镁条 | 能燃烧放出大量的热,同时发出耀眼白光,银白色镁条变成白色粉末 | 变成白色氧化镁粉末 | 有 | 化学变化 |
| 4 | 绿色粉末状的碱式碳酸铜 | 加热后,绿色粉末变成黑色,试管壁出现小水滴,石灰水变浑浊 | 生成三种物质:氧化铜(黑色)、水、二氧化碳 | 有 | 化学变化 |

### (四) 线索式板书

线索式板书是围绕某一教学主线,抓住重点,运用线条和箭头等符号,把教学内容的结构、脉络清晰展现出来的板书。这种板书指导性强,能把复杂的过程化繁为简,有助于学生了解事物发生发展的前因后果,对内容产生较全面的理解。

例如,讲解《人的消化》一课时,教师可设计以下线索式板书,使教学内容条理清晰,一目了然,便于接受。

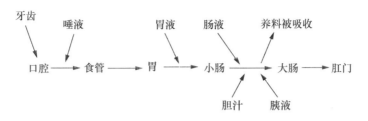

图 6-1　线索式板书样例

## （五）问题式板书

教师可以将教学内容设计成问题形式,给学生留有思考余地,更好地促进学生积极动脑,主动地获取知识。例如《群英会蒋干中计》一文中,课题只标明了中计者的姓名,而没有标明谁用的计。上课伊始,教师可以引导学生共同设计如下板书,以引导学生阅读课文。

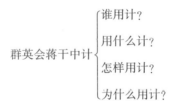

图 6-2　问题式板书样例

## （六）分析式板书

这是从教材的层次结构出发,逐步分析教材内容的板书形式。这种板书形式以直观图形表达思维过程,其逻辑关系直观明了,便于学生掌握。例如,有一道数学应用题:两个筑路队修一条公路,甲队每天修 650 米,乙队每天修 520 米,两队合修 18天,共修多少米?设计以下板书,可以使学生很快地掌握解题过程。

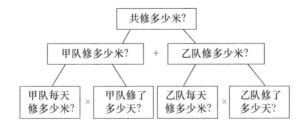

图 6-3　分析式板书样例

## (七) 图文式板书

教师边讲边把教学内容所涉及的事物形态、结构等用图画出来(包括模式图、示意图、图解和图画等),形象直观地展现在学生面前。这种板书图文并茂,容易引起学生的注意,激发学习兴趣,能够较好地培养学生的观察能力和思维能力。

如讲解《卵石是怎样形成的》一课时,教师通过以下板书可把卵石形成的过程形象地展现在学生面前。

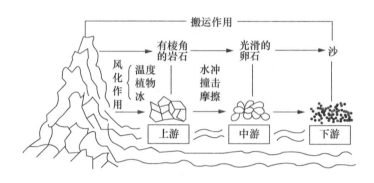

图 6-4　图文式板书样例

## (八) 辐射式板书

以某一知识点为辐射源,向四面八方散射开去的板书形式。如在教小学一年级思想品德课《冬冬有礼貌》时,教师采用板书可把冬冬的礼貌用语全面地展现出来。

图 6-5　辐射式板书样例

以上对常见板书形式做了介绍。这些板书形式,有时相互交叉,在设计板书的时候,不可能孤立单一地只用一种形式。需要注意的是,所介绍的某一课的板书形式,不能理解为这一课只能有这样一种板书模式。这里介绍的只是某种板书应具有的框架格式,对某一教学内容来说,板书不应是固定不变的。

## 二、板书的原则

### (一) 准确性原则

好的板书,是一篇"微型教案",可以帮助学生理解教学内容,培养学生的分析、概括能力。板书设计应遵循教材的逻辑顺序,紧紧把握教学内容的重点和难点。一般说来,应准确抓住以下重点内容:

1. 能引导学生思路发展的内容,如必要的标题、问题的衔接和核心点。

2. 能引导学生由形象思维向抽象思维过渡的内容。

3. 能引导学生产生联想、便于记忆的内容。

### (二) 适时性原则

由于教学任务不同,每位教师在使用板书时,具有很大的灵活性。可以先讲再写,可以先写再讲,还可以边写边讲。

先讲再写是指教师先用口头言语进行详细的讲解,再对教学内容总结归纳,展示板书。这时,板书起到总结的作用,能加深学生对问题的理解,有一定难度的教学内容适合使用此法。先写再讲是指教师先完整地展示板书内容,再进行口头言语的详细讲解。这时,板书主要起着引导学生遵循教师思路的作用,一般在理科教学中教师讲解例题时,采用的是此种展现形式。而边讲边写的板书能起到控制作用,能吸引学生的注意力,激发学生的兴趣,使教学内容的思路、教师的思路和学生的思路合拍。板书的呈现是否适时,直接影响学生的学习效果。

### (三) 规范性原则

规范的板书设计应注意以下问题:第一,板书在色彩的使用上要注意协调和醒目。教师在关键的字词上应使用彩色的粉笔书写,以提示学生注意。第二,板书的空间布局要体现整体性。板书的标题、内容的先后次序与详略,各部分板书的空间排列,主板书、副板书的空间位置等要仔细考虑,切忌随意涂鸦,破坏整体性。第三,板书设计要注意使用布白。并不是板书所有的内容都要写实、写满,适当地留给学生一些思考的空间,让学生自己去探索空白之中的内容,可以使学生进行深层次的认知加工,加深对知识的理解和掌握。布白一般设置于教学的重点、难点、关键点、对比点,可以起到引起学生注意、引发学生思考的作用。第四,板书用语要规范,既要简约,又要合乎逻辑,合乎语法规则,避免语病。第五,板书的写与画要规范,文字要正确,字迹要工整,图形要准确。

## 本章小结

本章主要探讨课堂教学基本技能,分别从导课、提问、结课、板书四个方面展开。

1. 导课技能。这部分主要介绍了导课的方法和导课的原则。导课的方法主要包括:直接导课法、温故导课法、悬念导课法、演练导课法、故事导课法、情境导课法、游戏导课法、审题导课法、比较导课法。导课应体现针对性原则、启发性原则、整体性原则。

2. 提问技能。这部分主要介绍了课堂提问的类型和课堂提问的原则。根据"布卢姆-特尼"提问设计模式,课堂提问分成由低到高六个不同的层次水平:知识(回忆)水平、理解水平、应用水平、分析水平、评价水平、创新水平。课堂提问的原则包括:综合性原则、层次性原则、公平性原则、反馈性原则。

3. 结课技能。根据课堂教学的独立性、相关性、动态性和情境性等特点,结课分为终结式结课、承启式结课、延伸式结课和情境式结课等四类。终结式结课包括归纳法和谈话法,承启式结课包括悬念法和比较法,延伸式结课包括巩固法和迁移法,情境式结课包括创设情境法和拈连移用法。结课应体现目标性原则、简洁性原则、灵活性原则。

4. 板书技能。这部分主要介绍了板书类型和板书原则。板书包括提纲式板书、词语式板书、表格式板书、线索式板书、问题式板书、分析式板书、图文式板书、辐射式板书八种类型。板书应遵循准确性原则、适时性原则、规范性原则。

## 思考与练习

1. 导课包括哪些方法?结合自己所学学科,完成导课设计。

2. 结合自己所学学科,选择小学或初中的一节课,尝试设计不同类型的问题。

3. 利用网络资源,查找并分析优秀教师常用的结课方法。

4. 结合自己所学学科,完成一个板书设计。

## 参考文献

[1] 皮连生. 智育心理学[M]. 北京：人民教育出版社，1996.

[2] 卢正芝，洪松舟. 教师有效课堂提问：价值取向与标准建构[J]. 教育研究，2010(4).

[3] 郭成. 教学心理学丛书·课堂教学设计[M]. 北京：人民教育出版社，2006.

[4] 沃尔什，萨特斯. 优质提问教学法：让每个学生都参与其中[M]. 刘彦，译. 北京：中国轻工业出版社，2009.

[5] 申克. 学习理论：教育的视角[M]. 韦小满，等译. 南京：江苏教育出版社，2003.

[6] 唐湘桃. 中美中小学课堂提问类型及提问基本模式的研究[D]. 长沙：湖南师范大学，2006.

[7] 周青. 初中数学情境式课堂结课初探[J]. 中学课程辅导·教学研究，2014(8).

[8] 王嘉毅. 课程与教学设计[M]. 北京：高等教育出版社，2007.

[9] 吉尔劳梅. 新教师课堂教学入门[M]. 杨宁，译. 北京：中国轻工业出版社，2007.

[10] 冯忠良. 教育心理学[M]. 北京：人民教育出版社，2010.

[11] 皮连生，卞春麒. 论知识的分类与教学设计[J]. 铁道师院学报（社会科学版），1991(2).

[12] 吕渭源. 教学模式·教学个性·教学艺术[J]. 中国教育学刊，2000(1).

[13] 金永得. 探索作为整体的教学艺术——以国语教学为例[D]. 上海：华东师范大学，2005.

[14] 周小杭. 情景导课方法在小学数学教学中的应用[J]. 教育实践与研究，2007(12-A).

[15] 范梅南. 教学机智：教育智慧的意蕴[M]. 李树英，译. 北京：教育科学出版社，2001.

[16] 吴正宪，陈凤伟，周卫红. 吴正宪课堂教学策略[M]. 上海：华东师范大学出版社，2013.

# 第七章 教学研修基本技能

## 学习目标

1. 学会使用教学反思的工具,能通过撰写教学反思日记、教学叙事,进行独立的教学反思,并能有意识地进行协作反思。

2. 掌握课堂观察法,并能通过课堂观察法进行课例研究中信息的收集与分析。

3. 能独立地完成课例研究选题和报告的撰写。

4. 掌握调查法、个案法和观察法的基本步骤,形成根据研究选题科学选择研究方法的能力。

5. 能独立完成案例、研究报告和论文的撰写。

## 学习要求

| 知识要点 | 能力要求 | 相关知识 |
| --- | --- | --- |
| 教学反思 | (1)学会使用教学反思的工具<br>(2)掌握撰写教学反思日记、教学叙事的方法及步骤<br>(3)明确协作反思的基本方法<br>(4)形成在日常教学中进行独立教学反思和协作反思的意识 | (1)教学反思的工具<br>(2)教学反思的过程<br>(3)教学反思日记<br>(4)教学叙事<br>(5)交流对话反思<br>(6)行动研究反思 |
| 课例研究 | (1)掌握课例研究的选题路径<br>(2)掌握课堂观察法的基本步骤和工具<br>(3)掌握课堂观察记录信息的分析和处理步骤 | (1)课例研究的选题<br>(2)课堂观察法<br>(3)课堂观察记录工具<br>(4)观察所获信息的分析与处理 |

续表

| 知识要点 | 能力要求 | 相关知识 |
|---|---|---|
| 微型课题研究 | (1)掌握微型课题选题的基本方法<br>(2)掌握调查法的基本步骤<br>(3)掌握问卷调查、访谈调查的设计步骤和方法<br>(4)掌握个案调查和观察法的基本方法和步骤<br>(5)掌握案例、研究报告和论文的撰写方法与基本结构 | (1)课题选题的三大方面<br>(2)调查法<br>(3)个案法<br>(4)观察法<br>(5)案例的撰写<br>(6)研究报告的撰写<br>(7)论文的撰写 |

　　教学研修包括两个维度：一是教师对教学研究方法理论知识的学习和研究；二是教师通过对教学研究方法的学习，发现、分析和解决教学实践中的问题。教学研修的基本技能主要包括：教学反思、课例研究和微型课题研究。教学研修的对象是教学实践问题，它来自教学实践，也在教学实践中解决，故此，教学研修是教师提升专业素养的必要路径。

**■ 导入案例**

### 不研究就可能做"无用功"①

　　上海的 S 版高中语文教材有一篇课文《鸿门宴和涪关宴》,节选自《说三国话权谋》中的一节"从鸿门宴谈到涪关宴"。这篇课文的故事背景是庞统献计刘备,叫刘备趁与刘璋相会涪水关的时候杀掉刘璋,但刘备不听。作者以此展开议论,其基本观点是刘备当时不杀刘璋,与当初项羽不杀刘邦性质不同,是一种更高明的做法,是对军事服从政治利益需要这一基本原则的体现。

　　对于这篇课文的教法,我研究过其他老师的教案,也听过一位骨干教师的公开课。但我自己在备课的时候,突然想起了一个问题:好像其他版本的教材没有这篇选文,那么,这本教材为什么要把这篇文章选进去呢?编者想通过这篇课文达到什么教学目的呢?越想越觉得疑惑。因为我看到许多老

① 胡炜. 高中语文教材人教版试验本和上海市 S 版的比较研究[D]. 上海:华东师范大学,2004.

师都花了许多时间用于诸如"庞统为什么要如此献计""刘备为什么不采纳这个意见"等问题的提出与回答上,把教学课变成了三国军事分析课。难道编者是想通过这篇课文让学生多了解一些三国的内容?

这篇文章究竟应该怎么教?后来,当我把它与本单元的其他课文《论大丈夫》《改造我们的学习》《生存权是中国人民长期争取的首要权利》联系起来看的时候,才顿时"想起"这是一篇议论文。显然,这篇课文之所以被选入教材,不是因为它讲述的是三国的故事,而是因为它在议论方面有某些值得我们学习的地方。

搞清楚了这个问题之后,备起课来就觉得得心应手了。不过,后来想起来还真有点"后怕"。如果当初不加研究地凭经验和感觉去上这堂课,那不是犯了"方向性错误"了?辛辛苦苦搞半天,却没抓住课程目标,那不是在做"无用功"?

## 点评

### 教研是教师专业发展的必要途径

要使教学更有效,教师就需要进行大量的研究,这是由教学的属性决定的。教师需要具备问题意识,运用科学的教学研究方法,发现、表征、分析和解决教学中存在的问题,使专业能力得到发展与完善。本章主要讨论教学反思、课例研究、微型课题研究的基本技能。

## 第一节　教学反思的基本技能

反思只是手段,而它的实质在于发现问题与解决问题。[①] 教学反思是指教师为了实现有效的教育、教学,在教师教学反思倾向的支持下,对已经发生或正在发生

---

① 熊川武.试析反思性教学[J].教育研究,2000(2):36-40.

的教育、教学活动以及这些活动背后的理论、假设,进行积极、持续、周密、深入、自我调节性的思考,而且在思考过程中,能够发现并清晰表征所遇到的教育、教学问题,并积极寻求多种方法解决问题的过程。故此,教学反思的实质就是教师通过解决自己在教育教学实践中遇到的问题,重新建构自己的教学经验的过程。

## 一、支持教学反思的工具

### (一) 教学反思记录工具

教学反思记录工具可以分为三类:记录反思素材的工具、记录反思过程的信息技术工具、记录反思结果的信息技术工具。

1. 记录反思素材的工具主要有:录音(数字音频)工具、录像(数字视频)工具、电子档案袋。记录反思素材一方面是以录音、录像(数字音频、数字视频)的形式记录教师的行动(如课堂实录)和事件情境,为教师反思过程中"反观(观察/回忆)"环节提供足够的材料;另一方面是以电子档案袋的形式记录学生的学习情况,为教师了解来自学生的反馈以及教学效果等提供依据。

2. 记录反思过程的信息技术工具主要为思维导图软件。导图软件可以帮助教师记录反思过程中经过自我审视与分析在头脑中产生的各种教育教学问题和教育教学事件的解释以及可能的解决方案。

3. 记录反思结果的信息技术工具主要有文本处理软件(如 Word 软件)和网络写作平台(如博客)。实践中常用 Word 文档或博客的形式记录教师自我反思的结果,如反思日记、教育叙事等。

### (二) 教学反思分析工具

教学反思分析工具指用于分析课堂教学的软件,最常用的主要有 S-T 分析方法软件和弗兰德斯互动分析系统(FIAS)软件。运用 S-T 分析方法软件可以分析教师的课堂教学模式,而运用弗兰德斯互动分析系统软件定量分析课堂教学互动的质量,能够获取教师课堂教学的更精细、更客观、更具有诊断性(较质性数据)的分析结果,为教师的课堂教学反思提供有力的支持,特别适用于教师自己作课后反思。

**知识卡片 7-1**

**弗兰德斯的互动分析分类体系**

弗兰德斯的互动分析分类体系是最著名的定量课堂观察工具之一,它属于编码体系。该体系首先将课堂的言语活动分成十个类别,分别用符号加以表示,即编码(见表7-1),然后每隔3秒钟记录下最能反映课堂中师生言语状况的类别符号。

表 7-1 课堂的言语活动

| | | |
|---|---|---|
| 教师说话 | 间接影响 | 1.接受感情<br>2.表扬或鼓励<br>3.接受或使用学生的主张<br>4.提问 |
| | 直接影响 | 5.讲解<br>6.给予指导或指令<br>7.批评或维护权威性 |
| 学生说话 | | 8.学生被动说话(如回答教师提问)<br>9.学生主动说话 |
| | | 10.沉默或混乱 |

## 二、教学反思的过程

### (一)反观实践,发现问题

反思产生于问题,教师反思的起点是自我教育教学实践中的问题。教师通过观察和回溯教学过程中的表现,发现并提出存在的主要问题。

### (二)自我审视,分析问题

教师依据收集的资料,以理性的态度和方法审视和考察自己的观念、行为和习惯,进一步确认发现的问题,明确问题的根源所在。

### (三)概括经验,建立假设

在明确问题并认清问题的成因之后,教师在自己已有的知识结构中或通过向他人请教、阅读资料等途径搜寻与当前问题相关的信息,提出解决问题的各种假设,并对假设的效果进行预测。这一过程是教师将实践中反映出的问题上升到理论层面加以剖析的过程,只有通过自身实践与文本的对话、与专家和同行的对话,将问题上升到实践与理论的对话层面,教师才能探寻到问题的真正根源,进而找到解决问题的理论依据和方法,并概括总结新的观念,使其成为自己经验的一部分,再依据新的经验建立起新的假设,寻找新策略来解决所面临的问题。

### (四) 返回实践,验证假设

教师将重新概括的教学经验或提出的假设性行动方案付诸实践,以检验前一个阶段所形成的假设是否成立、提出的问题解决方案是否有效。

## 三、教学反思的基本方法

### (一) 独立反思法

独立反思就是个体反思,也可称为内省式反思,指教师在整个反思过程中主要依靠自己独立发现问题、分析问题、概括经验、建立假设并进行假设验证的一种反思方式。教师可以通过撰写教学反思日记、教育叙事、教学后记等将这种内省活动外化。在教师反思实践中,教学反思日记、教育叙事这两种方法的使用较为普遍。

1. 教学反思日记

教学反思日记也称教育日志、教学日志,是对教育教学工作的总结与分析,它既包括教师自己的工作总结与工作体会,也包括对教学工作甚至自身教育理念中出现的问题所进行的深入分析。实际上,反思日记是教师教学反思结果的一种呈现方式。

反思日记的形成包括随笔式、案例式、主题式、教学过程式等多种形式。

(1) 随笔式反思日记就是教师借助随笔记录自己的所思所想与所感,没有格式的限制。随笔式反思日记一般应该具体、真实、有感而发,会成为其他类型反思日记的原材料。

(2) 案例式反思日记是围绕某一话题或某一主题所展开的反思,可以是某一事件引发的思考,这一"事件"通常是教学过程中的典型事件。

(3) 主题式反思日记是记录就某一主题进行深入思考的情况,一般会包含教师对某一主题所进行的较长时间的思考和实践情况,也可能会包含教师教育观念的变化、教育教学实践能力的提升情况。

（4）教学过程式反思日记是对整个教学过程的描述与分析,既包括教学设计时的思考也包括教学结束后"回过头"来的进一步认识的相关内容。

## 2. 教育叙事

教育叙事是以讲故事的方式描述教师的教育教学经验、行为。教育叙事是对教育教学事实真相的表达,它能超越时间和概念体系,说明教育实践中的真实情况。

具体的叙事形式有故事、日记、总结报告等。

教育叙事的基本特点是,作为研究者的教师以讲故事的方式来表达和解释自己对教育的理解,通过教育教学实践强调经验的意义。叙事的优点是,将教育道理比较巧妙地隐含在有情节的故事中,让读者在阅读故事的过程中发生某种"隐性学习"的"效应",也就是说,教育叙事不直接表达教育是什么,也不直接规定教育该怎么做,它通过给读者讲述教育故事,让读者自己从故事中体验教育是什么或应该怎么做。

## （二）协作反思法

协作反思是指教师在反思过程的某个或某些环节需要借助与他人的交流进行和完成的反思方式。虽然反思从根本上来说是教师个体的事,但在组织上,并不限于教师个体。许多教师在分析问题、评价判断以及经验重构方面可能存在困难,因此在教师反思中借助他人的力量还是极为必要的。

## 1. 交流对话反思法

交流对话反思法是教师通过与他人交流对话来反思自己的教学观念与教学行为的一种反思方式,交流的对象可以是其他教师、学科教研员、专家、学生等。与他人的交流有助于教师分析自身教学观念与教学行为的科学性和合理性。

（1）教师之间的交流

教师之间的交流更多的是大家分享成功经验或失败的教训,通过与教师同行的交流,双方都有可能突破原有的体验与理解的局限性,获取新的意义,使自己的反思达到一种新的境界。具体可以借助与同事研讨,集体备课,听、说、评课的方式进行。

（2）与教研员、专家型教师、理论专家的交流

教师与教研员、专家型教师、理论专家交流的目的是要发现自己反思的盲点。其具体操作可分为描述、澄清、面质、重构四个步骤。

（3）与学生之间的交流

教师与学生进行交流的目的主要是获取学生对教师教学的反馈信息，通过学生的眼睛认识到自己教学上的优点和缺点，并及时发现学生学习中存在的问题及其真实想法，因为学生是教学活动的主体，教学的最终目的是促进学生发展。可以选择集体交流或个别谈话的方式，也可以通过网络群组的方式进行交流。

2. 行动研究反思法

行动研究反思法就是针对教学实践中某个难以解决的问题，运用观察、谈话、测验、调查问卷、查阅文献等多种手段，分析并了解问题产生的原因，通过设计并实施研究方案以求得问题解决的方法。行动研究反思法是较为系统和正式的一种反思方法。虽然不同的研究者在实施行动研究的具体步骤上会有所不同，但对于研究起点的认识则是统一的，即起点是对问题的界定与分析，是对研究计划及其实施情况的观察与评价，并在评价基础上加以改进。从总体上看，运用行动研究反思法的过程是一个不断扩展的螺旋式循环的过程。

行动研究反思法操作过程包括四个部分：

① 发现和界定问题，针对这一问题，查阅相关的文献资料，制订研究计划。② 实施计划并记录自己的行动。③ 对行动中观察和记录的结果进行分析，检验计划并对其结果以及行动研究的过程进行反思。④ 撰写行动研究报告。

# 第二节　课例研究的基本技能

课例研究是基于日常教育教学中需要解决的问题，在教育教学的过程中持续地进行实践改进直至问题解决的一种研究性活动。课例研究包括研究的选题、课堂观察和研究报告撰写三个方面。

## 一、课例研究的选题

课例研究植根于学科教学的日常实践。中小学教师在选择研究课例时，可以集中关注学科教学中的三点：

一是课堂教学中的重点,如核心概念或重要定理、原理的有效教学。

二是课堂教学中的难点,这些难点往往需要通过反复的实践探索来积累有效的应对策略。

三是教学研究中的热点,一个阶段或一个时期人们关注的热点话题,如落实学科核心素养的教学策略。

## 二、课例研究的方法——课堂观察

课堂观察,就是通过观察对课堂的运行状况进行记录、分析和研究,并在此基础上谋求学生课堂学习效果的改善,促进教师专业发展的活动。课堂观察是进行课例研究的主要方法。

### (一)基本程序

课堂观察本身是一个行为系统工程,观察类型多样,观察点多元。总体而言,课堂观察的程序主要包括课前会议、课中观察、课后会议等主要步骤。

1. 课前会议,指在课堂观察之前,观察者与被观察者(教师)有效商讨,确定课堂观察的目的、重点、量表制作等相关事项。课前会议最好是在开课的前一天举行,持续时间视具体情况而定,一般至少需要 15 分钟。需要注意的是,课堂观察追求的是观察自然状态下的教学情况,"磨课"不属于课前会议的范畴。

2. 课中观察,指进入研究情境,在课堂上依照事先的计划及所选择的记录方式,对所需的信息进行记录。观察者进入现场之后,要按照一定的观察技术要求,根据课前会议制定的观察量表,选择恰当的观察位置、观察角度,迅速进入观察状态,通过不同的记录方式,如录音、摄像、笔录等,将定量和定性方法结合起来,记录观察到的典型行为,做好课堂实录,记下自己的思考。课中观察是整个观察系统的主体部分,所采集到的信息资料,是课后会议分析的信息基础。

3. 课后会议,指在观察结束之后,观察者和被观察者针对上课的情况进行探讨、分析、总结,在平等对话的基础上达成共识,制订后续行动跟进方案的过程。课后会议一般分为自我反思、分析观察结果、思考和对话、提出改进建议等环节。持续时间视情况而定,一般至少需要 30 分钟。

知识卡片 7-2

### 课堂教学分析的视角和观察点[1]

在实施课堂教学评价时,输入、过程和结果这三个方面应当进一步具体化。下面提供的课堂教学分析框架就是具体化的一种模式,它将课堂教学分成学生学习、教师教学、课程性质以及教学发生的环境(主要是课堂文化)四个维度。每个维度可以从多个视角分析,每一视角又有多个观察点。这样形成了由 4 个维度、20 个视角、68 个观察点构成的完整的课堂教学过程分析框架。(以"学生学习"维度为例,见表 7-2。)

表 7-2 维度一:学生学习

| 视角 | 观察点举例 |
|---|---|
| 准备 | ● 课前准备了什么? 有多少学生做了准备?<br>● 怎样准备的(指导/独立/合作)? 学优生、学困生的准备习惯怎样?<br>● 任务完成得怎样(数量/深度/正确率)? |
| 倾听 | ● 有多少学生倾听老师的讲课? 倾听有时间多少?<br>● 有多少学生倾听同学的发言? 能复述或用自己的话表达同学的发言吗?<br>● 倾听时,学生有哪些辅助行为(记笔记/查阅/回应)? 有多少人发生这些行为? |
| 互动 | ● 有哪些互动/合作行为? 有哪些行为直接针对目标的达成?<br>● 参与提问/回答的人数、时长是多少? 有哪些人参与? 过程、结果怎样?<br>● 参与小组讨论的人数、时长是多少? 有哪些人参与? 过程、结果怎样?<br>● 参与课堂活动(小组/全班)的人数、时长是多少? 有哪些人参与? 过程、结果怎样?<br>● 互动/合作习惯怎样? 出现了怎样的情感行为? |
| 自主 | ● 自主学习的时间有多少? 有多少人参与? 学困生的参与情况怎样?<br>● 自主学习形式(探究/记笔记/阅读/思考)有哪些? 各有多少人?<br>● 自主学习有序吗? 学优生、学困生情况怎样? |
| 达成 | ● 学生清楚这节课的学习目标吗? 多少人清楚?<br>● 课中有哪些证据(观点/作业/表情/板演/演示)证明目标的达成?<br>● 课后抽测有多少人达成目标? 发现了哪些问题? |

---

[1] 崔允漷.有效教学[M].上海:华东师范大学出版社,2009.

### (二)观察记录工具的选择

观察记录工具的选择,主要考虑三个因素:

1. 观察点。例如,观察提问情况时,如果观察"提问的数量",则应该采用定量的观察记录工具;如果观察"问题的认知层次",那么应该采用定性和定量相结合的工具;再如观察"情境创设的效度",显然应该采用定性观察记录工具。

2. 观察者自身的特征。例如,观察"学生活动创设与开展的有效性"时,若想从学生参与活动的人数和态度来判断,那么在界定不同态度表现行为的基础上,采用定量的记录工具是合适的,但这要求观察者有比较好的视力、良好的反应能力、快速的判断能力。若想从活动的难度系数及学习目标的达成情况来判断,那么需要记录一些教学片段中的行为、对话、情境等细节,则要求观察者有快速记录的能力和较好的记忆能力。

3. 观察条件。例如观察"课堂对话的效度"时,除了要有快速记录的能力外,还需要一些音像记录设备,否则,对话过程中的语调和神态等要素很可能无法被记录。

### (三)观察记录的分析与处理

处理观察记录的信息一般要经历三个步骤:统计或整理、归类、解释。

1. 观察者先要根据观察量表统计或整理所记录的信息。在统计记录数据时,对于一些简单的、目的单一的观察量表所收集的数据,如学生的应答方式,可以从记录中推算出一些能说明问题的百分比、频数或排序等数据,可呈现在相应的观察量表上;对于那些较为复杂的数据,如师生语言互动分析,可以先计算频率和百分比等数据,再绘制出可以说明问题的图表,也可以通过电脑,利用 Excel 等电子制表软件来开发数据表,利用电脑软件进行数据分析,然后再根据需要由电脑软件绘制出不同的图表。

记录的文字材料需要经过整理,按观察量表的设计意图逐条核对文字,或补充,或删减,或合并,转换成简洁明了的语言表达内容,真实地复原当时的课堂情境。如果是多人合作观察同一个内容,统计或整理所记录的信息应在交流、讨论的基础上对各自的信息进行必要的合并。

2. 对统计或整理的结果按不同的问题进行归类。寻找、发现可以陈述的问题或观点,建构分析框架,按不同的问题归类统计或整理结果,把具体的事实与数字集合到相应的问题或观点中,为下一步的解释做好准备。

3. 解释数字的具体含义与现象背后的原因及意义。解释的任务在于剖析与反思发现的问题或被观察者的教学特色,并提供相应的教学建议。解释必须依据课堂实录,必须针对此人、此事、此境、此课,不要进行过多的经验类推或假设。

## 三、课例研究报告的实例分析

促进学生温故知新的复习课教学研究①

在传统的初中政治复习课教学中,主要存在如下突出问题:把所有的知识重新串讲一遍,混同于新授课,机械重复性较高;把大量试题逐一讲练一遍,等同于练习课,解题应试性较强;对既定的复习范围缺乏分析,内在关联性缺失,整体系统性较差;对学生的学习实情缺乏了解,重点难点不清,目标针对性较弱。本次研究活动就是要在"创新课堂复习教学的实践策略"研究过程中,不断创新,积极实践,及时总结和积累复习课教学行之有效的策略,并反思提炼形成对于复习课教学的理性认识。

三次课教师执教的都是人教版《历史与社会》第二单元《文明的起源》的复习课。本单元主要是讲四大文明古国在大江大河流域出现,随着生产力的发展、社会的分工和阶级的分化而出现了人类历史上最早的国家,最后着重介绍了四大文明古国创造的灿烂文明。

一、第一次课试教

(一) 课堂教学表现出的积极探索

1. 教师一改传统复习课遵循教材按部就班的复习方法,情境设置为约翰在参加探寻文明起源之奥秘的夏令营活动过程中产生了四个疑惑,即四大文明为何都产生于大江大河流域? 为何后来生活在这些肥沃地域的普通百姓却不像他们的先辈们那样快乐? 四个古国的最高统治者如何统治他们的国家? 生活在这些古国的普通百姓创造了怎样的璀璨文明? 以让学生帮约翰一一解答的形式展开本单元的复习,形式比较新颖,同时也使复习课的整体感增强。

---

① 胡庆芳.创新课堂复习教学的实践策略研究[J].思想理论教育,2012(2):63-66.

2. 课堂上教师让学生以统治者的角色讲述他们如何实现对国家的统治,学生体验到学习的新鲜感和知识的新意。

3. 教师对课本上的知识进行了适度的整合,从而使知识的学习呈现出综合性。如对四大文明古国就以填充表格的形式分别从文字、建筑与艺术、科学与技术以及宗教这四个方面进行横向的比较。

(二) 问题发现

学生更多的时间在重复新课学习到的内容,基于原有课本的知识碰撞和认识提升没有得到体现。

(三)原因诊断

1. 教师没有通过相关的检测或学情反馈得知学生究竟对该单元哪些内容没有掌握或者想要做深入的了解,基本上是按照教材的内容顺序、针对创设的情境中虚拟人物存在的四个疑惑进行了一一的复习。

2. 在一些问题的处理上,教师没有让学生放开讨论,而是直接把自己的理解呈现在课件上教给学生,学生只能机械地接受。

3. 在课堂复习收尾的环节,教师以巴比伦的空中花园毁灭前后的强烈对比试图引发学生对于如何看待古代文明的思考,但是启发和引导不够,学生自始至终停留于"保护古代文明"的认识层面,而不能具体展开或深化。

(四) 改进建议

第一,设计单元内容的综合检测题或直接征集学生对本单元内容学习过程中的疑惑,从学生的实际学情出发,展开复习的过程。第二,依据本单元的内容,设计具有挑战性和开放性的问题,提升学生的认识,如,"为什么说阶级的分化促进了国家的形成,从而产生了统治阶级和被统治阶级,体现了社会的文明和进步"。第三,在课堂结束时同样设计一个综合性比较强的问题以检测学生当堂课复习的效果。

二、第二次课改进①

(一) 课堂教学发生的积极变化

(二) 问题发现

---

① 由于篇幅所限,第二次课与第三课的改进,内容省略,仅呈现结构框架。

（三）原因诊断

（四）课堂教学继续改进的方面

三、第三次课提高

（一）课堂教学发生的进一步积极变化

（二）课堂教学继续优化的可能方向

四、研究形成的共识及结论

在"创新课堂复习教学的实践策略"的研究过程中,本次研究活动通过观察教师在实践探索过程中尝试的种种策略的实效性,总结提炼形成了以下共识及结论:

（一）复习教学功能的正确定位

1. 知识整合

2. 认识提升

3. 查漏补缺

4. 检查过关

（二）创新复习教学的五个立足点

1. 学生学情的正确把握

2. 已学知识的整合重组

3. 复习过程的主线贯穿

4. 复习过程的鲜活生成

5. 复习过程的积极情感

# 第三节　微型课题研究的基本技能

在日常教学中教师会遇到如何突破重点、难点,怎样让教材的设计与教学实际接轨,怎样便于学生理解教学内容等具体的问题,我们把这些一线教师在教育教学过程中发现的微小、具体、突出的,影响教育教学效果和效益,并且有条件、有能力解决的实际问题称为微型课题。故此,微型课题研究就是,研究者采用一般的科学方法对自身教育实践中细微的问题进行观测、分析和解释,从而发现日常生活中常见教育现象之间的本质联系与规律的认知活动。本节主要讨论微型课题研究的选题、研究方法的选择和研究成果的撰写。

## 一、研究选题

选题就是选择要研究的问题,问题是研究的原动力,有了问题才能进行研究。那么,教研微型课题从哪里来呢?可以从三个方面入手,即日常教学问题、班级日常管理中的事件、平时学习交流后的深入思考。

### (一)来自日常教学问题

教学是千变万化的,再完备的教学方案、教学设计也不可能预见课堂上可能出现的所有情况,教师要善于从预设与生成的矛盾冲突中挖掘问题。案例链接7-1"影响课堂实验结果意外因素的研究"讲述了教师发现学生通过实验得到的结论与教学预设之间存在差异,这一意外为课堂教学影响因素的研究提供了选题。

---

**案例链接7-1**

#### 影响课堂实验结果意外因素的研究[①]

《科学课程标准(7—9)》有个教学案例叫"哪一支蜡烛先熄灭"。这个案例描述了"一高一矮两支蜡烛在玻璃罩下,高的蜡烛反而先熄灭"的实验现象。在教学时,我也引入了此实验,并让学生做。但由于当时气温较低,实验中矮的蜡烛反而先熄灭了。当时我无法解释此现象,就要求学生自己解释(由于实验前,要求学生自己建立猜测与假设,分别有几乎相同数量的学生选择两种不同的假设,即高的先灭或矮的先灭)。在学生讨论后再次进行实验,实验结果是高的蜡烛先熄灭。最后,得出结论:影响蜡烛熄灭的因素不仅仅有蜡烛高低、玻璃罩体积等,还包括实验时的气温等因素(如果气温过低,蜡烛燃烧产生的热的二氧化碳马上被降温,矮的蜡烛会先熄灭)。

---

① 袁玥. 教师微型课题研究指南[M]. 上海:华东师范大学出版社,2011:28.

受学生这一实验探究过程的启发,我对学生课堂实验进行了新的思考,提出了"影响课堂实验结果意外因素的研究"课题。

## (二) 来自班级日常管理中的事件

班级管理是教师的日常工作,在班级管理中教师会遇到诸多非常规状态,如学生早恋、由家庭结构变化衍生的学生行为改变等。同时,班级管理中还会出现一些突发事件,如打架、物品丢失等。教师要善于从个别问题中寻找研究的课题,案例链接7-2介绍了教师为帮助学生消解异常行为而产生的研究意识。

**案例链接7-2**

### 极端自我中心主义学生的教育对策个案研究[①]

笔者遇到过一个非常厌学、极端自我中心主义的男生。该生平时上课总是无所事事,不是东瞧瞧西望望,就是自顾自做些与上课无关的事。受到教师的严厉批评时,该生要么无动于衷,要么对教师发脾气,一副目中无人的样子。根据这些情况,笔者详细了解了该生的家庭教育(通过与其家长多次交谈了解到,该生是独子,在家非常受宠爱,现在家长对他也无可奈何)、小学教育情况,了解了他的性格特征、兴趣爱好、能力与个性倾向等,在此基础上选择了一个小课题即"极端自我中心主义学生的教育对策个案研究",开展研究并取得了一定的成效。

## (三) 来自平时学习交流的深入思考

教师是终身学习者,通过研读、学习相关的理论论著和教育研究成果,不仅可以丰富知识、拓宽视野、提升学术素养,还可以找到和生成研究的课题。在职学习和日常的教育教学交流都可以促使教师反思自身的教学实践,从反思和疑问中生

---

① 袁玥.教师微型课题研究指南[M].上海:华东师范大学出版社,2011:31.

成研究课题。

---

**案例链接7-3**

### 语文教学设问的隐形提示的研究[①]

我曾读到过一本讲言语逻辑的书。这本书应该属于逻辑学范畴。我发现其中关于问句逻辑的讨论对我启发很大,我们平时上课的时候,不是要提许多问题让学生思考或回答吗?有人称之为"设问教学"。有的老师提的问题很有启发性,有的老师提的问题不但没有把学生的思维激活,反而可能把学生的思维问死了。这是什么原因呢?读了这本书,我发现许多提问都是在问句逻辑上出了问题。于是我应用问句逻辑的有关理论,设计了一系列问题,比如"设问的隐形提示""设问的可操作性""设问的步骤""设问的技巧"等,我在研究中,提出了许多语文教学中的新概念,比如"隐形提示""答域""项""选择项""逻辑差值"等概念,都是从那本书中直接取用过来的。

---

**点评**

理论与实践的双向建构与滋养,为教师的教研选题和研究提供了不竭的动力和源泉。

## 二、研究方法的选择

教育研究的方法很多,从方法论角度看,微型课题研究的方法主要有质的研究和量的研究两种基本范式,而具体的研究方法则有文献研究法、调查法、观察法、案例研究法、实验法和经验总结法等。微型课题研究关注的是教育教学微观层面的实际问题,强调在现场和工作的过程中发现、体验、感受和反思,更多的是在自然的

---

① 李海林.语文教学科研十讲[M].杭州:浙江教育出版社,2005:65.

教育情境中做研究,在研究方法的运用方面,不必追求系统性和完整性。

**(一)用"调查法"说明事实**

调查研究法是研究者有目的、有计划地运用问卷、访谈等方式,收集有关教育现象及问题的实证资料,进而分析、探讨、解释和说明研究问题的一种方法。

1. 调查研究的一般步骤

依据调查过程的顺序,调查研究一般有以下几个步骤:制订调查计划、选择调查对象、确定调查内容和调查工具、实施调查、分析调查结果。

(1)制订调查计划

制订调查计划需要事先全面考虑如何实施调查,以明确调查的目的、对象、方法和操作程序。调查计划的内容一般包括课题名称、调查对象及其范围、调查途径和方式、调查时间和地点、调查步骤及日程安排、调查人员分工和资料处理的方法等。

(2)选择调查对象

选择调查对象是调查研究一个非常重要的环节。微型课题研究所进行的调查一般都是抽样调查,是在全体研究对象中抽取一部分具有代表性的对象组成研究样本,然后对样本进行调查,再根据调查结果推断整体的情况。常用的抽样方法有抽签、分类随机抽样和整群抽样。

(3)确定调查内容和调查工具

确定调查内容是调查研究的核心环节,一般包括选择项目、明确指标、确定分类标准。所谓调查内容是指调查目标具体化后,可以实施调查的具体项目。调查工具是调查所采用的方式和手段。通常来说,调查研究主要采用问卷和访谈两种方式,实践中要根据调查的范围、内容及其指标体系来选择。

(4)实施调查

根据调查计划所确定的调查对象、类型、内容和工具开展调查。在调查中要注意:首先,争取被调查者的密切配合;其次,严格按照调查计划进行;再次,调查者要为所有的被调查对象提供相同的信息,包括态度、调查内容和调查方式等。尽可能减少调查操作产生的误差。

（5）分析调查结果

第一步，整理资料。对资料的真实性、准确性、完整性等进行审查，并通过分类、分组，将原始资料简化、系统化、条理化，以便进一步分析。

第二步，统计分析。把初步分类的调查结果编制成分类统计表，完整地登记被调查对象的各种资料，然后再统计出样本的群体资料，如平均数、人数百分比、绝对数和相对数等。

第三步，思维加工。对整理后的文字资料和统计分析后的数据进行分析研究。

第四步，撰写调查报告。调查报告是调查研究的主要成果形式。调查报告的内容包括研究问题、研究方法、研究结果、讨论与分析、结论与建议等部分。调查报告的主体要阐述研究的结论，对研究过程、研究方法以及研究中的一些重要问题或下一步研究的设想等也要进行简要的叙述和说明。调查报告的写作要求简洁明了、客观可靠、通俗易懂。

2. 调查研究的主要形式

（1）问卷调查

问卷调查是研究者通过事先设计好的问题来获取有关信息和资料的一种方法，研究者将研究的问题分解为若干项目，编制成标准化书面问卷或表格发给调查对象填写，然后收回整理、统计、分析研究，最终得出结论。问卷调查一般是间接的、匿名的，也就是调查者不与被调查者直接见面，而是被调查者自己匿名填写问卷。问卷调查操作方便、实用，可以在同一时间收集到研究所需的多项资料，是教育调查中最常用的和最基本的收集资料的方法。

**问卷的基本结构**：问卷并没有统一的标准格式，但一份完整的问卷一般包括标题、前言（指导语）、问题、选择答案、结束语等。

**问题的设计**：问卷中的问题可以分为事实问题，即被调查对象个人的基本资料；行为问题，指被调查者的过去和现在的实际行为；态度问题，一是意见方面，如意见、看法和体会等，二是价值观或人格方面。

**问卷回收率与有效率的计算**：

$$回收率 = 回收问卷的数量 \div 发放问卷的数量 \times 100\%$$

有效率 = 有效回收问卷数量 ÷ 回收问卷的数量 × 100%

**案例链接 7-4**

## 中小学教师评价现状调查问卷

尊敬的老师:

您好!我们正在进行一项关于教师评价现状的调查,目的是了解学校中教师评价的真实情况,以期为教师评价的研究提供数据支持。本调查纯粹为研究之用,采用匿名的方式,请根据您的实际情况及您了解的情况予以回答。感谢合作与支持!

● 基本情况:(在符合的选项上打"√")

1. 性别:A. 男　　　　B. 女

2. 学历:A. 中专　　　B. 大专　　C. 本科　　　　D. 硕士研究生及以上

3. 教龄:A. 3 年及以下(含 3 年)　　　B. 4—8 年　　C. 9—15 年

　　　　 D. 16—25 年　　E. 26 年以上

4. 学校类别:A. 小学　　B. 初中　　C. 高中

5. 所教学科:A. 语文　　B. 数学　　C. 外语　　D. 政治　　　E. 历史

　　　　　 F. 化学　　G. 物理　　H. 生物　　I. 音、体、美　　J. 科学

　　　　　 K. 思品　　L. 计算机　　　M. 心理健康　　N. 其他

● 说明:问卷中所指的"教师评价"为您在学校中接受的所有评价性的活动,包括师德评价、教学评价、教学绩效、日常教学检查、科研成果、班主任工作评价、教学和年终评优等。

一、请回忆教师评价带给您的总体感觉,根据您的切身感受选择相应的程度数字,并在上面打"√"。如:非常期待接受各种评价即可选择"9",随期待程度的减弱可以选择小于 9 的相应数字,而不想接受任何评价即可选择"1"。

表7-3

| 1. 期待 | 9 | 8 | 7 | 6 | 5 | 4 | 3 | 2 | 1 | 回避 |
|---|---|---|---|---|---|---|---|---|---|---|
| 2. 享受 | 9 | 8 | 7 | 6 | 5 | 4 | 3 | 2 | 1 | 痛苦 |
| 3. 成功 | 9 | 8 | 7 | 6 | 5 | 4 | 3 | 2 | 1 | 失败 |

二、量表(请根据您所在学校教师评价的现状,或对问题的理解,选择符合的选项,并打"√"。)

表7-4

| 题　目 | 非常肯定 | 肯定 | 一般 | 否定 | 完全否定 |
|---|---|---|---|---|---|
| 1. 您所经历的各种评价都会给自己带来帮助吗? | | | | | |
| 2. 您所在学校的教师评价是为领导更好地管理教师服务的吗? | | | | | |
| 3. 您在工作中经常接受各种形式的评价吗? | | | | | |
| 4. 您所经历的大部分评价都是流于形式吗? | | | | | |
| 5. 您认为学校的各种评价制度都是公平合理的吗? | | | | | |
| 6. 您所经历的教师评价都是公开透明的吗? | | | | | |
| 7. 您始终期望参与(或已经参与)各种教师评价制度的制定吗? | | | | | |
| 8. 学校的教师评价活动都是按已经成文的评价制度开展的吗? | | | | | |
| 9. 您都是主动地参与各种形式的教师评价的吗? | | | | | |
| 10. 您认为学校中的各种教师评价的过程及结果都是真实、正确的吗? | | | | | |

三、问答题

1. 您所接受的评价多是以下哪种评价?(可多选)(　　)

　　A. 课堂教学评价　　　B. 教学成绩评价　　　C. 年终综合评价

　　D. 科研成果评价　　　E. 教案、作业批改等教学文件检查

　　F. 骨干教师等荣誉称号评比

2. 以下哪3个方面更能够激发您参与评价的热情？（　　）

　A. 肯定成绩　　　　　B. 发现问题　　　　C. 获得荣誉

　D. 获得奖励　　　　　E. 明确发展方向　　F. 维护自己利益

　G. 获得一定的权力　　H. 教育教学能力的提升

3. 以下哪个方面更能够体现您身为教师的价值？（　　）

　A. 获得荣誉　　　　　B. 学生好的成绩　　C. 学生的爱戴

　D. 领导、同行的认可　E. 有教学研究成果

　F. 家长和社会的认可及赞誉

四、主观题

　您认为对教师进行评价应该形成哪些机制？

（2）访谈调查

访谈调查就是调查者通过与被调查者面谈来了解情况、获取信息和收集资料的一种调查方法。教育研究中的访谈是一种研究性交谈，是两个人或更多人之间的一种谈话，由研究者引导被访者回答问题，以此了解被调查对象的行为或态度，最终达到调查目的。

**访谈的一般程序：**

第一步，制订访谈计划。访谈前要制订好访谈计划。访谈计划涉及访谈的目的、对象、方法、地点、时间、问题设计等内容。

第二步，实施访谈。实施访谈主要包括提问、倾听和回应三项工作。

提问是访谈的核心环节，贯穿于访谈的全过程。提问的质量是访谈能否顺利进行的关键。提出的问题可以分为实质性问题和辅助性问题。实质性问题是指研究者为获得希望得到的信息资料而提出的问题，一般包括事实性问题、意向性问题和建议性问题。辅助性问题是指研究者为了保证实质性问题回答质量而提出的问题，包括寒暄、营造访谈氛围的接触性问题。

追问是指研究者就被访者回答提问中的某个观点、概念、词语、事件等进一步询问。通过追问可以更多地、更深入地了解研究所需的信息。如，被访者在回答问题的

过程中多次提到"有效教学"这个词,为了进一步了解,就可以追问:"你刚才谈到'有效教学'这个词,能否请你解释一下这个词的意思?"

倾听是访谈中无形的工作。虽然无形,但听在一定程度上比问更重要,因为听决定了问的方向和内容。

回应就是在访谈的过程中,研究者要将自己的态度、意向和想法及时反馈给被访者。

另外,访谈的过程中,研究者要认真做好记录。访谈的目的是通过收集资料来解释问题,而访谈记录是获取资料的主要途径。因此,熟练掌握记录的技能是做好访谈工作的必要条件。

第三步,结束访谈。访谈要在预定的时间内结束,尽量不要延长时间,避免引起被访者的不满。如果此时被访者对研究还有疑虑,研究者还要做一些解释和承诺。如果是纵向访谈,可以初步约定下次访谈的时间、地点。

最后,不要忘记对被访者的支持与合作再次表示感谢。

每次访谈结束后,要对记录的资料进行初步整理,看看是否获得了研究所需的信息,是否需要重新访问。

### (二)用"个案法"分析典型

个案研究就是通过对单一的对象进行深入的观察、调查、分析来了解、认识其现状和发展变化过程的一种研究方法。个案研究法是微型课题研究最适用的基本方法。它不仅易于掌握,而且便于一线教师对学生个体或小群体、个别教育事件或个别教育现象等进行深入细致的考察、分析和研究。个案研究法可以独立使用,也常与观察法、调查法、实验法等研究方法综合使用。

个案研究的一般步骤:确定问题的性质、了解问题的背景、提出解决问题的方案并付诸实施、检验方案的有效度和形成最佳方案。

以下以追因型个案研究为例介绍个案研究的具体环节。

1. 确定研究对象

研究者应根据个案研究的目的和内容,以及对个案问题行为的界定,选择典型的学生为研究对象。例如,研究的目的是了解儿童问题行为的特点,探索儿童问题行为的成因,那么就应该选择有问题行为的学生作为研究对象。在微型课题研究中,个案研究的对象通常是有生理和心理障碍的学生、学习成绩后进的学生、行为偏差的学生、情绪异常的学生和优秀学生等。

**2. 收集个案资料**

全面收集个案的资料是个案研究的重要环节。只有全面系统地掌握了个案的资料,才有可能对个案形成一个完整的认识。

个案的资料包括:身份资料如姓名、性别、年龄、出生年月、籍贯等,学习成绩、作业、作品等,操行评语、奖惩情况、师生及同学关系、教师和学生的评价等,身高、体重、生长发育情形、健康情况以及能力、兴趣、态度、习惯、情绪等。个案的家庭和社会背景资料也是研究的重要信息。这方面的资料一般涉及父母的姓名、年龄、健康状况、教育程度、职业、社会经济地位、家庭成员间的关系等情况。

**3. 诊断与分析**

诊断的类别包括:对影响学生行为的各种动力的研究,了解学生行为异常的生理、心理、社会原因;通过现场询问、交流进行诊断等。个案研究的诊断不只是对问题症状和现象的认识和了解,更重要的是掌握问题的本质和原因。

个案的描述与分析是个案研究的关键一环。个案调查中"事实"资料是涉及个案真实发生的事件,而"意见"资料则涉及主观的感受和价值判断。例如"她考试得了满分,她对此很满意","她考试得了满分"是"事实","她对此很满意"属于"意见"。

**4. 个案指导**

个案研究不仅仅要提出问题,还需要提出解决问题的策略和指导性意见,通过跟踪、观察、记录等方式验证先前的诊断和假设。

**5. 指导效果和结论**

讨论和评估个案的表现,提出建议,得出结论,撰写个案研究报告。个案研究报告的基本格式大致涉及个案的基本资料,个案来源,个案的背景资料,主要问题的描述、诊断和分析,实施指导策略,实施结果和跟踪及讨论等方面。

**(三) 用"观察法"探究真相**

观察法是研究者有目的、有计划地运用自己的感官及有关工具直接从教育教学情境中收集资料的一种研究方法。

观察法研究的一般步骤如下。

**1. 制订观察计划**

(1)观察目的。观察目的是根据课题研究的任务和观察对象的特点而确定的。

(2)确定观察的内容和对象。观察总是依据一定的线索进行记录和解释,这种线索就是观察维度。我们一般可以从两个维度来观察:一是物理维度,即学生某一行为的频率、比率、持续时间、潜伏期及强度等;二是内容维度,即学生某一行为的内容,如我们所说的学生的破坏行为、迟到行为、打架行为、道德行为和顺从行为等。只有将行为的物理维度和内容维度综合起来分析,才能对学生行为作出更全面的解释。

(3)拟定观察提纲,列出需要通过观察获得的材料要目。

(4)设计观察过程,包括选择观察的类型(途径和手段),安排观察的时间、地点和次数,选择观察的方法和观察的密度,等等。

(5)根据研究的要求以及观察对象的特点,列出观察的注意事项,例如,保持观察对象常态的有关规定,观察人员的行为规范以及记录的要求等。

(6)设计打印观察的记录表格、速记符号,规定有关的统一参照标准。

(7)准备观察用的工具(必备的仪器)。

(8)根据观察研究的要求培训观察人员并进行组织分工,观察什么、谁去观察、何时观察、怎么观察等都要具体明确。

**2. 做好观察前的准备工作**

实施观察前,要根据观察的要求做好准备工作,如果观察需要借助有关仪器,如相机、录音机、摄像机等,就必须事先完成安装、调试。

**3. 实施观察**

实施观察是整个观察系统的主体部分,所采集到的信息资料是分析研究被观察对象的基础。观察的科学性、可靠性关系到研究的信度和效度。观察的形式一般有以下几种:

一是参观。这是常用的观察形式。

二是听课。这是最经常、最基本的一种教育观察形式。

三是参加活动。包括各种内容、各种范围、各种形式、各种层次的集体活动,这是最丰富、最广阔的观察形式。

四是列席会议。

五是结合个别谈话、召开座谈会等形式进行观察。

**4. 整理分析观察记录**

观察活动结束后,就要及时梳理、筛选和整理资料,然后对有价值的典型材料进行分析研究,并得出研究结论,撰写观察报告。处理记录的信息一般要经历以下三个步骤:一是整理观察资料;二是归类;三是分析。

**5. 撰写观察报告**

观察报告的格式一般分标题、前言、正文和结尾四部分。

(1)标题要明确。观察的主题要清晰具体,一目了然。

(2)前言是报告的开头部分。主要写出观察目的和计划,其次是写明观察的时间、地点、对象、范围、经过和可能取得的一手技术资料的测定及记录方式等。

(3)正文是报告的核心部分。这一部分首先要对观察得到的各种第一手资料进行叙述,然后分类进行归纳、整理。有些情况和数据尽可能采用表格方式表示,这样可以减轻文字叙述的烦琐性,使人一目了然。同时,通过图表的显示,有时还会发现新的问题。最后再将归纳、整理的情况进行分析和综合,得到正确的客观事物运行规律。

(4)结尾为观察报告的结束语。该部分常用理论对被观察的客观事物运行规律作出总结,并与传统的理论作比较,看是否有弥补、创新之处。

## 三、教研成果的撰写

### (一)用"案例"展示有价值的教育事实

案例是含有问题或疑难情境的真实发生的典型性事件。教育教学案例是对含有解决某些疑难问题,以及运用某些教育教学原理、方法、策略的场景或情境的描述。

教育教学案例一般由主题、背景、事件、反思与讨论等部分构成。

1. 案例主题

案例主题反映了案例的中心思想和主要内容,也就是表明了案例要表达什么、说明什么和阐述什么。案例主题一般都要涉及教育教学的重点、热点和难点问题。案例事件可以是一件小事,但透过现象所反映的主题并不小,要能够以小见大。

案例标题是对主题的概括和提炼。确定案例标题有两种方式:一是用案例中的突出事件作为标题,如反映课堂教学事件的"哄堂大笑以后",反映与学生交往行为的"闷葫芦会讲话了"等;二是把事件中包含的主题析离出来,作为案例的标题,如反映课堂教学过程中教师受学生启发的"学生给了我启示",反映教师引导学生行为转变的"化解学生对学校生活的恐惧"等。

2. 案例背景

背景是案例写作的起因、缘由,主要说明案例发生的环境和条件。背景可以从以下方面展开:第一,描写遇到的难题。第二,提供一些基本情况,如学校类型、学生情况、教师情况等。第三,具体、明确地叙述对教学或学生学习产生重要作用的学生的文化、种族背景等。第四,介绍分析教学内容,对本节课包括的知识点及知识点在教材中的承接性和延续性进行分析。第五,清晰准确地描述和分析教学目标,目标的提出应符合相应的课程标准或教学大纲,体现新课程理念,关注对学生学科学习能力、学科共通能力以及情感意识等多方面能力的培养。第六,叙述教学设计思路及其依据,如教学目标、学生特点、教学内容、教学条件、教学流程、教学方法等。

3. 案例事件

案例事件包括提出问题和解决问题的过程。其中,解决问题是案例最重要的一环,这部分内容需要详尽描述。案例事件的叙述要注意以下几个方面:

第一,要突出主题。要根据主题和问题对原始材料进行筛选,要展现问题解决的过程、步骤以及问题解决中出现的反复、挫折,也要描述问题解决初步成效。

第二,内容要真实。案例素材要反映活生生的教学实际,要避免虚构和杜撰。

第三,情境要完整。应该把情境交代清楚,有一个从开始到结束的完整情节。

第四,取舍要恰当。案例要写好主要事件,尽量精简那些与主题或问题关系不大的内容。案例事件的描述应是一件文学作品或片段,而不是课堂实录,无论主题多么深刻,故事多么复杂,都应该以一种有趣的、引人入胜的方式来讲述。可有意选择经常会出现的、令人犹豫不决或导致陷入进退两难困境的典型事件。

第五,叙述要客观。客观地介绍典型事例,不能直接地提出问题,表述观点,不能流露感情的褒贬。要让读者仔细品味,悟出其中的道理。对案例事件的描述应是坦率的、中立的,对教师的心理活动、观念冲突、情感等方面的描写也应是客观的。

第六,要揭示人物的心理。人物的心理是案例故事发展的内在依据。通过对人物心理的揭示,向读者展示为什么会有各种不同的做法,这些教育行为的内在逻辑是什么。

4. 反思与讨论

反思就是作者对案例进行解读、评述和分析。反思是对案例所反映的主题、思想观点、规律策略的分析。包括对教育教学出发点、指导思想、过程、结果的利弊得失的看法和分析,问题的归因,规律的总结,以及对课堂教学行为的技术分析。可在这一部分展开案例研究所得的结论。反思是在描述案例事件基础上的讨论,要揭示案例事件的意义和价值。反思要就事论理,立意要新。分析要实在,要有针对性,要讲关于这个案例的具体的小道理,不要讲永远正确的空洞的大道理。

### (二)用"报告"总结研究的过程与结论

调查报告是研究者对研究的问题进行深入细致的调查后,经过认真整理、统计和分析写成的书面报告。调查报告的结构,一般由标题、概要、正文、结尾、附件等几部分组成。

1. 标题

(1)标题的要求和写法

标题就是调查报告的题目,由报告内容决定。标题是画龙点睛之笔,它必须准确揭示调查报告的主题思想,做到题文相符,高度概括,具有较强的吸引力。

标题的写法灵活多样,一般有两种:单标题与双标题。单标题就是调查报告只有一行标题,一般是通过标题把被调查单位和调查内容明确而具体地表现出来。双标题就是调查报告有两行标题,采用正、副标题形式,一般正标题表达调查主题,副标题用于补充说明调查对象和主要内容。例如"明天你到哪里就业——对职高生择业观的调查","为何有理说不清——初中班主任说理能力的调查与思考",正题揭示主题,副题指出了调查的范围、对象和问题。

（2）标题的形式

"直叙式"的标题,即反映调查意向、调查项目或地点的标题。这种标题简明、客观,一般调查报告多采用这种标题。

"表明观点式"的标题。直接阐明作者的观点、看法,或对事物进行判断、评价。

"提出问题式"的标题,即以设问、反问等形式,突出问题的焦点和尖锐性,吸引读者,促使读者思考。例如"中学生沉迷网络游戏说明了什么"等。

2. 摘要

摘要即调查报告的内容摘要,主要包括以下三方面内容:第一,简要说明调查目的即调查的原因;第二,简要介绍调查内容,包括调查时间、地点、对象、范围、调查要点及所要解答的问题;第三,简要介绍调查研究的方法,并说明选用该方法的原因,这有助于使读者确信调查结果的可靠性。

3. 正文

正文是调查报告的主要部分。正文部分必须准确阐明全部有关论据,包括提出问题、引出结论、论证的全部过程、分析研究问题的方法等。

论述部分是调查报告的主体内容,它决定着整个调查报告质量的高低和作用的大小。论述部分重点介绍通过调查所了解到的事实,分析说明被调查对象的发生、发展和变化过程,调查的结果及存在的问题,提出具体的意见和建议。分析一般有三类:第一类成因分析,第二类利弊分析,第三类发展规律或趋势分析。

正文写作安排要做到先后有序、主次分明、详略得当。大致有如下几种写法:一是按调查顺序逐点来写;二是按被调查单位人和事的产生、发展变化的过程来写,以体现其规律性;三是将两种事物加以对比,以显示其是非、优劣,找出其差异性;四是按内容的特点分门别类逐一叙述,这种安排较为常见。

### 4. 结尾

结尾部分是调查报告的结束语。结束语一般有三种形式:一是概括全文。综合说明调查报告的主要观点,深化文章的主题。二是形成结论。在对真实资料进行深入细致的科学分析的基础上,得出报告结论。三是提出看法和建议。通过分析,形成对事物的看法,在此基础上,提出建议或可行性方案。

### 5. 附件

附件是对报告正文的补充或更详尽的说明,包括数据汇总表及原始资料、背景材料和必要的工作技术报告。例如,在调查报告里,可以把相应的问卷选一部分作为调查报告的附件。在写调查研究报告的过程中,参考、引用了哪些资料(篇目名称、作者、出版单位、日期)也要在附件中注明。

## (三)用"论文"呈现课题研究的新成效

研究论文是研究者对所研究的问题进行探讨、研究后写出的具有独到见解的学术性文章,是研究成果的书面表达形式。研究论文既是研究者探讨问题、进行教育研究的一种手段,又是描述研究成果、进行学术交流的一种工具。

研究论文的结构一般分三部分:一是题目(包括标题、摘要、关键词);二是正文(包括引言、论述、结论);三是结尾(包括注释、参考文献等)。

### 1. 研究论文的题目

（1）标题

确定好标题是写好研究论文的第一步,也是关键的一步。确定论文标题要做好两项工作:一是选题;二是准确地拟写标题(包括小标题)。

论文选题不能大,要以小见大,以微探宏。标题文字要简洁,立意要新,表达要准确。

（2）摘要

摘要也称提要,是用简洁的文字概括研究论文的主要内容,是论文的浓缩、梗概。一般读者总是先读标题、摘要,然后再决定是否需要阅读全文。研究论文摘要的字数应按刊物的要求,一般 3000 字左右的研究论文,摘要在 200 字左右。摘要的表述一般包括问题、方法、结果和结论。

（3）关键词

关键词是将研究论文中能反映研究方向和研究领域的最重要的词提取出来，放在摘要之下，以便读者了解研究论文的主要内容和主攻方向，也便于文献检索系统进行主题分类和设置索引。通常关键词取自标题中的变量、研究假设中的变量以及研究主题中的变量，重要的词应尽可能往前放。一般一篇研究论文的关键词不超过8个。

2. 正文

（1）引言

研究论文正文的开头一般是引言（也称引论、绪言或绪论）。引言部分主要介绍研究什么问题，向读者提供有关论文主题的背景信息，使读者能理解和评价论文（或微型课题研究）的意义和价值。常见的写法有：一是直接申明自己的主张和见解，开门见山地提出中心论点；二是提示内容要点；三是因事发问，启人思考；四是从日常生活现象写起；五是引经据典，说古道今。

（2）论述

论述部分也称本论或正论，是论文的主体内容。这部分的重点是展开论题、分析问题，论证、阐明论点和论据之间的必然联系，证明自己的主张是正确的，以帮助读者了解结论的产生过程及其正确性。

（3）结论

结论是对论述部分的概括，是论述的结果。在论证的基础上提出结论性的意见，作为文章的总概括，得出或重申自己的见解。

3. 结尾

结尾包括注释和参考文献两部分。注释是对文章中的词语、内容或引文的出处所做的说明。参考文献是作者在撰写论文时，曾经借鉴、引用过的重要文章和著作。论文写好之后，要将这些文章或著作编目，附在论文后面。

## 本章小结

本章主要讨论了教师教学研究的基本技能,主要包括:教学反思、课例研究、微型课题研究。

1. 教学反思。本部分主要介绍了教学反思的工具、教学反思的过程和教学反思的基本方法。支持教学反思的工具主要包括:教学反思记录工具和教学反思分析工具。教学反思的过程分为四步,即反观实践,发现问题;自我审视,分析问题;概括经验,建立假设;返回实践,验证假设。教学反思的具体方法包括两个方面:独立反思法,即教学反思日记和教育叙事法;协作反思法,即交流对话反思和行动研究反思法。

2. 课例研究。课例研究的选题主要来自教学的重点、难点,以及教学研究中的热点。课例研究的主要方法为课堂观察法。课堂观察的程序主要包括课前会议、课中观察、课后会议等步骤。根据观察点、观察者自身的特征和观察条件选择观察工具。处理记录的信息一般要经历三个步骤:统计或整理、归类、解释。

3. 微型课题研究。微型课题的选择主要从三个方面入手,即日常教学问题、班级日常管理中的事件、平时学习交流后的深入思考。微型课题研究方法的选择需契合研究选题的类型和研究目的,用"调查法"说明事实,用"个案法"分析典型,用"观察法"探究真相。研究成果呈现的方式包括:用"案例"展示有价值的教育事实,用"报告"总结研究的过程与结论,用"论文"呈现课题研究的新成效。

## 思考与练习

1. 结合自己所学专业,对某次模拟教学进行教学反思,并撰写反思日记。

2. 结合自己所学专业,通过模拟教学或教学观察,选择课例研究的主题,完成一次完整的课例研究。

3. 根据本章所提出的微型课题选题路径,确立研究选题,正确、科学地选择研究方法,对研究选题进行系统的教育教学研究,并通过研究报告或论文的形式,呈现研究的过程和结论。

# 第八章　教学评价内容及方法

## 学习目标

1. 掌握纸笔测验编制的步骤,明确各类型题编制的原则。

2. 掌握表现性评价和档案袋评价的设计方法和实施原则。

3. 能独立编制纸笔测验试卷。

4. 能独立设计表现性评价和档案袋评价的方案及评价标准。

5. 能独立设计学期教学评价方案。

## 学习要求

| 知识要点 | 能力要求 | 相关知识 |
|---|---|---|
| 纸笔测验 | (1)掌握纸笔测验编制的步骤<br>(2)能独立编制测验的双向细目表<br>(3)掌握各类型题编制的方法<br>(4)能独立编制完整的纸笔测验试卷 | (1)纸笔测验编制的步骤<br>(2)测验双向细目表<br>(3)判断题、选择题、匹配题、填充题、论文(论述)题<br>(4)试卷的完整体例 |
| 表现性评价 | (1)明确并掌握选择表现性任务类型的方法<br>(2)明确表现性任务设计应注意的问题<br>(3)掌握表现性评价实施的过程 | (1)表现性任务类型<br>(2)表现性设计的要求<br>(3)表现性评价的适用范围<br>(4)表现性评价实施的过程<br>(5)表现性评价标准的设计 |
| 档案袋评价 | (1)明确档案袋评价的类型<br>(2)掌握档案袋评价设计的步骤<br>(3)掌握档案袋中评价信息选择和分析的方法<br>(4)掌握档案袋评价结果反馈的方法 | (1)成长档案袋、诊断反馈档案袋、学习成果档案袋<br>(2)档案袋评价标准(使用说明)的编制<br>(3)档案袋评价的实施与反思 |
| 学期教学评价 | (1)明确学期教学评价方案的主体内容<br>(2)掌握学期教学评价方案设计过程<br>(3)明确学期教学评价实施的策略<br>(4)掌握教学评价通知单设计的过程<br>(5)能独立编制完整的教学评价通知单 | (1)学期教学评价方案的主体内容<br>(2)学期教学评价的实施策略<br>(3)评价学习结果的方式<br>(4)评价检核表 |

教学评价是对教学工作所作的测量、分析和评定。它以参与教学活动的教师、学生、教学目标、教学内容、教学方法、教学设备、教学场地和时间等因素的有机组合的过程和结果为评价对象,是对教学活动的整体功能所作的评价。[①] 教学评价的内容包括对学生学习效果的评价,也包括对教师教学过程及效果的判断。[②] 纸笔测验、表现性评价和档案袋评价为常用的教学评价方法。

导入案例

## 两熊赛蜜

　　黑熊和棕熊喜欢吃蜂蜜,以养蜂为生。它们各有一个蜂箱,养着同样多的蜜蜂。一天,它们决定比赛看谁的蜜蜂产蜜多。黑熊想,蜜的产量取决于蜜蜂每天对花的“访问量”。它编制了一套测量蜜蜂访问量的系统,准确记录每只蜜蜂的工作量。在它看来,蜜蜂所接触花的数量就是其工作的结果。棕熊与黑熊想的不一样。它认为蜜蜂能产多少蜜,关键在每天采回多少花蜜,花蜜越多,酿的蜂蜜越多。它告诉蜜蜂们,它在和黑熊比赛看谁的蜜多。

　　三个月过去了,两只熊查看比赛结果,黑熊的蜂蜜不及棕熊的一半。黑熊大惑不解,自己花钱费神设立的数据测量系统怎么会不管用。这时,蜂王告诉它,蜜蜂的访问量每月都增加一成以上,而每月产蜜量差不多下降一成以上。黑熊非常生气,连声问有没有谁偷吃了蜂蜜。蜂王告知,没有谁偷吃蜂蜜,问题出在没有足够的花蜜来酿蜜。为尽可能提高访问量,蜜蜂们都不采太多的花蜜,因为采的花蜜越多,飞起来就越慢,每天的访问量就越少。黑熊这才知道自己的做法不太对,于是虚心地向棕熊请教。棕熊说:我让蜜蜂们专注于采集更多的花蜜,因为花蜜才是与最终的结果直接相关的。你的评价体系很精确,但你评价的结果与实际的绩效并不直接相关。越关注单一结果,越容易走入歧途,越容易忘掉最终目的,而把手段当成目的。

---

[①] 王道俊,郭文安. 教育学[M]. 北京:人民教育出版社,2009:266.
[②] 本章主要讨论对学生学习过程和结果的评价。

> **点评**
>
> ### 教学评价需要运用多元化的评价方法
>
> 教学评价中,教师习惯并擅长用"量化"的方式衡量学生的学习成果。而教学评价的目的应在于发现学生的积极变化和综合素养的提升情况。教学评价需要运用多元化的评价方法,全面揭示被评价对象的发展状态和成长的价值内涵。教学评价中,各种方法的运用仅是一种手段,最终目的在于实现学生的主动发展和完善。本章主要讨论纸笔测验、表现性评价、档案袋评价、学期教学评价的设计与实施。

## 第一节 纸笔测验的编制

纸笔测验就是以纸笔为工具,命答测试题的教育评价形式。纸笔测验作为教学评价的主要方法,一直在教学评价中发挥着重要的作用。纸笔测验在实际教学活动中可应用于学生学习的各个阶段,如单元测验、期中和期末测验,也可应用于课堂教学的开始、教学过程之中和课后练习。因此,纸笔测验不仅是终结性评价的手段,也是诊断性评价、形成性评价的手段。纸笔测验作为一种传统的测试手段,因其具有可记载性的特点而适合作为教学评价量化的依据。本部分主要论述纸笔测验编制的步骤、各类型题编制的方法、纸笔测验试卷的实例分析等三方面的内容。

### 一、纸笔测验编制的步骤

纸笔测验的编制是线性、顺序化的过程,一般包括明确测验目的、设计双向细目表、编拟测验试题、审查与修改、编辑测验试卷五个步骤。

#### (一) 明确测验目的

纸笔测验可以用于多种教学目的,依据测试发生于教学过程的阶段不同,可分为教学前、教学中和教学后三种测验。

1. 课程或教学单元开始前,检查学生学习准备情况的预备测验,有助于进行教学设计以及对学生进行更好的学习安排。

2. 教学过程中的测验可以改善和引导学生的学习,并且对学习中存在的问题进行诊断和纠正。

3. 教学结束时的测验可以用来评价、证明学业成就或进行教学评估。

每一种测验类型对于测试题目的要求都不同,使用的解释类型也不一样,如表8-1 所示,教学前、教学中和教学后三个阶段,在测验重点、样本特性、题目难度、测验时间和结果应用五方面存在着明显的差异。[①]

表 8-1  依教学过程划分的三种测验类型

| 阶段 | 教学前 | 教学中 | | 教学后 | |
|---|---|---|---|---|---|
| 功能 | 准备 | 过程诊断 | 形成性评价 | 诊断 | 总结性评价 |
| 测验重点 | 必备的起始技能 | 课程或单元目标 | 预先计划好的教学内容 | 常见的学习错误 | 课程或单元目标 |
| 样本特性 | 所选技能的有限样本 | 所有目标的大样本 | 学习任务的有限样本 | 特定错误的有限样本 | 所有目标的大样本 |
| 题目难度 | 通常难度水平较低 | 通常难度范围广 | 随不同教学内容而变化 | 通常难度水平比较低 | 通常难度范围广 |
| 测验时间 | 课程或单元开始前 | 课程或单元开始时 | 教学过程之中定期 | 教学过程需要时 | 课程或单元结束时 |
| 结果应用 | 补救起始技能或分配学习小组 | 教学计划 | 通过及时反馈改善和指导学习 | 改正与持续的学习困难有关的缺陷 | 评分、证明学习成就或评价教学 |

## (二)设计双向细目表

为保证纸笔测验能全面、正确地考查学生掌握知识和技能的情况,试题必须正确、科学地反映教学目标,覆盖教学内容中的可测性知识与技能。因此,设计测验双向细目表是编拟试题的重要前提。

双向细目表的编制主要包括三个步骤:制定教学目标,列出教学内容要点,设计测量的认知水平和试题类型。如表8-2 所示,测验双向细目表一般是二维表,具体内

① 张春莉.走向多样化的评价[M].上海:上海教育出版社,2005:89.

容应包括试题类型、认知水平维度、测验内容和分数等方面。

表 8-2　测验双向细目表

| 试题类型 | 选择题 | 简答题 | 证明题 | 应用题 | 分析题 | 合计 |
|---|---|---|---|---|---|---|
| 认知水平维度 | 识记、理解 | 识记 | 分析综合 | 应用 | 分析综合、创造 | |
| 测验内容 | | | | | | |
| 分数 | | | | | | |
| …… | | | | | | |
| 合计 | | | | | | |

### (三) 编拟测验试题

在选择测试题目和评价任务时,关键在于根据测验的内容,正确、科学地选择测验试题的类型。纸笔测试题一般分为客观题和主观题两种类型。客观题结构严谨,要求学生填写若干个词、数字或者从一些备选项中选出正确答案,如判断题、匹配题、选择题等。主观题,如简答题、论述题、解释性试题,则允许学生选择材料、组织材料并以文字表述的形式呈现答案。在使用中,要权衡这两种方法的优点和局限性,科学选择试题的类型。

### (四) 审查与修改测验试题

测验试卷付印之前,应根据测验目的、测验的双向细目表和各类型题编制的原则,反复核查试题的质量。纸笔测验试题审查的重点如下:

**1. 试题类型与所要测量的学生学习结果的适切性**

教师应思考试题类型是否能客观、准确地测量学生通过学习所达到的掌握、运用知识和技能的水平,即具体分析试题能否正确、真实地反映学生的学习结果。

**2. 审查每个试题的内涵与双向细目表中对应项的契合度**

即针对试卷中每一试题,检查和审核试题内涵与双向细目表中对应项在教学内容和认知水平上的符合程度,从而保证试题所考查的学生知识和技能与测量目的相匹配。

**3. 试题语言表述准确、精练,内涵明确**

冗长的句型会造成阅读负担,且干扰测量的效度,故试题在表述上应该力求精炼、准确。同时,教师应检查试题语言的内涵,使其符合学生的认知水平,保证呈现知识的准确性,从而保证试题的信度与效度。

### 4. 试题答案准确

教师应该在审查与修改试卷所有试题的基础上,编写每一道试题的答案,答案的编写要准确、无误。此外,编写试题答案,也是进一步审查试题质量的重要途径。

### (五) 编辑测验试卷

#### 1. 试题编排原则

测验试题经过审查和修改后,就进入编辑与准备印刷的阶段。试题编排应顾及试题类型、测量的学习结果、试题难易度及测量的素材,应遵循下列原则:

(1) 依据试题类型进行排列,通常是简单容易的类型题在前,复杂困难的类型题在后,是非题、选择题一般均放在最前面,其后为填充题和简答题,最后为论述题。

(2) 依据试题难易来排列,试题应由易而难进行排列。

(3) 将同类型的试题编排在 起。

(4) 每一道试题应被放在同一页纸中。

(5) 将选择题的选项置于题干的下一行。

(6) 试题应明确标号,尤其是当学生必须将答案填写于另一张答案纸或考卷其他特殊位置时。

(7) 版面安排应易于评分与计算成绩,避免造成计分困扰。

(8) 直排或横排方式应统一,测验所有试题的排版方向要统一,各层级字体、级数也要一致。

(9) 年龄较小学生的字号应较大,且小学三年级以下学生应加注"拼音"。

(10) 年龄较小的学生字写得比较大,计算题、论述题应留出足够的空间让学生作答。

#### 2. 试题指导语

一份测验的指导语应包含整体指导语和各试题类型指导语,整体指导语应包括下列项目:① 试卷共几张几面?是否交回?② 答案写在哪里?③ 试卷包括几道大题？④ 总分与分值分配情况如何？⑤ 如何作答？测验是否倒扣分？⑥ 以何种笔、何种颜色作答？⑦ 试卷、答案纸是否可打草稿？⑧ 其他,如作答的时间,考试过程可否发问,作文必须写在作文答案卷上否则不计分等信息。若测验目的不明显,应阐述测验目的。必要时应告知可以携带哪些必备的文具应试。个别试题类型的指导语,起到补足整体指导语的作用,一般至少应包括题数、配分、总分等信息。

## 二、各类型题编制的方法

### （一）判断题编制方法

1. 什么是判断题？

判断题是指要求被试者对一个陈述句或问句作出对或错判断的测试题。最常见的判断题形式是正误判断题。

2. 判断题的结构。

判断题的结构:题干 + 判断项。

例:从北斗七星斗口两颗星的距离延长 5 倍即可以找到北极星。（√）

根据判断项的不同,判断题还有一些变化形式,那就是要求学生在"是——非""正确(√)——错误( × )""事实——观点"等之间进行选择。

3. 判断题的优点与缺点。

优点:可以在很短的时间内考查大量的评价内容。

缺点:判断题只有两个选项,即使学生对正确答案一无所知,还有 50% 的机会通过猜测得到正确的答案,这也成为判断题最大的缺点。

对缺点的弥补方法:适当增加判断题量。在教师自编性测验中,特别是课堂测验,可以使用判断题在短时间内了解学生课堂学习的效果。在这种情况下,判断题的题量以 20 ～30 道为宜。

4. 判断题编制的原则。

（1）每题仅应包括一个重要概念,避免出现两个以上概念。

（2）尽量少用否定叙述,尤其要避免双重否定叙述。

教师命题时,应避免使用否定式的叙述,尤其是双重否定。因为双重否定会造成阅读困扰,导致学生不理解题意。若必须使用"否定字",应该画底线或以斜体字表示,避免学生漏看。

(3)题意明确,不宜测查观点。

判断题的题意应清楚、明确,题干部分应清晰地表述考查的内容,使学生明确思考的路径。判断题不宜考查对一些观点的看法,特别是具有争议或存疑的知识。

(4)试题表述避免含混不确定的文字、数量语词。

试题在表述时应具体明确,正确使用数量词,要尊重教材所呈现的知识内容,避免模糊不清的表述。

(5)避免直接抄录课本原文。

判断题可以测量除"评价"和"创造"以外的所有认知维度,所以教师在命题时应避免直接抄录课本原文,或仅修改一两字,而忽略对学生更高层次认知水平的考查。

(6)避免使用具有暗示作用的限定语。

限定语通常对学生作答起到暗示性的作用,如通常、可能、大概、也许、时常、有时候等相对性限定词,具有"对"的倾向;如总是、从未、全都、一定、没有、只有等绝对性限定词,具有"错"的倾向。故此,为了保证试题的效度,应避免使用这些限定性词语。

(7)平衡答案的种类。

试卷中,判断题作为类型题,题目数不为"1"时,要尽量保证答案为"正确"或"错误"选项的两类题目在数量上相近。如:某试卷有10道判断题,要尽量保证"正确"与"错误"两种答案各为5道,或近似5道。

**(二)选择题编制方法**

选择题是应用最广的一种类型题。选择题由题干和选项两部分组成。题干是一个需要用选项回答的问题,或者是一个需要用选项补全的表述。选项由正确选项和十扰选项组成,学生的任务就是从所有选项中把正确的选项选出来。

1. 选择题的结构:题干和选项

例:观察天气变化应注意什么变化?(　　)

A. 时间　　B. 温度　　C. 云量　　D. 方位

2. 选择题编写的原则

（1）题干表述完整，主要使用两种表述方式，即直接问句和不完全叙述句。题干的表述不能中断，否则可能造成学生思路中断，不能完整地理解题意。

（2）避免使用特殊限定词，如总是、通常、大概等。

（3）用词应符合学生的年龄特征。

（4）每题设4～5个答案选项。

（5）题干和选项尽量用肯定表述。

（6）编制具有迷惑性的选项。

（7）在单项选择题中，确保只有一个十分严密的正确答案或最佳答案。

（8）避免测查看法或观点。

（9）变换正确选项的位置。

（10）避免选项的意义重合。

（11）限制使用"以上都不正确"选项（在最佳答案型选择题中）。

### （三）匹配题编制方法

匹配题由两列单词或短语组成，答题者需要把第一列与第二列中的相关信息对应起来。其中呈现问题的一列被称为前提或题干，被选的一列称为反应项目或选项。匹配题给出的两列单词或短语之间具有某种特定的联系，这种关系就成为学生作答的基本依据。

1. 可以观察的几种关系

（1）人物与成就配对

（2）时间与历史事件配对

（3）时期与定义配对

（4）法规与例子配对

（5）记号与概念配对

（6）作者与书名配对

（7）外国文字与汉语翻译配对

（8）机器与使用法配对

（9）动植物与分类配对

（10）信念与说明配对

（11）目标与目标名称配对

（12）组织部分与功能配对

2. 匹配题编制的原则

（1）使用同质的选项和题目

（2）选项数应多于题目数

例：请将下列作品与作者相配对。

( 　　 )《套中人》　　　A. 海明威

( 　　 )《老人与海》　　B. 司汤达

( 　　 )《红与黑》　　　C. 卡夫卡

( 　　 )《双城记》　　　D. 契诃夫

　　　　　　　　　　　E. 狄更斯

（3）按字母或数字顺序排列选项

（4）限制每道匹配题中的题目数量

（5）被选的选项要简短

（6）提供完整的指导语

（7）选项置于同一列中

（8）避免使用特殊限定词

（9）一个完整匹配题应印在同一页

### （四）填充题编制方法

填充题分为填空题和简答题两种。填空题要求学生用单词或短语完成句子；简答题则是提出一个需要用单词或短语回答的问题。

1. 填充题的优缺点

优点：填充题避免了选择题、判断题和匹配题所存在的猜测成分较大这一缺陷，适用于评价学生对事实性知识记忆和理解的结果；适用于评价计算方面的问题；适用于科学或数学学科中，学生只需用简短答案即可解释的概念性知识。

缺点：填充题评分相对于选择题、是非题与配对题费时费力，易因错别字而影响评价结果的诊断，应用、分析、综合、评鉴等高层次学习结果难以评价。

2. 填充题编制的原则

（1）题目说明要求回答的内容

（2）每题尽可能少留空

（3）尽可能将空白处留在题目的末尾

（4）不要直接引用课本原文

（5）编写试题"直接问句"较"不完全叙述句"优先

（6）答案必须是问题的重要概念，而非零碎知识

（7）答案若是数字，应指出要求的精确程度和单位名称

### （五）论文（论述）题编制方法

论文题主要包括叙述题、说明题、分析评价题、证明题等。论文题一般给出一些背景性的材料，学生需要通过阅读资料，根据已经掌握的概念、定理或原理对给出的资料进行综合的分析、评价，或根据资料进行再创作。故此，论文题考查学生高层次的认知水平，如安德森教育目标分类中"评价"和"创造"的认知维度。

论文题编制的建议：

（1）编制论文题要从知识的总体出发，进行综合考核，或侧重考核基本原理的具体应用，要给学生表达自己对问题的观点和看法的机会。

（2）不要使试题过于笼统。明确题意，可以使用限定词：说明、分析、解释、评价等。

（3）提示每一题的作答时间与分数，并给予充分时间作答。

## 三、纸笔测验试卷实例

### 2022 年某市初中学业水平考试

#### 语　文

本试卷包括四道大题，共 23 道小题，共 8 页。全卷满分 120 分。考试时间为 120

分钟。考试结束后,将本试卷和答题卡一并交回。

**注意事项:**

1. 答题前,考生务必将自己的姓名、准考证号填写在答题卡上,并将条形码准确粘贴在条形码区域内。

2. 答题时,考生务必按照考试要求在答题卡上的指定区域内作答,在草稿纸、试卷上答题无效。

**一、积累与运用(15分)**

阅读下面的文字,完成1~4题。

孔子有一句名言:"知之为知之,不知为不知,是知也。"意思是,知道就是知道,不知道就是不知道,这就是"知"。这最后一个"知"字,究竟是指智慧□还是指知识□如果是指智慧,那就是一种理性精神或能力;如果是指知识,那就是一种特殊的知识,而不是通常所谓的知识。其实,两种解释有相通之处。苏格拉底说:"我知道自己无知。"这同孔子的说法很相近。知道自己无知,才能不断求知;越是不断求知,越知道自己无知。"无知"是获得知识的基础和动力,孔子有这种智慧或"自知",所以才能"学而不厌,诲人不倦",也才能要求学生在求知的道路上永不停息,更不能因为有了一点知识而沾沾自喜。

(书写题):

1. 准确、工整地抄写下面的句子。(2分)

知之为知之,不知为不知,是知也。

| | | | | | | | | | | | | | | | | | | | |
|---|---|---|---|---|---|---|---|---|---|---|---|---|---|---|---|---|---|---|---|
| | | | | | | | | | | | | | | | | | | | |

(填空题):

2. 你认为文中加点的"知"应解释为:_____,读作:_____。(2分)

(选择题):

3. 填入文中方框内的标点符号,正确的一项是(　　　)(2分)

A.　　,　　,　　　　　　　　B.　　,　　,

C.　　,　　?　　　　　　　　D.　　?　　?

4. 下列与读书学习有关的成语，不是出自《论语》的一项是(    )(2分)

A. 学而不厌    B. 温故知新    C. 不求甚解    D. 不耻下问

**二、阅读(45分)**

(简答题)：

15. 三先生做的哪些事情是不大容易被孩子们理解的？(3分)

16. 体会文中加点词的作用。(3分)

25年了，时间似乎这样短，还是这个老师，还是这个孩子。

……

**四、写作(50分)**

(作文、论述题)：

23. 以下作文，任选其一。(50分)

作文(1)：挂着眼泪的笑涡

作文(2)：阅读下面材料，根据要求写作。

在宇宙的大生命中，我们是多么卑微，多么渺小。而一滴一叶，也有它自己的使命！要知道：生命的象征是活动，是生长，一滴一叶的活动生长，合成了整个宇宙的进化运行。要记住：不是每一道江流都能入海，不流动的便成了死湖；不是每一粒种子都能成树，不生长的便成了空壳！

以上材料引发了你怎样的感悟和思考？请自拟题目，写一篇文章。

作文要求：文体不限(诗歌除外)，文体特征明显；表达要有真情实感；不要套作，不得抄袭；不得泄露个人信息；不少于600字。

# 第二节　表现性评价的设计与实施

表现性评价是指通过观察学生在完成任务过程中的表现，对学生的知识、技能及发展水平做出价值判断的活动。主要包括三层含义：一是学生必须自己创造答案或用自己的行为表现来证明自己的学习过程和结果，而不是从规定好的选项中选择答案；二是评价者必须观察学生的实际操作过程并记录学业成果；三是这种评价能使学生在实际操作中学习知识和发展能力。表现性评价不仅要评价学生知识技能的掌握情况,还要通过对学生表现的观察分析,评价学生在创新能力、实践能力、与人合作的能力以及健康的情感、积极的态度、科学的价值观等方面的发展情况。

## 一、表现性任务的类型

表现性任务是教育者为了达到某种教育目的或强化某一教育意图而特别设计或指定的学习任务。其内容是:一项与教学内容相关联的研究性作业,或者是一项综合实践活动。其表现形式是:文本的、实物的、表演性的或口头的。采用哪一种表现性任务,要根据评价目的、学生发展的需要和学校教育的实际情况来决定。

一般来说,中小学教学中常用的表现性任务有以下六种。

1. 结构性表现测验

结构性表现测验与传统测验的本质差别在于,测验的表现形式不是由各类型题构成,而是学生根据完成任务的操作程序,自己选择或设计完成任务的步骤,在给出结果的同时,要呈现完成测验任务的过程。表现性评价中的纸笔测验不同于传统的纸笔测验,传统的纸笔测验目的在于检测学生对知识的掌握情况,而表现性评价中的纸笔测验目的在于检测学生对知识的应用情况。因此,在表现性评价的纸笔测验中,表现性任务一般以"设计""构建""创作"等作为要求,如设计一个电路图、旅游图,构建一个设想,创作一幅作品等。

2. 口头表述

口头表述类的表现性任务能够反映和培养学生的口头表达能力、逻辑思维能力、随机应变能力、情绪掌控能力等。课堂提问、演讲、辩论、朗诵等都属于此类。

3. 模拟表现

模拟表现是根据教育教学的需要,在真实情境的模拟中,学生通过角色扮演等方式表现出来的一系列行为。比如,设立模拟法庭,学生扮演法官进行法庭审判等。

## 4. 实验或调查

实验或调查常应用于自然学科和社会学科领域，即通过实地调查、问卷调查和实验室实验等形式，使学生亲自了解和体验事物发生、发展的过程，从而去发现事物发展的规律或现象背后的本质等。实验或调查类表现性任务可以促进学生操作能力、分析能力及创新能力的发展。比如，让学生去调查某一地区水污染的情况、原因及解决办法。

---

**案例链接8-1**

### 中学科学任务[①]

**评价任务**

当一滴水被放在七种不同类型的建筑材料上时，会发生什么现象？

说明：这些材料被密封在一个塑料袋里，对于这一任务，学生需要仔细观察，记录结果，并且需要通过所学的知识解释观察到的结果。

**（一）实施活动**

在每种材料上滴一滴水。

**（二）记录结果**

1. 仔细观察，你看见了什么？写下每种材料上发生的情况。

A. 塑料，什么也没发生

B. 油漆过的木头，什么也没发生

C. 砖，水消失了

D. 金属，水变成了一个环

E. 屋顶板，水消失了

F. 玻璃，还是原来的样子

2. 现在用你的放大镜仔细观察每种材料。

---

① 王海芳.学生发展性评价的操作与案例[M].北京：中国轻工业出版社，2006：137.

3. 仔细观察塑料袋子里的材料,不要打开袋子。

4. 当你把一滴水滴在这一材料上时,你认为将会发生什么?

**(三)提出假设**

1. 水消失了是因为水浸透了这些材料。

2. 写下你认为会发生这种现象的原因。

水消失了是因为水浸透了砖和屋顶板,这些材料是用同样的物质做成的。

---

**▟ 点评**

通过让学生观察水滴在不同建筑材料上的变化,记录观察过程,解释、分析和验证实验假设,从而评价学生在实验过程中表现出的观察、动手能力及相关学科素养的发展水平。

---

5. 作品创作

作品创作任务,表现为让学生创作一首诗歌、写一篇文章、谱写一首曲子、制作一件手工作品等。完成这类任务,要求学生拥有相应的知识和技能的储备,同时需要学生有较强的表现欲望、丰富的想象力以及充足的冒险精神等。

6. 项目研究

项目研究是指根据教学内容的需要,让学生围绕一定的研究主题,运用多种科学研究方法,进行模拟或真实科学研究活动的过程。这类任务可以较为充分而全面地反映学生运用知识的能力、科学探究能力,以及学生在科学精神、科学态度、科学方法等方面的发展状况。根据任务的复杂程度和难度,研究项目可以分为个人项目、小组项目和扩展型项目。

◢ 案例链接 8-2

## 历史调查①

近年来,在航海史的研究中出现了对哥伦布是否是英雄的争议。我们在学习"哥伦布"这部分内容时,可以阅读到不同历史学家所撰写的哥伦布"发现新大陆"和建立领地的文章。在合作小组里,选择相反观点的材料,讨论它们的矛盾之处,并分析历史学家观点不同的理由。每一小组需要向全班解释为什么历史学家会对同一事件有着不同的结论,并且需要向全班提供解决矛盾的办法。小组活动的结果可以是向全班呈现一个改编的剧本,也可以是模仿专家进行讨论和辩论。项目要求自今日起三星期内完成,每星期五由一个小组成员向全班汇报项目的进展情况、进行过程中存在的问题以及下一星期的计划。

**评价标准**

● 社会学习内容标准:

1. 对这部分历史纪录受历史学家观点的影响的认识。

2. 对关于哥伦布发现和建立"新世界"领地等历史事件的认识。

● 复杂的思维标准:

3. 对过去事件存在的不确定性或矛盾进行辨别和解释的能力。

4. 为有逻辑的、合乎情理的解决办法进行辩护的能力。

● 有效交流标准:

5. 为各种目的进行有效交流的能力。

6. 以各种方式进行交流的能力。

● 合作标准:

7. 与组内所有同学一起工作,成功完成此项目研究的能力。

---

① 唐晓杰,等.课堂教学与学习成效评价[M].南宁:广西教育出版社,2000:113.

8. 为呈现研究结果提供创意和资源的能力。

9. 承担多种研究工作帮助小组出色地完成此项目的能力。

## 二、表现性任务的设计

实施表现性评价的核心是表现性任务的设计,表现性任务设计的质量如何,直接影响到表现性评价的信度和效度。表现性评价主要是通过观察学生在完成实际任务过程中的表现,来对学生的知识、技能及发展水平作出判断。这就要求在设计表现性任务时,必须尽可能地保证其真实性。因为,实施表现性评价的情境越真实,就越能显示出学生的实际技能。但令人遗憾的是,很多时候学生学习的真实情境是无法重复的,因此,教师需要根据教学目标和评价目的来设计模拟情境。

设计表现性任务不是一件容易的事,学生只有对他们感兴趣的任务才会积极投入,才能有最佳表现。因此,设计表现性任务必须考虑各方面的因素,要根据学科特点、学生特征、学校的客观条件等情况来确定,既要能够充分反映要评价的知识和能力,反映多方面的教学成果,又要考虑表现性任务的可行性、趣味性、挑战性、典型性和实效性,使学生能够体验各种学习方式和思维过程,并确保评价目标的实现。

一般来说,设计和选择表现性任务应注意以下四点。

1. 对学生认知水平进行高层次的评价

表现性任务的趣味性固然重要,但仅仅关注任务的趣味性还远远不够,还应根据学习内容的重要性来设计和选择任务。对于纸笔测验能够测量的知识和技能,则没必要设计表现性任务,设计和选择表现性任务应关注那些其他评价方法不易或不能评价的内容,如认知水平中的评价与创造、知识类型中的元认知知识等。

2. 表现性任务要符合学生认知水平

在设计表现性任务时,需要考虑到任务的形式、内容、难度要符合学生的认知水平。

3. 设计完成表现性任务的适当情境

教师在设计表现性任务时要设计完成任务的具体情境,情境的选择和设计要根据表现性任务的特点和表现性评价结果的用途来决定。

4. 为学生提供必要的指导

有时候学生不能清晰地了解完成表现性任务需要具备什么样的知识和技能。因此,教师有必要为学生说明任务的要求及完成任务所必需的基础知识、技能和仪器设备,使学生能够理解任务的性质和要求。

---

**案例链接8-3**

**从儿童熟悉的生活问题情境中挖掘表现性任务①**

环节1:创设情境,激发热情。

师:学校准备组织一次秋游,邀请敬老院的老人们一起去,请大家讨论一下,秋游必须考虑哪些问题?

学生七嘴八舌地谈起了自己的看法。

生1:秋游应该选择我们喜欢玩儿的地方。

生2:还得选适合老人们去的地方,不能太累。

生3:还得考虑空座位数。全部租用大巴的话最后一辆只坐20人,太浪费了,不如租5辆大巴和1辆中巴省钱。

生4:所以租车时应考虑参加的总人数,既要尽可能租比较便宜的大巴,又要使空座位数尽可能少。

生5:我们组认为应该全部租中巴,因为坐中巴比较舒服。

生6:但是现在要求最省钱呀,所以还是学生3的方案最优。

生7:要选择最优的方案,必须将能想到的方案都尽可能提出来,并通过计算来比较,找到最优的方案。

师:你们考虑问题很全面,总结得也很好。我们学数学,就是要学会这种系统地、有条理地分析问题和解决问题的方法,让数学在我们的生活中发挥更大的作用。

---

① 张春莉.纸笔测试发现不了的问题——数学表现性任务的开发与评价[J].小学教学·数学版,2007(5):23-26.

案例中教师要求学生设计秋游租车方案,这是一个很好的培养学生分析问题和解决问题能力的表现性任务。同样的题目,如果换一种呈现方式,以应用题的形式呈现,恐怕无法引起学生兴趣,部分学生也不一定能够解决。案例中教师创设的表现性任务,最大的特点就是为学生提供了一个他们在日常生活中可能会遇到的真实任务,激发了学生的兴趣。解决问题时用到的计算知识和能力,也符合学生已有的认知水平。学生在完成任务时所表现出的行为,很接近他们真实的能力和对数学的理解。设置这样的表现性任务,再加上教师的及时引导,促进了学生数学能力的提高,加深了学生对利用数学方法解决实际问题的认识。

### 三、表现性评价的实施过程

一般来说,表现性评价的实施包括目标的确立、任务的布置、评分标准的确定、评价的实施、评价后的反思等环节。

#### (一)确立评价目标

明确评价目标是实施表现性评价的前提。从普遍意义上来说,表现性评价目标应根据课程标准和教学内容及学生的实际情况来确定,要涵盖知识与能力、过程与方法、情感态度与价值观三个维度。例如,进行作文评价时,可以从以下几个方面确定评价目标:作文内容(观点、情感、材料)、作文形式(结构层次、语言)、写作思维(是否敏捷、流畅、有创造性)、书写要求(是否工整、整洁)、写作态度(是否认真、按时完成)、写作习惯(审题习惯、拟提纲的习惯、修改习惯等)。在具体实施的过程中,应根据具体情况确定评价重点。如果是终结性评价(如期末考试或升学考试),最好进行全面的评价,这样可以全方位地了解学生的学习情况;如果只是过程性的课堂评价,则可以采用分项的方式有重点地进行评价,这样有助于教师发现问题和改进教学。学科不同,具体评价目标也不同,例如,物理、化学、生物更多地要求学生具有动手操作能力,而英语和语文要求的是运用语言的能力。

在表现性评价中,评价目标既是教师评价的标准,也是学生进行自我评价的依据。因此,评价目标确定了之后,还要清晰明确地呈现出来,以确保评价顺利有效地进行。

### (二) 确定合适的表现性任务

在表现性评价中,教师主要是通过观察学生在任务过程中的各种行为表现和作品来对学生进行评价的,可以说,表现性任务是表现性评价的基础。因此,评价目标确立之后,接下来需要做的是根据表现性评价目标确定合适的表现性任务。

设计的任务必须达到促使学生运用所学知识解决问题、提升能力的目的。如果设计的表现性任务不能为学生提供运用知识、解决问题、发挥能力的机会和空间,那么表现性评价的效度将大打折扣。

表现性任务不能仅局限于课堂和学校,还可以根据需要拓展到校外,以加强学生和社会现实的联系,使学生有更多的机会展示自己的知识和技能,提高学生的实践能力和创造能力。

> **案例链接8-4**
>
> #### 给李校长的建议
>
> 你是红太阳小学的一名五年级学生,当地的一家企业想向你们学校的课后服务投入资金以提升全体学生的身体素质。但资金量只够支付以下的一个项目:一个室外的体育健身课程或一间水果甜点吧。有的同学想要体育健身课,而有的同学想要水果甜点吧。学校无法同时满足这两个项目。你的校长李先生,想请你帮他做出选择。
>
> 你会收到一本小手册,手册上会列出学生容易在操场上受伤的项目,一篇有关水果甜点吧好处的新闻,还有一则赞扬室外体育健身课程的广告。还会收到如下的提示:
>
> (1) 请看第5页的一则广告。找到所有不正确、不可信、有误导的信息,解释为什么你这么认为,给出你的理由。
>
> (2) 给李校长写一封说服信,在信中阐明你想要选择哪一项目以提高大家的身体素质。请使用手册上的信息来充实你的论述。

**点评**

  学生通过阅读小手册、新闻和课程广告等资料,学习了相关的知识;通过撰写说明信,掌握了研究方法,提升了研究的能力,培养了研究的意识。

### (三) 确定表现性评价的评价指标

  确定评价的具体指标是实施表现性评价的基础,评价指标的建立要始终围绕学生的"表现",着重从表现意愿和表现能力两个方面考虑,旨在保证评价的全面性和客观性。

  一般来说,评价指标的制定要做到以下三个方面。

  一是评价指标要能体现出对学生表现的过程性评价。即评价指标要覆盖能评价学生表现性活动的全过程以及结果。评价要点不但内容要全面,涵盖知识与技能、过程与方法、情感态度与价值观等方面,而且评价要贯穿于学生整个表现活动的过程,为学生创设善于表现、乐于表现的机会和环境。评价指标和评分规则应由教师和学生共同协商制定。

  二是评价指标要体现激励性原则。要准确把握评分标准,充分体现评价对学生学习的引导和激励作用。设定的标准要体现发展的阶段性,促使学生的行为由低到高、由简单到复杂地逐步发展。

  三是评价指标的制定要从实际情况出发。由于表现性任务的性质不同,评分标准也存在很大差异。因此,必须对表现性任务进行认真的分析,了解构成表现结果的每个细节行为是什么,将关键的表现行为列出,以便进行观察和判断。而且要根据表现性任务的特点来确定评分标准,并研制每一个标准的评分等级量表,包括表现性评价的内容、行为目标和表现水平标准,以使评价有据可依、有纲可循,要杜绝使用含糊不清的字眼(如正确地、适当地)来混淆评分标准的意义。表现性评价的评分规则实例见表8-3。

表 8-3　edTPA 小学数学教学设计评分规则：以"使用学情来指导教学"条目为例

| 等级<br>维度 | 水平 1 | 水平 2 | 水平 3 | 水平 4 | 水平 5 |
|---|---|---|---|---|---|
| 使用学情来指导教学 | 教师未联系学情来证明学习任务的合理性或教师展现出对学生和其背景的缺陷性观点 | 教师通过有限地联系到学生的前备知识或个人兴趣、日常经历、社会背景等来证明学习任务是合理的 | 1. 为证明学习任务是适当的,教师明确说明学习任务与学生的前备知识或个人兴趣、日常经历、社会背景等学情信息存在联系<br>2. 教师与研究和/或理论建立了肤浅的联系 | 1. 为证明学习任务是适当的,教师明确说明学习任务与学生的前备知识、个人兴趣、日常经历、社会背景等学情信息存在联系<br>2. 教师与研究和/或理论建立了相对紧密的联系 | 水平 4 基础上增加：教师的证明得到了研究和/或理论的支持 |

### (四) 开展表现活动,收集表现信息

根据教学活动和评价活动的安排,被评学生应参与表现性活动,完成表现性评价中规定的任务。科学地、合理地、全面地收集信息是表现性评价的一个关键环节。因此,在这一过程中,教师要根据评分规则,利用各种方法和手段,对学生的实际表现进行仔细观察和记录。教师对学生信息的收集工作要贯穿于学生表现的所有环节,要涵盖学生的整体表现,包括学生的学习欲望、学习态度、发言的次数、发言质量、解决问题的方法等,为评价学生完成表现性任务的情况获得全面信息。

### (五) 对学生表现进行评定

学生的发展水平到底如何,需要根据编制的评价标准,对学生在完成表现性任务时的行为表现进行评定。通过评估,确定学生的行为表现程度到底如何,这是对表现性评价的具体落实,也是表现性评价的核心部分。

表现性任务的评分方法有整体评分法和分析评分法两种。所谓整体评分法就是以对学生表现的整体印象作为评分的基础,综合考虑所有的评分准则,然后对学生的学习过程和学业成果的质量水平进行全面的、一次性的判断,不考虑构成整体的个别细节部分。分析评分法是指根据描述性的质量等级和每个评分准则,对学生表现的每个细节或对构成每件作品、成果的每个重要细节分别进行分析,然后综合逐项评价获得结果的方法。

整体评分法和分析评分法各具不同的功能,整体评分法有利于掌握学生的整体

发展情况,而分析评分法则有利于发现学生某一方面取得的进步及存在的问题。总体来说,整体评分法比较笼统,注重全局,而对细节有所忽略;分析评分法比较具体,但有时候不利于把握学生发展的整体情况。

对学生进行评价,教师除了要掌握必要的评价知识和能力外,还要坚持科学的评价观。教师应对学生在表现性任务中的表现进行客观分析,就事论事,而不应对学生自身进行评价,以防把学生不良表现的后果扩大化,把表现性评价变成对学生本人的评判。

### (六) 对评价结果的反思

评价结果的完成并不意味着评价的结束。评价的最终目标是促使学生总结经验,吸取教训,扬长避短,不断进取。因此,教师还应引导学生在评价中反思自己的得失,了解自己的不足,及时调整自己的学习行为。同时,教师也要从表现性评价中反思自己在教学中存在的不足,以便改进自己的教学,实现评价促进发展的最终目的。

## 第三节　档案袋评价的设计与实施

在新课程改革中,新颁布的数学、语文、英语、科学、艺术和化学等课程标准(实验稿),都在"评价建议"部分对档案袋评价(成长记录袋)的创建与使用提出了相应的意见和建议。《教育部关于积极推进中小学评价与考试制度改革的通知》也明确要求学校和教师要"建立每个学生的成长记录(袋)",并指出"高中录取标准除考试成绩以外,可试行参考学生成长记录(袋)等其他资料,综合评价进行录取"。在实践中,档案袋评价也受到了很大的关注。

### 一、档案袋评价的设计步骤

#### (一) 明确评价的目的

在教学中运用档案袋评价,主要目的在于记录学生学习过程的努力与成长情况,以促进学生自我成长与自我反省、诊断学生存在的问题及评价学生学习的成果,因此,档案袋评价目的可分为促进学生成长,诊断、回馈与沟通及评价三种。不同目的的档案评价,档案的结构、评价主体、建构程序等也不尽相同,具体表现为以下三方面。

1. 档案袋评价目的在于"促进学生自我成长",档案用于加强学生自我反思、自我评价与促使学生不断提高独立学习的能力,促使学生成为自主的学习者。以此为目的的档案袋评价应采用开放式结构,让学生有自由发挥的空间;档案袋评价的主体为学生,应让学生自己决定档案组织架构、内容、性质或数量;档案建构应让学生自行规划、自行反省、评价学习状况;档案评价由学生自己进行,不需他人参与。

2. 档案袋评价目的在于"诊断、回馈与沟通",档案用于诊断学生学习或教师教学效果,引导学生学习及增进教师与学生、家长间的交流与沟通。档案应采用半开放式结构,教师依据诊断、回馈与沟通中的重点,规定档案项目,再由学生自行选定项目内容,并鼓励学生加入"自选"项目,给予学生适度的自由发挥空间;评价的主体为师生共同体,即由师生共同设计档案组织架构,规定档案袋的内容、性质或数量;可由教师、学生、同学、家长共同提供档案材料,共同检查和分析档案数据;档案评价除学生自我评价与教师评价外,还应增加家长或同学的评价。

3. 档案袋评价目的在于"评价学生学习成果",档案用于考查学生学习能力与学习成果,作为制订教学计划或补救性教学的参考。档案应采用结构化模式,由教师依据评价内涵来规划,学生较少有自由发挥空间;评价主体是教师,即由教师设计、规定档案内容与数据性质,以利于评价;学生根据教师规定项目逐一制作、收集、汇整档案材料;档案评价应由教师进行正式的评价。

### (二)决定档案袋评价的类型

界定档案袋评价目的后,应明确档案袋评价的类型。若评价目的在于呈现学生学习的结果,应选择"成果档案";若评价目的在于了解学习过程或诊断学习问题,应选择"过程档案";若评价目的在于推进学生学习活动内容和过程的标准化,或进行班级间、学区间的比较,应选取"评价档案"。另外,根据档案内容的数量,应事先提醒学生准备相应数量的文件夹、资料本。

### (三) 编拟评价标准

档案袋评价比传统纸笔测验的评价更难以客观化,但为力求评价结果的直观性和科学性,教师应先拟定评价标准。

当档案袋评价目的在于"促进学生成长"或"诊断、回馈与沟通"时,仅需描述学生在每个档案项目中的表现,即提供必要信息给学生本人、其他任课教师或家长,不需要提供档案袋评价的分数或等级。

当档案袋评价目的为"结果评价"时,即评定学生的进步、努力与学习成就,并判断教学是否成功时,教师除描述学生在每个档案项目中的表现,还必须提供档案袋评价的分数或等级。

评分标准要反映学生重要的行为特征。编拟评价标准的步骤如下:

(1) 所有评价的参与者对评价的维度及内容进行头脑风暴和讨论,列出重要的体现评价内容的学生行为表现特征或要素。

(2) 对已列出的表现特征进行分类(以分为 4 ~5 个层面或类别为原则)。

(3) 以简单、清楚的语言界定各层面(操作性定义)。

(4) 分析实作、档案表现或成品。

(5) 列出不同等级行为表现的描述语,并确定评分标准。

(6) 试用、修订与改进。

在制定评分标准的同时,需拟定相应的评价结果。可呈现"整体档案"或"分项档案"的结果,评分标准内涵可包括"能力""努力"两个维度,结果表示可采用"文字描述""等级"或"计分"等方式。

### (四) 制作使用说明

教师制作"档案使用说明",让学生、教师或有关人员清晰了解档案制作过程与评价方式、标准。

"档案使用说明"包括"给学生或有关人员的档案整体说明"和"给教师的档案使用与评价说明"。"给学生或有关人员的档案整体说明"应包括档案内容、评价标准、注意事项或完成期限,若已完成某一学习单元,应将档案袋发给学生,让学生或有关人员及时了解档案全貌;"给教师的档案使用与评价说明"应包括学习目标、使用与评价方法、评价标准、评级或计分方式、参考答案、补救教学措施、补充说明或注意事项等。

## 二、档案袋评价的实施

档案袋评价实施的一般步骤包括:选择作品(评价信息的选择)、分析有关材料、反馈评价结果、引导学生进行反思。

### (一)选择作品(评价信息的选择)

选择什么样的作品、资料放入档案袋,这是档案袋评价的关键。表8-4列举了在数学和语言艺术方面档案袋可以收集的样本,说明档案袋可以收集的作品应该是丰富和广泛的。

表8-4　数学和语言艺术档案袋项目

| 数　　学 | 语言艺术 |
| --- | --- |
| 家庭作业中一个开放式问题解决的方案 | 方案、调查、报告以及阅读和写作中的一些作品 |
| 一篇数学传记 | 各种文学和艺术作品:剧本草稿、视觉艺术作品、书面作品等 |
| 学生自己编制的数学题目 | 反映学生阅读过程中批判性思维的作品 |
| 学生制作的数学艺术作品,如结绳、坐标图、比例图等 | 读书笔记、朗读的录音 |

在确定档案袋的内容时,要突出档案中资料类型的多样性,保证评价信息全面、可靠地反映学生的学习过程、状态和结果。

### (二)分析有关材料

在档案袋评价中,收集材料仅仅是为了服务于评价。也就是说,收集材料不是目的,而是手段。因此,在确定评价标准和评价主体之后,接下来就是对所收集的材料进行客观、全面的分析,对学生的知识掌握程度和能力、技能水平进行判断。对材料的分析,一般使用质性分析法,如参照标准进行有什么、没有什么的分析;同时还要对有什么进行程度上的判断,一般以描述性评语的形式呈现。

## （三）反馈评价结果

评价不是最终目的，促进学生知识与能力的发展才是评价的出发点和落脚点。因此，在档案袋评价中，不能仅仅停留在对档案袋中作品的分析上。在对收集的材料进行分析并对学生的发展作出判断之后，要及时把评价结果反馈给学生及其家长。只有让学生及时了解评价的结果，他们才能清楚认识到自己存在的问题和不足，并及时纠正和完善。由于档案袋评价是形成性评价，因此，档案袋评价不能在学期结束时才进行结果反馈，而要将反馈贯穿于整个评价过程中，把评价当成教师、学生、学生家长等多主体之间双向信息交流的互动过程，积极发挥评价的反馈、激励、促进功能。

## （四）引导学生进行反思

分析材料、反馈结果，并不意味着评价的结束。对于评价结果，学生的反应是不一样的，或接受、认可，或拒斥、怀疑，或冷漠、无视，学生对评价结果的不同反应势必影响评价的实效及学生后续的学习和表现。因此，教师必须引导学生正确看待评价结果，认真反思自己的发展状态，总结取得的进步和存在的不足。反思既是评价的方式，也是评价的目的。学会反思，有助于学生形成自我评价的能力，有利于促进学生的自我成长。

以上是档案袋评价实施中的基本环节，但并不是每一次评价都必须包括和遵循所有的步骤。在实践中，教师可以根据实际情况，灵活选择或调整档案袋评价的步骤。

档案必须与教学充分结合，以实现教师设定的教学目标。因此，教师可从下列几个方面提高档案质量：

（1）定期与学生讨论档案内容，及时进行反馈。

（2）协助学生拟定档案目标与设计重点。

（3）定期检查学生档案资料搜集的状态。

（4）定期与家长或有关人员就档案内容沟通学生学习情况，研究和拟定需协助或完善的策略。

（5）提高家长或有关人员的参与意愿，激励学生自己制作档案。

## 案例链接8-5

### "龙凤传奇"学习档案、使用与评价说明①

**"龙凤传奇"学习评价单**

姓名:    班级:    学号:    日期:    组别:

各位同学:每个人都有优点。但并不是每个人都能很好地展现自己的优点,将自己的优点告诉他人。请你利用未来两星期的课余时间,整理出一份凸显自己的能力、兴趣、专长与优点的档案,并在班上展示成果。

一、"龙凤传奇"档案至少应包括的重点

(一)个人基本资料。

(二)成长点滴或最想告诉班上同学的一件事。

(三)介绍自己的能力、兴趣或专长。

(四)介绍自己的学习状况。

(五)其他。

二、档案制作注意事项

(一)档案数据可利用相机、录音机、录像机或其他工具来收集。

(二)若想更加了解自己的能力、兴趣或专长,可咨询同学、老师,自我反思或到辅导室接受心理测验。

(三)档案呈现方式不限于书面文字简介,还可用照相、录像、网页等方式。

(四)制作档案应尽量节约,有效利用学校或家里的现有资源,节省物力和财力。

---

① 李坤崇.教学评估:多种评价工具的设计及应用[M].上海:华东师范大学出版社,2011:286.

（五）档案内容应按照一定的逻辑进行设计,如有封面、目录,加以美化将更佳。

三、档案展示将配合班会时间,请事先妥善准备。

四、老师将针对下列项目进行评价

表8-5

| 分享: | | | | 收集策略 | | 创意 | 用心制作 |
| --- | --- | --- | --- | --- | --- | --- | --- |
| | 评价 | 叙述正确 | 完整合理 | 媒材、方法 | 收集过程 | | |
| 教师签名: | | | | | | | |

## 第四节 学期教学评价的设计与实施

作为教师,需要规划每个学期所教学科的教学评价方案,明确课程的学期目标与各单元目标,拟定适切的评价方式及评价时机,目的在于对学期教学和评价进行整合。规划整个学期教学评价,让教师可以更有计划地实施教学,提升教学评价效果,达到教学目标,也可以依据教学评价结果实施更有效的补救教学。学生通过学期教学评价方案可以充分了解整个学期的评价内容、方式和评价时机,便于对评价活动进行有针对性的准备,也可以获得更准确的学习评价结果,检验自己的学习成效。

### 一、学期教学评价的设计与实施

#### （一）学期教学评价方案的设计

1. 明确学期教学评价方案的主体内容

设计某学科整学期教学评价计划,应包括下列九项:（1）计划的总目标;（2）评价目标(含达成能力指标、教学目标类别与层次);（3）评价范围(以学期为范围);

(4) 评价、计分方式(包括各单元学习评价、主题总结性评价);(5) 各类评价方式、内容所占比例;(6) 评价所运用的方法;(7) 补救教学;(8) 补充说明;(9) 教学评价通知单。

### 2. 明确评价目标

评价目标应结合每一学期的学科课程计划与整学期学习领域各单元的能力指标。教师应在某学习领域各单元能力指标的导引下,使整个学期的评价目标更为明确。

### 3. 评价目标结构多元化

评价目标应涵盖认知和能力、过程和方法、情感态度与价值观三个方面,评价整学期认知和能力教学评价目标中"记忆、了解、应用、分析、评价、创作"的分配情况;过程和方法教学评价目标中"感知、准备状态、引导反应、机械化、复杂性的外在反应、适应、独创"的分配情况;情感态度与价值观教学评价目标中"接受、反应、评价、重组、形成品格"的分配情况。

### 4. 评价方式多元化

运用多元化评价方式规划学期的教学评价,引导学生正确学习。教师可利用纸笔测验、行为或态度评价、观察评价、口语评价、系列表现性评价、档案袋评价、轶事记录、动态评价等评价方式,恰当评价学生整学期的学习成果。

### 5. 评价内容生活化

评价内容充分体现知识生活化的理念,避免学生只是死记硬背教材中的知识,避免学生局限于象牙塔内而无法应用知识。

### 6. 能力与努力兼顾化

整学期教学评价应兼顾能力、努力的评价结果。若仅着重呈现能力,将使一些能力欠佳但努力学习的学生产生挫折感,评价中兼顾学生的努力程度,将更能鼓励能力较差的学生积极学习,激励能力较佳的学生进一步发展。

### 7. 质与量评价兼顾化

整学期教学评估应兼顾质化、量化的结果。量化结果以分数或等级呈现,强调客观比较,但难以恰当阐述学生学习情况或进步状况。质化结果以文字描述形式呈现,可正确阐述学生学习情况或进步状况,但可能较为主观。质化、量化的结果均有其优劣,因此,在评价结果的呈现方式上应综合运用质化的描述和量化的数据。

8. 评分透明化

教师制订学期教学评价计划,应对整个学期各单元评价、主题评价、学习行为评价的评价方式、内涵与计分方式进行明确的规定,使整个评价过程透明化。评分的透明化可以使学生知道如何获得好的学习结果,亦可使家长清楚地了解学生学习的成果,以及成绩优劣的原因。

9. 进行有效沟通

整学期教学评价从制订计划、实际执行到呈现评价结果,都需要完整、审慎规划,呈现上述信息可以完整呈现学生获得学期成绩的过程、结果,便于与家长、学生沟通,提升沟通效率。

## (二)学期教学评价的实施策略

学期教学评价在设计过程中可以遵照以上设计步骤,充分发挥教学评价功能,判断学生学习绩效。而在实施过程中,为减轻教师负担,可遵循下列实施策略。

1. 先模仿再创作

由于中小学教师学期教学评价规划的理论与经验不多,建议先自修教学评价专业书籍,再模仿一些实例,最后创作属于自己的学期教学评价方案。

2. 循序渐进实施

上述某学科领域每学期教学评价计划宜包括九项内容,但教师依据这九项全面实施可能负担会很重,建议教师先分析自己的教学评价现状,选取可立即实施的部分先推进,循序渐进,最终达到学期教学评价总目标。

3. 采取策略联盟

如能采取策略联盟方式,与志同道合的教师协同成长、分工合作,则可通过群体协作提升专业素养。学期教学评价可与同领域教师一起计划、实施,头脑风暴和分工协作能让教学评价的信度和效度更佳,减轻独自完成的负担。

### 4. 运用信息科技

积累经验与信息可减少重新摸索、重新整理的时间与精力。教师如能提升信息科技运用能力，将每学期的学科教学评价中的计划、实施与评价数据进行信息化处理，可逐学期累积评价数据，逐学期完善教学评价计划，不断提升教学评价质量。另外，学期教学评价信息化后，可通过电子文件与他人交流，更利于进行教师间的经验分享。

### 5. 注重沟通协调

即使实施学期教学评价的教师理念颇佳，若沟通不良也仍可能产生相反效果。教师拟定学期教学评价计划后，如能请学校行政人员审查，得到行政的支持，可在一定程度上进一步完善学期评价计划；如以书面或口头形式向学生、家长说明，可使其了解学期教学评价的目的，同时也可倾听他们的意见，这样就能在一定程度上避免执行中可能发生的问题。因此，沟通协调能力是规划学期教学评价的基本功。

## 二、教学评价通知单的设计

学期学习结束，教师应评定学生学习结果，并呈现结果、完成报告。教师教学必须运用各种方法收集有关学生学习过程与表现的资料，依据过程表现评价学生学习成果，再将评价成果转化成分数、等级或文字告知学生和家长。此评价结果转化的书面资料，称为教学评价通知单或成绩通知单。

### （一）评定学习结果的范围

中小学学生成绩评价应依据学习领域及日常生活表现分别评价，评价范围如下：

1. 学习领域评价：依能力指标、学生努力程度、进步情况，兼顾认知、技能、情意等层面，重视各领域学习结果的分析。

2. 日常生活表现评价：包括学生出勤情况、奖惩、日常行为表现、团体活动表现、公共服务及校外特殊表现等，是学生在日常生活中德行的表现。

### （二）呈现学习结果的方式

呈现学习结果不限于等级或百分制，呈现方式应遵循多元化的原则。

1. 百分制

百分制能更客观、精确地指出学生学习结果的程度,具有精确简洁、可直接加总计算、可预测学生成就等优点。但仍然存在下列不足:(1) 精准度仍有欠缺。对于学生学习领域或学业表现,以现今教师的专业能力和评价方式,难以精准地解释分数间细微的差距。(2) 客观性仍受质疑。中小学教师中研究整学期教学评价计划者不多,使得评定分数的客观性、准确性受到家长质疑。(3) 明确性不足。百分制无法明确指出学习领域(学科学业)具体的优点或不足。

2. 等级

中小学教师在平时或期末评价时以等级呈现,常见的是五级等级制,也可采用两级等级、三级等级或四级等级,应根据教师的教学目标与需求而定。两级等级,如满意、不满意;熟练、不熟练。三级等级,如满意、普通、不满意;精熟、尚可、不精熟。四级等级,如非常满意、大部分满意、小部分满意、非常不满意;进阶、精熟、部分精熟、未达部分精熟;杰出、精熟、见习、生手;优异、精熟、基本、基本以下。

与百分制相比较,等级制的优点是简明扼要、易于操作。不足之处在于,评价标准的主观性较强,学生分配到各等级的比例会因教师主观判断而异,若无明确规范,会出现某一等级偏多或偏少的现象,因此等级制的客观性需要完善。

3. 目标评定量表或检核表

为能提供更多学生学习结果的信息,有些学校已逐渐采用目标检核表或评定量表来取代或补充百分制、等级制等评价方式。如:学科表现方面,小学语文包括写字、阅读、创作,数学包括理解、计算能力、解决问题能力;生活行为表现方面,小学生学习态度包括专心学习、分组合作、创意思考、主动学习,日常行为包括带齐学习用品、会举手发言、整理抽屉、打扫环境、用餐、缴交作业。教师可针对上述目标项目予以检核或评价。通常以二分法的方式检核,如通过或不通过。目标项目两项以上的技能情意评价,采取如"优、良、中、合格、不合格"五级或"非常满意、大部分满意、小部分满意、非常不满意"四级等。

目标检核表或评定量表可详细分析学生学习结果的优缺点,以便采取建设性行动,提醒学生、家长或他人,协助学生改善学习。但设计目标检核表或评定量表主要的困境在于如何选取重要、少数的目标项目,如何以简明扼要的方式来叙述目标。

### 4. 文字描述

文字描述应力求具体呈现事实,负面的文字描述尤其应谨慎呈现,不宜以简单成语或叙述进行负面评述。应多呈现学生的成长、发展与变化。

### 5. 给家长的信

教师可以通过信件直接向家长说明学习结果,信件内容可包括学生的优点、缺点、学习需求或明确的改善建议,也可呈现有关学习领域(学科学业)、日常生活表现(德行)的较详细的内容。

### (三) 学期教学评价通知单实例

某小学学习手册(五年级下)

给家长的话

亲爱的家长:

您好!

时间过得真快,转眼间新的学期又开始了。这学期,为了培养孩子自主的学习态度,年级全体教师设计了这本学习手册。期盼你我共同努力,协助孩子更加了解自己的学习状况,学会自我评价,解决学习困难,并且从中获得学习的成就感。

我们按照课程单元进度,在"学习放大镜"中列出孩子们应学习的内容,请您与孩子共同反思、评价,以图示在"学生自评"一栏指导孩子自行划记。然后,您可以利用"备注"栏写上一句鼓励孩子的话。

在"学习加油站"中,我们希望孩子能养成对自己负责的态度,诚实记录自己的优缺点,愿家长也能随时鼓励、支持您的孩子,写下祝福、鼓励的话。相信在我们的共同关怀下,孩子会成长得更健康、更自信!

最后,祝福您永葆"心"鲜,陪伴孩子快快乐乐成长!

全体教师　敬上

**某小学学习手册(五年级下)**

## 目录

**学习放大镜**

科目:语文　单元名称:春天的景色

学生、老师以下列符号标示评价结果:

优"☆";良"⊙";尚可"√";待加强"△"

表8-6　学生学习记录

| 本单元学习记录 | 学生自评 | 老师评价 | 备注 |
|---|---|---|---|
| 1. 会欣赏、观赏周围的景物 | | | |
| 2. 会描写景物 | | | |
| 3. 会简要概括大意 | | | |
| 4. 会辨别游记、新诗等体裁的文章 | | | |
| 5. 会发表(报告)自己旅游所观赏到的景物 | | | |
| 6. 能了解休闲旅游的重要性 | | | |

学习加油站(自我反思,自我超越)

1. 我感到"满意"的是第几项?(　　)

2. 我感到"困难"的是第几项?(　　)

3. 我还想加油努力的是(或我想说的是):

(1)……

老师的话:……

家长的话:……

家长签名:　　　　老师签名:

### 本章小结

本章主要介绍了教学评价方法的设计和实施。教学评价方法主要包括:纸笔测验、表现性评价、档案袋评价、学期教学评价。

1. 纸笔测验。纸笔测验的编制是线性、顺序化的过程。一般包括:明确测验目的、设计双向细目表、编拟测验试题、审核与修改、编辑测验试卷五个步骤。纸笔测验试题主要分为客观题和主观题两种类型。客观题主要包括:判断题、选择题、匹配题。主观题包括:填充题、论文(论述)题。在编制试题时应遵循每一种类型题编写的过程和原则,保证试题编写的质量。

2. 表现性评价。表现性评价的设计中首先应该明确表现性任务的类型,表现性任务包括六种:结构性表现测验、口头表述、模拟表现、实验或调查、作品创作、项目研究。设计和选择表现性任务应注意四个方面,即对学生认知水平进行高层次的评价,要注意表现性任务需符合学生认知水平,设计完成表现性任务的适当情境,为学生提供必要的指导。表现性评价的实施包括目标的确立、任务的布置、评分标准的确定、评价的实施、评价后的反思等几个环节。

3. 档案袋评价。档案袋评价设计的步骤主要包括:明确评价的目的、决定档案袋评价的类型、编拟评价标准、制作使用说明。档案袋评价实施的一般步骤包括:选择作品(评价信息的选择)、分析有关材料、反馈评价结果、引导学生进行反思。

4. 学期教学评价。学期教学评价方案的设计需要注意:明确学期教学评价方案的主体内容、明确评价目标、评价目标结构多元化、评价方式多元化、评价内容生活化、能力与努力兼顾化、评价质与量兼顾化、评分透明化、进行有效沟通。学期教学评价的实施策略包括:先模仿再创作、循序渐进实施、采取策略联盟、运用信息科技、注重沟通协调。教学评价通知单设计的步骤及重点是明确评定学习结果的范围和正确选择呈现学习结果的方式。

## 思考与练习

1. 选择自己所学专业的某一课程单元,根据教学目标及教学内容编制一份单元测验试卷。

2. 选择自己所学专业教材中的某一单元,设计一个表现性的课后作业。

3. 根据自己所学专业的专业特征,设计一个学生成长记录档案袋的评价计划,并在此基础上设计一份学期末的学生学习通知单。

# 附件一 幼儿园教师专业标准(试行)

为促进幼儿园教师专业发展,建设高素质幼儿园教师队伍,根据《中华人民共和国教师法》,特制定《幼儿园教师专业标准(试行)》(以下简称《专业标准》)。

幼儿园教师是履行幼儿园教育教学工作职责的专业人员,需要经过严格的培养与培训,具有良好的职业道德,掌握系统的专业知识和专业技能。《专业标准》是国家对合格幼儿园教师专业素质的基本要求,是幼儿园教师实施保教行为的基本规范,是引领幼儿园教师专业发展的基本准则,是幼儿园教师培养、准入、培训、考核等工作的重要依据。

## 一、基本理念

### (一)师德为先

热爱学前教育事业,具有职业理想,践行社会主义核心价值体系,履行教师职业道德规范,依法执教。关爱幼儿,尊重幼儿人格,富有爱心、责任心、耐心和细心;为人师表,教书育人,自尊自律,做幼儿健康成长的启蒙者和引路人。

### (二)幼儿为本

尊重幼儿权益,以幼儿为主体,充分调动和发挥幼儿的主动性;遵循幼儿身心发展特点和保教活动规律,提供适合的教育,保障幼儿快乐健康成长。

### (三)能力为重

把学前教育理论与保教实践相结合,突出保教实践能力;研究幼儿,遵循幼儿成长规律,提升保教工作专业化水平;坚持实践、反思、再实践、再反思,不断提高专业能力。

### (四)终身学习

学习先进学前教育理论,了解国内外学前教育改革与发展的经验和做法;优化知识结构,提高文化素养;具有终身学习与持续发展的意识和能力,做终身学习的典范。

## 二、基本内容

| 维度 | 领域 | 基本要求 |
|---|---|---|
| 专业理念与师德 | (一)职业理解与认识 | 1. 贯彻党和国家教育方针政策,遵守教育法律法规。<br>2. 理解幼儿保教工作的意义,热爱学前教育事业,具有职业理想和敬业精神。<br>3. 认同幼儿园教师的专业性和独特性,注重自身专业发展。<br>4. 具有良好职业道德修养,为人师表。<br>5. 具有团队合作精神,积极开展协作与交流。 |
| | (二)对幼儿的态度与行为 | 6. 关爱幼儿,重视幼儿身心健康,将保护幼儿生命安全放在首位。<br>7. 尊重幼儿人格,维护幼儿合法权益,平等对待每一位幼儿。不讽刺、挖苦、歧视幼儿,不体罚或变相体罚幼儿。<br>8. 信任幼儿,尊重个体差异,主动了解和满足有益于幼儿身心发展的不同需求。<br>9. 重视生活对幼儿健康成长的重要价值,积极创造条件,让幼儿拥有快乐的幼儿园生活。 |
| | (三)幼儿保育和教育的态度与行为 | 10. 注重保教结合,培育幼儿良好的意志品质,帮助幼儿养成良好的行为习惯。<br>11. 注重保护幼儿的好奇心,培养幼儿的想象力,发掘幼儿的兴趣爱好。<br>12. 重视环境和游戏对幼儿发展的独特作用,创设富有教育意义的环境氛围,将游戏作为幼儿的主要活动。<br>13. 重视丰富幼儿多方面的直接经验,将探索、交往等实践活动作为幼儿最重要的学习方式。<br>14. 重视自身日常态度言行对幼儿发展的重要影响与作用。<br>15. 重视幼儿园、家庭和社区的合作,综合利用各种资源。 |
| | (四)个人修养与行为 | 16. 富有爱心、责任心、耐心和细心。<br>17. 乐观向上、热情开朗、有亲和力。<br>18. 善于自我调节情绪,保持平和心态。<br>19. 勤于学习,不断进取。<br>20. 衣着整洁得体,语言规范健康,举止文明礼貌。 |
| 专业知识 | (五)幼儿发展知识 | 21. 了解关于幼儿生存、发展和保护的有关法律法规及政策规定。<br>22. 掌握不同年龄幼儿身心发展特点、规律和促进幼儿全面发展的策略与方法。<br>23. 了解幼儿在发展水平、速度与优势领域等方面的个体差异,掌握对应的策略与方法。<br>24. 了解幼儿发展中易出现的问题与适宜的对策。<br>25. 了解有特殊需要幼儿的身心发展特点及教育策略与方法。 |

续表

| 维　度 | 领　域 | 基本要求 |
|---|---|---|
| 专业<br>知识 | （六）幼儿保育和教育知识 | 26.熟悉幼儿园教育的目标、任务、内容、要求和基本原则。<br>27.掌握幼儿园各领域教育的学科特点与基本知识。<br>28.掌握幼儿园环境创设、一日生活安排、游戏与教育活动、保育和班级管理的知识与方法。<br>29.熟知幼儿园的安全应急预案，掌握意外事故和危险情况下幼儿安全防护与救助的基本方法。<br>30.掌握观察、谈话、记录等了解幼儿的基本方法和教育心理学的基本原理和方法。<br>31.了解 0 ～ 3 岁婴幼儿保教和幼小衔接的有关知识与基本方法。 |
| 专业<br>知识 | （七）通识性知识 | 32.具有一定的自然科学和人文社会科学知识。<br>33.了解中国教育基本情况。<br>34.具有相应的艺术欣赏与表现知识。<br>35.具有一定的现代信息技术知识。 |
| 专业<br>能力 | （八）环境的创设与利用 | 36.建立良好的师幼关系，帮助幼儿建立良好的同伴关系，让幼儿感到温暖和愉悦。<br>37.建立班级秩序与规则，营造良好的班级氛围，让幼儿感受到安全、舒适。<br>38.创设有助于促进幼儿成长、学习、游戏的教育环境。<br>39.合理利用资源，为幼儿提供和制作适合的玩具、教具和学习材料，引发和支持幼儿的主动活动。 |
| 专业<br>能力 | （九）一日生活的组织与保育 | 40.合理安排和组织一日生活的各个环节，将教育灵活地渗透到一日生活中。<br>41.科学照料幼儿日常生活，指导和协助保育员做好班级常规保育和卫生工作。<br>42.充分利用各种教育契机，对幼儿进行随机教育。<br>43.有效保护幼儿，及时处理幼儿的常见事故，危险情况优先救护幼儿。 |
| 专业<br>能力 | （十）游戏活动的支持与引导 | 44.提供符合幼儿兴趣需要、年龄特点和发展目标的游戏条件。<br>45.充分利用与合理设计游戏活动空间，提供丰富、适宜的游戏材料，支持、引发和促进幼儿的游戏。<br>46.鼓励幼儿自主选择游戏内容、伙伴和材料，支持幼儿主动地、创造性地开展游戏，充分体验游戏的快乐和满足。<br>47.引导幼儿在游戏活动中获得身体、认知、语言和社会性等多方面的发展。 |
| 专业<br>能力 | （十一）教育活动的计划与实施 | 48.制定阶段性的教育活动计划和具体活动方案。<br>49.在教育活动中观察幼儿，根据幼儿的表现和需要，调整活动，给予适宜的指导。<br>50.在教育活动的设计和实施中体现趣味性、综合性和生活化，灵活运用各种组织形式和适宜的教育方式。<br>51.提供更多的操作探索、交流合作、表达表现的机会，支持和促进幼儿主动学习。 |

| 维　度 | 领　域 | 基本要求 |
|---|---|---|
| 专业能力 | (十二)激励与评价 | 52.关注幼儿日常表现,及时发现和赏识每个幼儿的点滴进步,注重激发和保护幼儿的积极性、自信心。<br>53.有效运用观察、谈话、家园联系、作品分析等多种方法,客观地、全面地了解和评价幼儿。<br>54.有效运用评价结果,指导下一步教育活动的开展。 |
| | (十三)沟通与合作 | 55.使用符合幼儿年龄特点的语言进行保教工作。<br>56.善于倾听,和蔼可亲,与幼儿进行有效沟通。<br>57.与同事合作交流,分享经验和资源,共同发展。<br>58.与家长进行有效沟通合作,共同促进幼儿发展。<br>59.协助幼儿园与社区建立合作互助的良好关系。 |
| | (十四)反思与发展 | 60.主动收集分析相关信息,不断进行反思,改进保教工作。<br>61.针对保教工作中的现实需要与问题,进行探索和研究。<br>62.制定专业发展规划,积极参加专业培训,不断提高自身专业素质。 |

## 三、实施建议

(一) 各级教育行政部门要将《专业标准》作为幼儿园教师队伍建设的基本依据。根据学前教育改革发展的需要,充分发挥《专业标准》的引领和导向作用,深化教师教育改革,建立教师教育质量保障体系,不断提高幼儿园教师培养培训质量。制定幼儿园教师准入标准,严把幼儿园教师入口关;制定幼儿园教师聘任(聘用)、考核、退出等管理制度,保障教师合法权益,形成科学有效的幼儿园教师队伍管理和督导机制。

(二) 开展幼儿园教师教育的院校要将《专业标准》作为幼儿园教师培养培训的主要依据。重视幼儿园教师职业特点,加强学前教育学科和专业建设。完善幼儿园教师培养培训方案,科学设置教师教育课程,改革教育教学方式;重视幼儿园教师职业道德教育,重视社会实践和教育实习;加强从事幼儿园教师教育的师资队伍建设,建立科学的质量评价制度。

(三) 幼儿园要将《专业标准》作为教师管理的重要依据。制定幼儿园教师专业发展规划,注重教师职业理想与职业道德教育,增强教师育人的责任感与使命感;开展园本研修,促进教师专业发展;完善教师岗位职责和考核评价制度,健全幼儿园教师绩效管理机制。

(四) 幼儿园教师要将《专业标准》作为自身专业发展的基本依据。制定自我专业发展规划,爱岗敬业,增强专业发展自觉性;大胆开展保教实践,不断创新;积极进行自我评价,主动参加教师培训和自主研修,逐步提升专业发展水平。

# 附件二 小学教师专业标准(试行)

为促进小学教师专业发展,建设高素质小学教师队伍,根据《中华人民共和国教师法》和《中华人民共和国义务教育法》,特制定《小学教师专业标准(试行)》(以下简称《专业标准》)。

小学教师是履行小学教育教学工作职责的专业人员,需要经过严格的培养与培训,具有良好的职业道德,掌握系统的专业知识和专业技能。《专业标准》是国家对合格小学教师专业素质的基本要求,是小学教师实施教育教学行为的基本规范,是引领小学教师专业发展的基本准则,是小学教师培养、准入、培训、考核等工作的重要依据。

## 一、基本理念

### (一)师德为先

热爱小学教育事业,具有职业理想,践行社会主义核心价值体系,履行教师职业道德规范,依法执教。关爱小学生,尊重小学生人格,富有爱心、责任心、耐心和细心;为人师表,教书育人,自尊自律,做小学生健康成长的指导者和引路人。

### (二)学生为本

尊重小学生权益,以小学生为主体,充分调动和发挥小学生的主动性;遵循小学生身心发展特点和教育教学规律,提供适合的教育,促进小学生生动活泼学习、健康快乐成长。

### (三)能力为重

把学科知识、教育理论与教育实践有机结合,突出教书育人实践能力;研究小学生,遵循小学生成长规律,提升教育教学专业化水平;坚持实践、反思、再实践、再反思,不断提高专业能力。

### (四)终身学习

学习先进小学教育理论,了解国内外小学教育改革与发展的经验和做法;优化知识结构,提高文化素养;具有终身学习与持续发展的意识和能力,做终身学习的典范。

## 二、基本内容

| 维　　度 | 领　　域 | 基本要求 |
|---|---|---|
| 专业理念与师德 | （一）职业理解与认识 | 1. 贯彻党和国家教育方针政策,遵守教育法律法规。<br>2. 理解小学教育工作的意义,热爱小学教育事业,具有职业理想和敬业精神。<br>3. 认同小学教师的专业性和独特性,注重自身专业发展。<br>4. 具有良好职业道德修养,为人师表。<br>5. 具有团队合作精神,积极开展协作与交流。 |
| | （二）对小学生的态度与行为 | 6. 关爱小学生,重视小学生身心健康,将保护小学生生命安全放在首位。<br>7. 尊重小学生独立人格,维护小学生合法权益,平等对待每一位小学生。不讽刺、挖苦、歧视小学生,不体罚或变相体罚小学生。<br>8. 信任小学生,尊重个体差异,主动了解和满足有益于小学生身心发展的不同需求。<br>9. 积极创造条件,让小学生拥有快乐的学校生活。 |
| | （三）教育教学的态度与行为 | 10. 树立育人为本、德育为先的理念,将小学生的知识学习、能力发展与品德养成相结合,重视小学生全面发展。<br>11. 尊重教育规律和小学生身心发展规律,为每一个小学生提供适合的教育。<br>12. 引导小学生体验学习乐趣,保护小学生的求知欲和好奇心,培养小学生的广泛兴趣、动手能力和探究精神。<br>13. 引导小学生学会学习,养成良好的学习习惯。<br>14. 尊重和发挥好少先队组织的教育引导作用。 |
| | （四）个人修养与行为 | 15. 富有爱心、责任心、耐心和细心。<br>16. 乐观向上、热情开朗、有亲和力。<br>17. 善于自我调节情绪,保持平和心态。<br>18. 勤于学习,不断进取。<br>19. 衣着整洁得体,语言规范健康,举止文明礼貌。 |
| 专业知识 | （五）小学生发展知识 | 20. 了解关于小学生生存、发展和保护的有关法律法规及政策规定。<br>21. 了解不同年龄及有特殊需要的小学生身心发展特点和规律,掌握保护和促进小学生身心健康发展的策略与方法。<br>22. 了解不同年龄小学生学习的特点,掌握小学生良好行为习惯养成的知识。<br>23. 了解幼小和小初衔接阶段小学生的心理特点,掌握帮助小学生顺利过渡的方法。<br>24. 了解对小学生进行青春期和性健康教育的知识和方法。<br>25. 了解小学生安全防护的知识,掌握针对小学生可能出现的各种侵犯与伤害行为的预防与应对方法。 |

续表

| 维　度 | 领　域 | 基本要求 |
|---|---|---|
| 专业知识 | （六）学科知识 | 26. 适应小学综合性教学的要求,了解多学科知识。<br>27. 掌握所教学科知识体系、基本思想与方法。<br>28. 了解所教学科与社会实践、少先队活动的联系,了解与其他学科的联系。 |
| | （七）教育教学知识 | 29. 掌握小学教育教学基本理论。<br>30. 掌握小学生品行养成的特点和规律。<br>31. 掌握不同年龄小学生的认知规律和教育心理学的基本原理和方法。<br>32. 掌握所教学科的课程标准和教学知识。 |
| | （八）通识性知识 | 33. 具有相应的自然科学和人文社会科学知识。<br>34. 了解中国教育基本情况。<br>35. 具有相应的艺术欣赏与表现知识。<br>36. 具有适应教育内容、教学手段和方法现代化的信息技术知识。 |
| 专业能力 | （九）教育教学设计 | 37. 合理制定小学生个体与集体的教育教学计划。<br>38. 合理利用教学资源,科学编写教学方案。<br>39. 合理设计主题鲜明、丰富多彩的班级和少先队活动。 |
| | （十）组织与实施 | 40. 建立良好的师生关系,帮助小学生建立良好的同伴关系。<br>41. 创设适宜的教学情境,根据小学生的反应及时调整教学活动。<br>42. 调动小学生学习积极性,结合小学生已有的知识和经验激发学习兴趣。<br>43. 发挥小学生主体性,灵活运用启发式、探究式、讨论式、参与式等教学方式。<br>44. 发挥好少先队组织生活、集体活动、信息传播等教育功能。<br>45. 将现代教育技术手段整合应用到教学中。<br>46. 较好使用口头语言、肢体语言与书面语言,使用普通话教学,规范书写钢笔字、粉笔字、毛笔字。<br>47. 妥善应对突发事件。<br>48. 鉴别小学生行为和思想动向,用科学的方法防止和有效矫正不良行为。 |
| | （十一）激励与评价 | 49. 对小学生日常表现进行观察与判断,发现和赏识每一位小学生的点滴进步。<br>50. 灵活使用多元评价方式,给予小学生恰当的评价和指导。<br>51. 引导小学生进行积极的自我评价。<br>52. 利用评价结果不断改进教育教学工作。 |

| 维　度 | 领　域 | 基本要求 |
|---|---|---|
| 专业能力 | (十二)沟通与合作 | 53. 使用符合小学生特点的语言进行教育教学工作。<br>54. 善于倾听,和蔼可亲,与小学生进行有效沟通。<br>55. 与同事合作交流,分享经验和资源,共同发展。<br>56. 与家长进行有效沟通合作,共同促进小学生发展。<br>57. 协助小学与社区建立合作互助的良好关系。 |
| | (十三)反思与发展 | 58. 主动收集分析相关信息,不断进行反思,改进教育教学工作。<br>59. 针对教育教学工作中的现实需要与问题,进行探索和研究。<br>60. 制定专业发展规划,积极参加专业培训,不断提高自身专业素质。 |

## 三、实施建议

(一)各级教育行政部门要将《专业标准》作为小学教师队伍建设的基本依据。根据小学教育改革发展的需要,充分发挥《专业标准》的引领和导向作用,深化教师教育改革,建立教师教育质量保障体系,不断提高小学教师培养培训质量。制定小学教师准入标准,严把小学教师入口关;制定小学教师聘任(聘用)、考核、退出等管理制度,保障教师合法权益,形成科学有效的小学教师队伍管理和督导机制。

(二)开展小学教师教育的院校要将《专业标准》作为小学教师培养培训的主要依据。重视小学教师职业特点,加强小学教育学科和专业建设。完善小学教师培养培训方案,科学设置教师教育课程,改革教育教学方式;重视小学教师职业道德教育,重视社会实践和教育实习;加强从事小学教师教育的师资队伍建设,建立科学的质量评价制度。

(三)小学要将《专业标准》作为教师管理的重要依据。制定小学教师专业发展规划,注重教师职业理想与职业道德教育,增强教师育人的责任感与使命感;开展校本研修,促进教师专业发展;完善教师岗位职责和考核评价制度,健全小学教师绩效管理机制。

(四)小学教师要将《专业标准》作为自身专业发展的基本依据。制定自我专业发展规划,爱岗敬业,增强专业发展自觉性;大胆开展教育教学实践,不断创新;积极进行自我评价,主动参加教师培训和自主研修,逐步提升专业发展水平。

# 附件三　中学教师专业标准（试行）

　　为促进中学教师专业发展，建设高素质中学教师队伍，根据《中华人民共和国教师法》和《中华人民共和国义务教育法》，特制定《中学教师专业标准（试行）》（以下简称《专业标准》）。

　　中学教师是履行中学教育教学工作职责的专业人员，需要经过严格的培养与培训，具有良好的职业道德，掌握系统的专业知识和专业技能。《专业标准》是国家对合格中学教师的基本专业要求，是中学教师实施教育教学行为的基本规范，是引领中学教师专业发展的基本准则，是中学教师培养、准入、培训、考核等工作的重要依据。

## 一、基本理念

### （一）师德为先

　　热爱中学教育事业，具有职业理想，践行社会主义核心价值体系，履行教师职业道德规范，依法执教。关爱中学生，尊重中学生人格，富有爱心、责任心、耐心和细心；为人师表，教书育人，自尊自律，以人格魅力和学识魅力教育感染中学生，做中学生健康成长的指导者和引路人。

### （二）学生为本

　　尊重中学生权益，以中学生为主体，充分调动和发挥中学生的主动性；遵循中学生身心发展特点和教育教学规律，提供适合的教育，促进中学生生动活泼学习、健康快乐成长，全面而有个性地发展。

### （三）能力为重

　　把学科知识、教育理论与教育实践有机结合，突出教书育人实践能力；研究中学生，遵循中学生成长规律，提升教育教学专业化水平；坚持实践、反思、再实践、再反思，不断提高专业能力。

### （四）终身学习

　　学习先进中学教育理论，了解国内外中学教育改革与发展的经验和做法；优化知识结构,提高文化素养;具有终身学习与持续发展的意识和能力,做终身学习的典范。

## 二、基本内容

| 维 度 | 领 域 | 基本要求 |
|---|---|---|
| 专业理念与师德 | (一)职业理解与认识 | 1. 贯彻党和国家教育方针政策,遵守教育法律法规。<br>2. 理解中学教育工作的意义,热爱中学教育事业,具有职业理想和敬业精神。<br>3. 认同中学教师的专业性和独特性,注重自身专业发展。<br>4. 具有良好职业道德修养,为人师表。<br>5. 具有团队合作精神,积极开展协作与交流。 |
| | (二)对学生的态度与行为 | 6. 关爱中学生,重视中学生身心健康发展,保护中学生生命安全。<br>7. 尊重中学生独立人格,维护中学生合法权益,平等对待每一位中学生。不讽刺、挖苦、歧视中学生,不体罚或变相体罚中学生。<br>8. 尊重个体差异,主动了解和满足中学生的不同需要。<br>9. 信任中学生,积极创造条件,促进中学生的自主发展。 |
| | (三)教育教学的态度与行为 | 10. 树立育人为本、德育为先的理念,将中学生的知识学习、能力发展与品德养成相结合,重视中学生的全面发展。<br>11. 尊重教育规律和中学生身心发展规律,为每一位中学生提供适合的教育。<br>12. 激发中学生的求知欲和好奇心,培养中学生学习兴趣和爱好,营造自由探索、勇于创新的氛围。<br>13. 引导中学生自主学习、自强自立,培养良好的思维习惯和适应社会的能力。<br>14. 尊重和发挥好共青团、少先队组织的教育引导作用。 |
| | (四)个人修养与行为 | 15. 富有爱心、责任心、耐心和细心。<br>16. 乐观向上、热情开朗、有亲和力。<br>17. 善于自我调节情绪,保持平和心态。<br>18. 勤于学习,不断进取。<br>19. 衣着整洁得体,语言规范健康,举止文明礼貌。 |
| 专业知识 | (五)教育知识 | 20. 掌握中学教育的基本原理和主要方法。<br>21. 掌握班级、共青团、少先队建设与管理的原则与方法。<br>22. 掌握教育心理学的基本原理和方法,了解中学生身心发展的一般规律与特点。<br>23. 了解中学生世界观、人生观、价值观形成的过程及其教育方法。<br>24. 了解中学生思维能力、创新能力和实践能力发展的过程与特点。<br>25. 了解中学生群体文化特点与行为方式。 |

| 维 度 | 领 域 | 基本要求 |
|---|---|---|
| 专业知识 | （六）学科知识 | 26. 理解所教学科的知识体系、基本思想与方法。<br>27. 掌握所教学科内容的基本知识、基本原理与技能。<br>28. 了解所教学科与其他学科的联系。<br>29. 了解所教学科与社会实践及共青团、少先队活动的联系。 |
| | （七）学科教学知识 | 30. 掌握所教学科课程标准。<br>31. 掌握所教学科课程资源开发与校本课程开发的主要方法与策略。<br>32. 了解中学生在学习具体学科内容时的认知特点。<br>33. 掌握针对具体学科内容进行教学和研究性学习的方法与策略。 |
| | （八）通识性知识 | 34. 具有相应的自然科学和人文社会科学知识。<br>35. 了解中国教育基本情况。<br>36. 具有相应的艺术欣赏与表现知识。<br>37. 具有适应教育内容、教学手段和方法现代化的信息技术知识。 |
| 专业能力 | （九）教学设计 | 38. 科学设计教学目标和教学计划。<br>39. 合理利用教学资源和方法设计教学过程。<br>40. 引导和帮助中学生设计个性化的学习计划。 |
| | （十）教学实施 | 41. 营造良好的学习环境与氛围，激发与保护中学生的学习兴趣。<br>42. 通过启发式、探究式、讨论式、参与式等多种方式，有效实施教学。<br>43. 有效调控教学过程，合理处理课堂偶发事件。<br>44. 引发中学生独立思考和主动探究，发展学生创新能力。<br>45. 发挥好共青团、少先队组织生活、集体活动、信息传播等教育功能。<br>46. 将现代教育技术手段整合应用到教学中。 |
| | （十一）班级管理与教育活动 | 47. 建立良好的师生关系，帮助中学生建立良好的同伴关系。<br>48. 注重结合学科教学进行育人活动。<br>49. 根据中学生世界观、人生观、价值观形成的特点，有针对性地组织开展德育活动。<br>50. 针对中学生青春期生理和心理发展特点，有针对性地组织开展有益身心健康发展的教育活动。<br>51. 指导学生理想、心理、学业等多方面发展。<br>52. 有效管理和开展班级、共青团、少先队活动。<br>53. 妥善应对突发事件。 |
| | （十二）教育教学评价 | 54. 利用评价工具，掌握多元评价方法，多视角、全过程评价学生发展。<br>55. 引导学生进行自我评价。<br>56. 自我评价教育教学效果，及时调整和改进教育教学工作。 |

| 维　度 | 领　域 | 基本要求 |
|---|---|---|
| 专业能力 | (十三)沟通与合作 | 57. 了解中学生,平等地与中学生进行沟通交流。<br>58. 与同事合作交流,分享经验和资源,共同发展。<br>59. 与家长进行有效沟通合作,共同促进中学生发展。<br>60. 协助中学与社区建立合作互助的良好关系。 |
| | (十四)反思与发展 | 61. 主动收集分析相关信息,不断进行反思,改进教育教学工作。<br>62. 针对教育教学工作中的现实需要与问题,进行探索和研究。<br>63. 制定专业发展规划,积极参加专业培训,不断提高自身专业素质。 |

## 三、实施建议

(一) 各级教育行政部门要将《专业标准》作为中学教师队伍建设的基本依据。根据中学教育改革发展的需要,充分发挥《专业标准》引领和导向作用,深化教师教育改革,建立教师教育质量保障体系,不断提高中学教师培养培训质量。制定中学教师准入标准,严把中学教师入口关;制定中学教师聘任(聘用)、考核、退出等管理制度,保障教师合法权益,形成科学有效的中学教师队伍管理和督导机制。

(二) 开展中学教师教育的院校要将《专业标准》作为中学教师培养培训的主要依据。重视中学教师职业特点,加强中学教育学科和专业建设。完善中学教师培养培训方案,科学设置教师教育课程,改革教育教学方式;重视中学教师职业道德教育,重视社会实践和教育实习;加强从事中学教师教育的师资队伍建设,建立科学的质量评价制度。

(三) 中学要将《专业标准》作为教师管理的重要依据。制定中学教师专业发展规划,注重教师职业理想与职业道德教育,增强教师育人的责任感与使命感;开展校本研修,促进教师专业发展;完善教师岗位职责和考核评价制度,健全中学教师绩效管理机制。中等职业学校教师参照执行。

(四) 中学教师要将《专业标准》作为自身专业发展的基本依据。制定自我专业发展规划,爱岗敬业,增强专业发展自觉性;大胆开展教育教学实践,不断创新;积极进行自我评价,主动参加教师培训和自主研修,逐步提升专业发展水平。

# 附件四　学前教育专业师范生教师职业能力标准(试行)

## 一、师德践行能力

### 1.1 遵守师德规范

#### 1.1.1【理想信念】

- 学习贯彻习近平新时代中国特色社会主义思想,深入学习习近平总书记关于教育的重要论述,以及党史、新中国史、改革开放史和社会主义发展史内容,形成对中国特色社会主义的思想认同、政治认同、理论认同和情感认同,能够在教书育人实践中自觉践行社会主义核心价值观。

- 树立职业理想,立志成为有理想信念、有道德情操、有扎实学识、有仁爱之心的好老师。

#### 1.1.2【立德树人】

- 理解立德树人的内涵,形成立德树人的理念,掌握立德树人途径与方法,能够在教育实践中实施素质教育,依据德智体美劳全面发展的教育方针开展教育教学。

#### 1.1.3【师德准则】

- 具有依法执教意识,遵守宪法、民法典、教育法、教师法、未成年人保护法等法律法规,在教育实践中能履行应尽义务,自觉维护幼儿与自身的合法权益。

- 理解教师职业道德规范内涵与要求,在教育实践中遵守《新时代幼儿园教师职业行为十项准则》,能分析解决教育教学实践中的相关道德规范问题。

## 1.2 涵养教育情怀

### 1.2.1【职业认同】

- 具有家国情怀,乐于从教,热爱教育事业。认同教师工作的价值在于传播知识、传播思想、传播真理,塑造灵魂、塑造生命、塑造新人;了解幼儿教师的职业特征,理解教师是幼儿学习与发展的支持者、合作者、引导者,创造条件激发幼儿好奇心、求知欲,积极引领幼儿行为,帮助幼儿自主发展。

- 领会学前教育对幼儿发展的价值和意义,认同促进幼儿全面而有个性地发展的理念。

### 1.2.2【关爱幼儿】

- 做幼儿健康成长的启蒙者和引路人,公正平等地对待每一名幼儿,关注幼儿成长,保护幼儿安全,促进幼儿身心健康发展。

- 尊重幼儿的人格和权利,保护幼儿游戏的自主性、独立性和选择性,关注个体差异,相信每名幼儿都有发展的潜力,乐于为幼儿创造发展的条件和机会。

### 1.2.3【用心从教】

- 树立爱岗敬业精神,在教育实践中能够认真履行工作职责,积极钻研,富有爱心、责任心,工作细心、耐心。

### 1.2.4【自身修养】

- 具有健全的人格和积极向上的精神,有较强的情绪调节与自控能力,能积极应变,比较合理地处理问题。

- 掌握一定的自然和人文社会科学知识,传承中华优秀传统文化,具有人文底蕴、科学精神和审美能力。

- 仪表整洁,语言规范健康,举止文明礼貌,符合教师礼仪要求和教育教学场景要求。

## 二、保育和教育实践能力

### 2.1 掌握专业知识与技能

#### 2.1.1【保育教育基础】

- 掌握科学照料幼儿日常生活的基本方法,了解幼儿日常卫生保健、传染病预防和意外伤害事故处理的相关知识,掌握面临特殊事件发生时保护幼儿的基本方法。

- 掌握教育理论的基本知识和3—6岁幼儿身心发展特点、规律,具备观察、分析与评价幼儿行为的能力。熟悉幼儿园教育的目标、任务、内容、要求和基本原则。

- 认识融合教育的意义和作用,了解有特殊需要幼儿的身心发展特点及教育策略,掌握随班就读的基本知识及相关政策,基本具备指导随班就读的教育教学能力。

#### 2.1.2【领域素养】

- 掌握幼儿健康、语言、社会、科学、艺术等领域教育的基本知识和方法,理解幼儿园各领域教育之间的联系,能在教育实践中综合运用各领域知识,实现各领域教育活动内容相互渗透。

#### 2.1.3【信息素养】

- 了解信息时代对人才培养的新要求,掌握一定的现代信息技术知识,具有安全、合法与负责任地使用信息与技术的意识。

### 2.2 开展环境创设

#### 2.2.1【创设物质环境】

- 能够创设安全、适宜、全面,有助于促进幼儿成长、学习、游戏的物质环境,合理利用资源,为幼儿提供和制作适合的玩具、教具和学习材料。

#### 2.2.2【营造心理环境】

- 理解教师的态度、情绪、言行在幼儿园及班级心理环境形成中的重要性。能够构建和谐的师幼关系,帮助幼儿建立良好的同伴关系,营造良好的班级氛围,让幼儿感受到安全、舒适。

## 2.3 组织一日生活

- 能够安排和组织幼儿园一日生活的主要环节,具有将教育渗透一日生活的意识,能够与保育员协同开展班级常规保育和卫生工作。

## 2.4 开展游戏活动

### 2.4.1【满足游戏需要】

- 了解幼儿游戏的类型和主要功能,根据各年龄阶段幼儿的游戏特点,满足幼儿游戏的需要。

### 2.4.2【创设游戏环境】

- 能够合理、有效地规划和利用户内外游戏活动空间,能够根据幼儿的发展和需要创设相应的活动区,提供丰富、适宜的游戏材料,引发和促进幼儿的游戏。

### 2.4.3【支持幼儿游戏】

- 能够提供充足的游戏时间,鼓励幼儿自主选择游戏内容、伙伴和材料,支持幼儿主动地、创造性地开展游戏,充分体验游戏的快乐和满足。
- 学会观察分析幼儿的游戏,支持幼儿在游戏活动中获得身体、认知、语言和社会性等多方面的发展。

## 2.5 实施教育活动

### 2.5.1【设计教育活动方案】

- 能够根据《幼儿园教育指导纲要(试行)》《3—6岁儿童学习与发展指南》的要求,以及幼儿的兴趣需要和年龄特点,选择教育内容,确定活动目标,设计教育活动方案。

### 2.5.2【组织教育活动】

- 学会运用各种适宜的方式实施教育活动,鼓励幼儿在活动中主动探索、交流合作、积极表达,能够有效观察幼儿在活动中的表现,并根据幼儿的需要给予适宜的指导。

2.5.3【实施教育评价】

- 了解幼儿园教育评价的目的与方法,运用观察、谈话、家园联系、作品分析等多种方法,了解和评价幼儿。能够基于幼儿身心特点,利用技术工具分析幼儿学习过程、收集幼儿学习反馈。
- 能够运用评价结果,分析、改进教育活动开展,促进幼儿发展。

## 三、综合育人能力

### 3.1 育德意识

- 树立幼儿为本、德育为先理念,了解幼儿社会性-情感发展的规律和个性特征,能有针对性地开展育人工作。
- 具有教书育人意识。理解活动育人的功能,能够在保教活动中有机融入社会主义核心价值观、中华优秀传统文化、革命文化和社会主义先进文化教育,为培养幼儿适应终身发展和社会发展所需的正确价值观、必备品格和关键能力奠定基础。

### 3.2 育人实践

- 掌握活动育人的方法和策略,基于幼儿的身心特点合理设计育人目标、活动主题与内容,能够抓住一日生活中的教育契机,开展随机教育,培养幼儿良好的生活习惯和亲社会行为。

### 3.3 班级管理

- 熟悉校园安全、应急管理相关规定,基本掌握班级空间规划、班级常规管理等工作要点。熟悉幼儿教育及幼儿成长生活等相关法律制度规定,能够合理分析解决幼儿教育与管理实践相关问题。

### 3.4 心理健康

- 关注幼儿心理健康,了解幼儿身体、情感发展的特性和差异性,掌握幼儿心理健康教育的基本知识,及时发现和赏识每个幼儿的点滴进步,注重激发和保护幼儿的积极性、自信心,能够参与心理健康教育等活动。

### 3.5 家园协同

- 掌握人际沟通的基本方法,能够运用信息技术拓宽家园沟通交流的渠道和途径,积极主动与家长进行有效交流。
- 掌握开展幼儿园、家庭和社区各种协同活动的方式方法,能够开展幼儿园与小学教育的衔接工作。

## 四、自主发展能力

### 4.1 注重专业成长

#### 4.1.1【发展规划】

- 了解教师专业发展的要求,具有终身学习与自主发展的意识。根据学前教育课程改革的动态和发展情况,制定教师职业生涯发展规划。

#### 4.1.2【反思改进】

- 具有反思意识和批判性思维素养,初步掌握教育教学反思的基本方法和策略,能够对教育教学实践活动进行有效的自我诊断,提出改进思路。

#### 4.1.3【学会研究】

- 初步掌握教育研究的基本方法,能用以分析、研究幼儿教育实践问题,并尝试提出解决问题的思路与方法,具有总结和提升实践经验的能力。
- 掌握专业发展所需的信息技术手段和方法,能在信息技术环境下开展自主学习。

### 4.2 主动交流合作

#### 4.2.1【沟通技能】

- 具有阅读理解能力、语言与文字表达能力、交流沟通能力、信息获取和处理能力。
- 掌握基本沟通合作技能与方法,能够在教育实践、社会实践中与同事、同行、专家等进行有效沟通交流。

4.2.2【共同学习】

- 理解学习共同体的作用,掌握团队协作的基本策略,了解学前教育的团队协作类型和方法,具有小组互助、合作学习能力。

# 附件五　小学教育专业师范生教师职业能力标准（试行）

## 一、师德践行能力

### 1.1 遵守师德规范

#### 1.1.1【理想信念】

- 学习贯彻习近平新时代中国特色社会主义思想，深入学习习近平总书记关于教育的重要论述，以及党史、新中国史、改革开放史和社会主义发展史内容，形成对中国特色社会主义的思想认同、政治认同、理论认同和情感认同，能够在教书育人实践中自觉践行社会主义核心价值观。

- 树立职业理想，立志成为有理想信念、有道德情操、有扎实学识、有仁爱之心的好老师。

#### 1.1.2【立德树人】

- 理解立德树人的内涵，形成立德树人的理念，掌握立德树人途径与方法，能够在教育实践中实施素质教育，依据德智体美劳全面发展的教育方针开展教育教学，培育发展学生的核心素养。

#### 1.1.3【师德准则】

- 具有依法执教意识，遵守宪法、民法典、教育法、教师法、未成年人保护法等法律法规，在教育实践中能履行应尽义务，自觉维护学生与自身的合法权益。

- 理解教师职业道德规范内涵与要求，在教育实践中遵守《新时代中小学教师职业行为十项准则》，能分析解决教育教学实践中的相关道德规范问题。

## 1.2 涵养教育情怀

### 1.2.1【职业认同】

- 具有家国情怀,乐于从教,热爱教育事业。认同教师工作的价值在于传播知识、传播思想、传播真理,塑造灵魂、塑造生命、塑造新人;了解小学教师的职业特征,理解教师是学生学习的促进者与学生成长的引路人,创造条件帮助学生自主发展。

- 领会小学教育对学生发展的价值和意义,认同促进学生全面而有个性地发展的理念。

### 1.2.2【关爱学生】

- 做学生锤炼品格、学习知识、创新思维、奉献祖国的引路人,公正平等地对待每一名学生,关注学生成长,保护学生安全,促进学生身心健康发展。

- 尊重学生的人格和学习发展的权利,保护学生的学习自主性、独立性和选择性,关注个体差异,相信每名学生都有发展的潜力,乐于为学生创造发展的条件和机会。

### 1.2.3【用心从教】

- 树立爱岗敬业精神,在教育实践中能够认真履行教育教学职责与班主任工作职责,积极钻研,富有爱心、责任心,工作细心、耐心。

### 1.2.4【自身修养】

- 具有健全的人格和积极向上的精神,有较强的情绪调节与自控能力,能积极应变,比较合理地处理问题。

- 掌握一定的自然和人文社会科学知识,传承中华优秀传统文化,具有人文底蕴、科学精神和审美能力。

- 仪表整洁,语言规范健康,举止文明礼貌,符合教师礼仪要求和教育教学场景要求。

## 二、教学实践能力

### 2.1 掌握专业知识

#### 2.1.1【教育基础】

- 掌握教育理论的基本知识,能够遵循小学教育规律,结合小学生认知发展特点,运用教育原理和方法,分析和解决教育教学实践中的问题。

#### 2.1.2【学科素养】

- 掌握主教学科的基本知识、基本原理和基本技能,理解学科知识体系的基本思想和方法。了解兼教学科的基本知识、基本原理和基本技能,并具有一定的综合运用学科知识的能力。
- 熟悉常见的儿童科普读物和文学作品,具有一定的阅读理解能力、语言和肢体语言表达能力。

#### 2.1.3【信息素养】

- 了解信息时代对人才培养的新要求。掌握信息化教学设备、软件、平台及其他新技术的常用操作,了解其对教育教学的支持作用。具有安全、合法与负责任地使用信息与技术,主动适应信息化、人工智能等新技术变革积极有效开展教育教学的意识。

#### 2.1.4【知识整合】

- 了解学科整合在小学教育中的价值,了解学习科学相关知识,以及所教学科与其他学科、与小学生生活实践的联系。具有一定的跨学科知识,能指导综合性学科教学活动。
- 了解融合教育的意义和作用,掌握随班就读的基本知识及相关政策,基本具备指导随班就读的教育教学能力。

### 2.2 学会教学设计

#### 2.2.1【熟悉课标】

- 熟悉拟任教学科的课程标准和教材,理解教材的编写逻辑和体系结构,合理掌握不同学段目标与内容的递进关系,具有依据课标进行教学的意识和习惯。

### 2.2.2【掌握技能】

- 具备钢笔字、毛笔字、粉笔字、简笔画、普通话与相关学科实验操作等教学基本功,通过微格训练学习,系统掌握导入、讲解、提问、演示、板书、结束等课堂教学基本技能操作要领与应用策略。能依据单元内容进行整体设计,科学合理地依据教学目标及内容设计作业,并实施教学。

### 2.2.3【分析学情】

- 了解分析小学生学习需求的基本方法,能根据小学生已有的知识水平、学习经验和兴趣特点,分析教学内容与学生已学知识的联系,预判学生学习的疑难处。

### 2.2.4【设计教案】

- 准确把握教学内容,理解本课(单元)在教材中的地位以及与其他课(单元)的关系,能根据课程标准要求和学情分析确定恰当的学习目标和学习重点,设计学习活动,选择适当的学习资源和教学方法,合理安排教学过程和环节,科学设计评价内容与方式,形成教案与学案。
- 了解小学综合课程和综合实践活动的基本知识,能根据教学要求和学生兴趣进行教学设计。

## 2.3 实施课程教学

### 2.3.1【情境创设】

- 能够创设教学情境,建立学习内容与生活经验之间的联系,激发学习兴趣,引导学生积极参与学习活动。

### 2.3.2【教学组织】

- 基本掌握教学组织与课堂管理的形式和策略,能够科学准确地呈现和表达教学内容,根据小学生课堂反应及时调整教学活动,控制教学时间和教学节奏,合理设置提问与讨论,引发小学生的主动学习和探究学习,达成学习目标。

### 2.3.3【学习指导】

- 依据小学生认知特点、学习心理发展规律和个体差异,指导学生开展自主、合作、探究性学习,注重差异化教学和个别化指导,引导小学生体验学习的乐趣,保护小学生的求知欲和好奇心,培养小学生的广泛兴趣、动手能力和探究精神。

- 知道不同类型的信息技术资源在为学生提供学习机会和学习体验方面的作用,合理选择与整合信息技术资源,为学生提供丰富的学习机会和个性化学习体验。

- 能够运用课堂结束技能,引导学生对学习内容进行归纳、总结,合理布置作业。

### 2.3.4【教学评价】

- 树立促进学生学习的评价理念,理解教育评价原理,掌握试题命制的方法与技术。能够在教学实践中结合作业反馈等实施过程评价,初步运用增值评价,合理选取和运用评价工具,评价学习活动和学习成果。

- 能够利用技术工具收集学生学习反馈,跟踪、分析教学与学生学习过程中存在的问题与不足,形成基于学生学习情况诊断和改进教学的意识。

## 三、综合育人能力

### 3.1 开展班级指导

#### 3.1.1【育德意识】

- 树立德育为先理念,了解小学德育原理与方法,掌握小学生品行养成的特点和规律,能有意识、有针对性地开展德育工作,帮助学生养成良好行为习惯。

#### 3.1.2【班级管理】

- 基本掌握班集体建设、班级教育活动组织的方法。熟悉教育教学、小学生成长生活等相关法律制度规定,能够合理分析解决教学与管理实践相关问题。

- 基本掌握学生发展指导、综合素质评价的方法。能够利用技术手段收集学生成长过程的关键信息,建立学生成长电子档案。能够初步运用信息技术辅助开展班级指导活动。

- 熟悉校园安全、应急管理相关规定,了解小学生日常卫生保健、传染病预防、意外伤害事故处理等相关知识,掌握面临特殊事件发生时保护学生的基本方法。

### 3.1.3 【心理辅导】

- 关注学生心理健康,了解小学生身体、情感发展的特性和差异性,基本掌握心理辅导方法,能够参与心理健康教育等活动。

### 3.1.4 【家校沟通】

- 掌握人际沟通的基本方法,能够运用信息技术拓宽师生、家校沟通交流的渠道和途径,积极主动与学生、家长、社区等进行有效交流。

## 3.2 实施课程育人

### 3.2.1 【育人理念】

- 具有教书育人意识。理解拟任教学科课程独特的育人功能,注重课程教学的思想性,有机融入社会主义核心价值观、中华优秀传统文化、革命文化和社会主义先进文化教育,培养学生适应终身发展和社会发展所需的正确价值观、必备品格和关键能力。

### 3.2.2 【育人实践】

- 理解学科核心素养,掌握课程育人方法和策略。能够在教育实践中,结合课程特点,挖掘课程思想政治教育资源,将知识学习、能力发展与品德养成相结合,合理设计育人目标、主题和内容,有机开展养成教育,进行综合素质评价,体现教书与育人的统一。

## 3.3 组织活动育人

### 3.3.1 【课外活动】

- 了解课外活动的组织和管理知识,掌握相关技能与方法,能组织小学生开展丰富多彩的课外活动。

### 3.3.2 【主题教育】

- 了解学校文化和教育活动的育人内涵和方法,学会组织主题教育、少先队、社团活动,对小学生进行教育和引导。

# 四、自主发展能力

## 4.1 注重专业成长

### 4.1.1【发展规划】

- 了解教师专业发展的要求,具有终身学习与自主发展的意识。根据基础教育课程改革的动态和发展情况,制定教师职业生涯发展规划。

### 4.1.2【反思改进】

- 具有反思意识和批判性思维素养,初步掌握教育教学反思的基本方法和策略,能够对教育教学实践活动进行有效的自我诊断,提出改进思路。

### 4.1.3【学会研究】

- 初步掌握教育教学科研的基本方法,能用以分析、研究小学教育教学实践问题,并尝试提出解决问题的思路与方法,具有撰写教育教学研究论文的基本能力。
- 掌握专业发展所需的信息技术手段和方法,能在信息技术环境下开展自主学习。

## 4.2 主动交流合作

### 4.2.1【沟通技能】

- 具有阅读理解能力、语言与文字表达能力、交流沟通能力、信息获取和处理能力。
- 掌握基本沟通合作技能与方法,能够在教育实践、社会实践中与同事、同行、专家等进行有效沟通交流。

### 4.2.2【共同学习】

- 理解学习共同体的作用,掌握团队协作的基本策略,了解小学教育的团队协作类型和方法,具有小组互助、合作学习能力。

# 附件六 中学教育专业师范生教师职业能力标准（试行）

## 一、师德践行能力

### 1.1 遵守师德规范

#### 1.1.1【理想信念】

- 学习贯彻习近平新时代中国特色社会主义思想，深入学习习近平总书记关于教育的重要论述，以及党史、新中国史、改革开放史和社会主义发展史内容，形成对中国特色社会主义的思想认同、政治认同、理论认同和情感认同，能够在教书育人实践中自觉践行社会主义核心价值观。

- 树立职业理想，立志成为有理想信念、有道德情操、有扎实学识、有仁爱之心的好老师。

#### 1.1.2【立德树人】

- 理解立德树人的内涵，形成立德树人的理念，掌握立德树人途径与方法，能够在教育实践中实施素质教育，依据德智体美劳全面发展的教育方针开展教育教学，培育发展学生的核心素养。

#### 1.1.3【师德准则】

- 具有依法执教意识，遵守宪法、民法典、教育法、教师法、未成年人保护法等法律法规，在教育实践中能履行应尽义务，自觉维护学生与自身的合法权益。

- 理解教师职业道德规范内涵与要求，在教育实践中遵守《新时代中小学教师职业行为十项准则》，能分析解决教育教学实践中的相关道德规范问题。

## 1.2 涵养教育情怀

### 1.2.1【职业认同】

- 具有家国情怀,乐于从教,热爱教育事业。认同教师工作的价值在于传播知识、传播思想、传播真理,塑造灵魂、塑造生命、塑造新人;了解中学教师的职业特征,理解教师是学生学习的促进者与学生成长的引路人,创造条件帮助学生自主发展。

- 领会中学教育对学生发展的价值和意义,认同促进学生全面而有个性地发展的理念。

### 1.2.2【关爱学生】

- 做学生锤炼品格、学习知识、创新思维、奉献祖国的引路人,公正平等地对待每一名学生,关注学生成长,保护学生安全,促进学生身心健康发展。

- 尊重学生的人格和学习发展的权利,保护学生的学习自主性、独立性和选择性,关注个体差异,相信每名学生都有发展的潜力,乐于为学生创造发展的条件和机会。

### 1.2.3【用心从教】

- 树立爱岗敬业精神,在教育实践中能够认真履行教育教学职责与班主任工作职责,积极钻研,富有爱心、责任心,工作细心、耐心。

### 1.2.4【自身修养】

- 具有健全的人格和积极向上的精神,有较强的情绪调节与自控能力,能积极应变,比较合理地处理问题。

- 掌握一定的自然和人文社会科学知识,传承中华优秀传统文化,具有人文底蕴、科学精神和审美能力。

- 仪表整洁,语言规范健康,举止文明礼貌,符合教师礼仪要求和教育教学场景要求。

## 二、教学实践能力

### 2.1 掌握专业知识

#### 2.1.1【教育基础】

- 掌握教育理论的基本知识,能够遵循中学教育规律,结合中学生认知发展特点,运用教育原理和方法,分析和解决教育教学实践中的问题。

#### 2.1.2【学科素养】

- 了解拟任教学科发展的历史、现状和趋势,掌握学科的基础知识、基本理论、体系结构与思想方法,能分析其对学生素养发展的重要价值,理解拟任教学科的核心素养的内涵。

#### 2.1.3【信息素养】

- 了解信息时代对人才培养的新要求。掌握信息化教学设备、软件、平台及其他新技术的常用操作,了解其对教育教学的支持作用。具有安全、合法与负责任地使用信息与技术,主动适应信息化、人工智能等新技术变革积极有效开展教育教学的意识。

#### 2.1.4【知识整合】

- 了解拟任教学科与其他学科的联系,了解学习科学相关知识,掌握学科教学知识与策略,能够结合社会生活实践,有效开展学科教学活动。
- 了解融合教育的意义和作用,掌握随班就读的基本知识及相关政策,基本具备指导随班就读的教育教学能力。

### 2.2 学会教学设计

#### 2.2.1【熟悉课标】

- 熟悉拟任教学科的课程标准和教材,理解教材的编写逻辑和体系结构,能够正确处理课标与教材的关系,具有依据课标进行教学的意识和习惯。

#### 2.2.2【掌握技能】

- 具备钢笔字、毛笔字、粉笔字、普通话与相关学科实验操作等教学基本功,通过微格训练学习,系统掌握导入、讲解、提问、演示、板书、结束等课堂教学基本技能操作要领与应用策略。能依据单元内容进行整体设计,科学合理地依据教学目标及内容设计作业,并实施教学。

### 2.2.3【分析学情】

- 了解分析中学生学习需求的基本方法,能根据学生已有的知识水平、学习经验和兴趣特点,分析教学内容与学生已有知识经验的联系,预判学生学习的疑难处。

### 2.2.4【设计教案】

- 准确把握教学内容,理解本课(单元)在教材中的地位以及与其他课(单元)的关系,能根据课程标准要求和学情分析确定恰当的学习目标和学习重点,设计学习活动,选择适当的学习资源和教学方法,合理安排教学过程和环节,科学设计评价内容与方式,形成教案与学案。

## 2.3 实施课程教学

### 2.3.1【情境创设】

- 能够创设教学情境,建立学习内容与生活经验之间的联系,激发学习兴趣,引导学生积极参与学习活动。

### 2.3.2【教学组织】

- 基本掌握教学组织与课堂管理的形式和策略,能够科学准确地呈现和表达教学内容,控制教学时间和教学节奏,合理设置提问与讨论,引导学生的主动学习和探究学习,达成学习目标。

### 2.3.3【学习指导】

- 能够依据学科特点、中学生认知特征和个体差异,指导学生开展自主、合作、探究性学习,注重差异化教学和个别化指导,帮助学生针对学习重点与难点进行有效学习。
- 知道不同类型的信息技术资源在为学生提供学习机会和学习体验方面的作用,合理选择与整合信息技术资源,为学生提供丰富的学习机会和个性化学习体验。

- 能够运用课堂结束技能,引导学生对学习内容进行归纳、总结,合理布置作业。

### 2.3.4【教学评价】

- 树立促进学生学习的评价理念,理解教育评价原理,掌握试题命制的方法与技术。能够在教学实践中结合作业反馈等实施过程评价,初步运用增值评价,合理选取和运用评价工具,评价学习活动和学习成果。

- 能够利用技术工具收集学生学习反馈,跟踪、分析教学与学生学习过程中存在的问题与不足,形成基于学生学习情况诊断和改进教学的意识。

## 三、综合育人能力

### 3.1 开展班级指导

#### 3.1.1【育德意识】

- 树立德育为先理念,了解中学德育原理与方法,以及中学生思想品德发展的规律和个性特征,能有意识、有针对性地开展德育工作。

#### 3.1.2【班级管理】

- 基本掌握班集体建设、班级教育活动组织的方法。熟悉教育教学、中学生成长生活等相关法律制度规定,能够合理分析解决教学与管理实践相关问题。

- 基本掌握学生发展指导、综合素质评价的方法。能够利用技术手段收集学生成长过程的关键信息,建立学生成长电子档案。能够初步运用信息技术辅助开展班级指导活动。

- 熟悉校园安全、应急管理相关规定,了解中学生日常卫生保健、传染病预防、意外伤害事故处理等相关知识,掌握面临特殊事件发生时保护学生的基本方法。

#### 3.1.3【心理辅导】

- 关注学生心理健康,了解中学生身体、情感发展的特性和差异性,基本掌握心理辅导方法,能够参与心理健康教育等活动。

## 3.1.4【家校沟通】

- 掌握人际沟通的基本方法,能够运用信息技术拓宽师生、家校沟通交流的渠道和途径,积极主动与学生、家长、社区等进行有效交流。

## 3.2 实施课程育人

### 3.2.1【育人理念】

- 具有教书育人意识。理解拟任教学科课程独特的育人功能,注重课程教学的思想性,有机融入社会主义核心价值观、中华优秀传统文化、革命文化和社会主义先进文化教育,培养学生适应终身发展和社会发展所需的正确价值观、必备品格和关键能力。

### 3.2.2【育人实践】

- 理解学科核心素养,掌握课程育人方法和策略。能够在教育实践中,结合课程特点,挖掘课程思想政治教育资源,将知识学习、能力发展与品德养成相结合,合理设计育人目标、主题和内容,有机开展养成教育,进行综合素质评价,体现教书与育人的统一。

## 3.3 组织活动育人

### 3.3.1【课外活动】

- 了解课外活动的组织和管理知识,掌握相关技能与方法,能组织中学生开展丰富多彩的课外活动。

### 3.3.2【主题教育】

- 了解学校文化和教育活动的育人内涵和方法,学会组织主题教育和社团活动,对中学生进行教育和引导。

## 四、自主发展能力

### 4.1 注重专业成长

#### 4.1.1【发展规划】

- 了解教师专业发展的要求,具有终身学习与自主发展的意识。根据基础教育课程改革的动态和发展情况,制定教师职业生涯发展规划。

#### 4.1.2【反思改进】

- 具有反思意识和批判性思维素养,初步掌握教育教学反思的基本方法和策略,能够对教育教学实践活动进行有效的自我诊断,提出改进思路。

#### 4.1.3【学会研究】

- 初步掌握学科研究与教育科学研究的基本方法,能用以分析、研究教育教学实践问题,并尝试提出解决问题的思路与方法,具有撰写教育教学研究论文的基本能力。

- 掌握专业发展所需的信息技术手段和方法,能在信息技术环境下开展自主学习。

### 4.2 主动交流合作

#### 4.2.1【沟通技能】

- 具有阅读理解能力、语言与文字表达能力、交流沟通能力、信息获取和处理能力。

- 掌握基本沟通合作技能与方法,能够在教育实践、社会实践中与同事、同行、专家等进行有效沟通交流。

#### 4.2.2【共同学习】

- 理解学习共同体的作用,掌握团队协作的基本策略,了解中学教育的团队协作类型和方法,具有小组互助、合作学习能力。

# 博雅教学服务进校园

## 教辅申请说明

尊敬的老师：

您好！如果您需要北京大学出版社所出版教材的教辅课件资源，请抽出宝贵的时间完成下方信息表的填写。我们希望能通过这张小小的表格和您建立起联系，方便今后更多地开展交流。

| 教师姓名 | | 学校名称 | | | 院系名称 | |
|---|---|---|---|---|---|---|
| 所属教研室 | | 性别 | | 职务 | | 职称 | |
| QQ | | | | 微信 | | |
| 手机（必填） | | | | E-mail（必填） | | |
| 目前主要教学专业、科研领域方向 | | | | | | |
| 希望我社提供何种教材的课件 | | | | | | |
| 书　　号 | | 书　　名 | | | 教材用量（学期人数） | |
| 978-7-301- | | | | | | |
| 您对北大社图书的意见和建议 | | | | | | |
| | | | | | | |

填表说明：

（1）填表信息直接关系课件申请，请您按实际情况**详尽、准确、字迹清晰**地填写。

（2）请您填好表格后，将表格内容拍照发到此邮箱：pupjfzx@163.com。咨询电话：010-62752864。咨询微信：北大社教服中心客服专号（微信号：pupjfzxkf，可直接扫描下方左侧二维码添加好友）。

（3）如您想了解更多北大版教材信息，可登录北京大学出版社网站：www.pup.cn，或关注北京大学出版社教学服务中心的官方微信公众号"北大博雅教研"（微信号：pupjfzx，可直接扫描下方右侧二维码关注公众号）。

北大社教服中心客服专号

"北大博雅教研"微信公众号

# 北京大学出版社
## 教育出版中心 精品图书